■2025年度高等学校受験用

淑徳与野高等学校

収録内容一覧

★この問題集は以下の収録内容となっています。また、編集の都合上、解説、解答用紙を省略させていただいている場合もございますのでご了承ください。

（○印は収録、一印は未収録）

入試問題と解説・解答の収録内容			解答用紙
2024年度	第1回	英語・数学・国語	○
2023年度	第1回	英語・数学・国語	○
2022年度	第1回	英語・数学・国語	○
2021年度	第1回	英語・数学・国語	○
2020年度	第1回	英語・数学・国語	○

★当問題集のバックナンバーは在庫がございません。あらかじめご了承ください。

リスニングテストの音声は、下記のIDとアクセスコードにより当社ホームページ
https://www.koenokyoikusha.co.jp/pages/cddata/listening で聴くことができます。
（実際の入試で使用された音声です）
ユーザー名：koe　アクセスコード（パスワード）：98785　使用期限：2025年3月末日

※ユーザー名・アクセスコードの使用期限以降は音声が予告なく削除される場合がございます。あらかじめご了承ください。

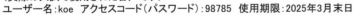

●凡例●

【英語】

≪解答≫

〔　〕　①別解
②置き換え可能な語句（なお下線は置き換える箇所が２語以上の場合）
(例) <u>I am</u>〔I'm〕glad〔happy〕to～

(　)　省略可能な言葉

≪解説≫

1, 2…　本文の段落（ただし本文が会話文の場合は話者の１つの発言）

〔　〕　置き換え可能な語句（なお〔　〕の前の下線は置き換える箇所が２語以上の場合）

(　)　①省略が可能な言葉
(例)「(数が) いくつかの」
②単語・代名詞の意味
(例)「彼 (＝警察官) が叫んだ」
③言い換え可能な言葉
(例)「いやなにおいがするなべにはふたをするべきだ (＝くさいものにはふたをしろ)」

//　訳文と解説の区切り

cf.　比較・参照

≒　ほぼ同じ意味

【数学】

≪解答≫

〔　〕　別解

≪解説≫

(　)　補足的指示
(例) (右図１参照) など

〔　〕　①公式の文字部分
(例)〔長方形の面積〕=〔縦〕×〔横〕
②面積・体積を表す場合
(例)〔立方体ABCDEFGH〕

∴　ゆえに

≒　約、およそ

【社会】

≪解答≫

〔　〕　別解

(　)　省略可能な語

＿＿　使用を指示された語句

≪解説≫

〔　〕　別称・略称
(例) 政府開発援助〔ODA〕

(　)　①年号
(例) 壬申の乱が起きた (672年)。
②意味・補足的説明
(例) 資本収支 (海外への投資など)

【理科】

≪解答≫

〔　〕　別解

(　)　省略可能な語

＿＿　使用を指示された語句

≪解説≫

〔　〕　公式の文字部分

(　)　①単位
②補足的説明
③同義・言い換え可能な言葉
(例) カエルの子 (オタマジャクシ)

≒　約、およそ

【国語】

≪解答≫

〔　〕　別解

(　)　省略してもよい言葉

＿＿　使用を指示された語句

≪解説≫

〈　〉　課題文中の空所部分（現代語訳・通釈・書き下し文）

(　)　①引用文の指示語の内容
(例)「それ (＝過去の経験) が ～」
②選択肢の正誤を示す場合
(例) (ア, ウ…×)
③現代語訳で主語などを補った部分
(例) (女は) 出てきた。

／　漢詩の書き下し文・現代語訳の改行部分

淑徳与野高等学校

所在地	〒338-0001 埼玉県さいたま市中央区上落合5-19-18
電　話	048-840-1035
ホームページ	https://www.shukutoku.yono.saitama.jp/
交通案内	JR北与野駅・JRさいたま新都心駅より徒歩7分 JR大宮駅より徒歩15分

普通科

女子

くわしい情報はホームページへ

応募状況

年度	募集数		受験数	合格数
2024	Ｔ類	40名	282名	220名
	ＳＳ類	40名	65名	50名
	ＳＡ類	40名	123名	99名
	Ｒ類	40名	72名	66名
	ＭＳ類	40名	32名	32名
2023	Ｔ類	40名	265名	222名
	ＳＳ類	40名	86名	57名
	ＳＡ類	80名	172名	111名
	Ｒ類	40名	32名	29名
	ＭＳ類	40名	42名	42名
2022	Ｔ類	40名	327名	281名
	ＳＳ類	40名	80名	59名
	ＳＡ類	80名	235名	187名
	Ｒ類	40名	56名	51名
	ＭＳ類	40名	42名	42名

※合格数は受験類型の合格数。

試験科目　（参考用：2024年度入試）

第１回：国語・数学・英語，面接（単願のみ）
※MS類は思考力テスト・英語，面接
（英語はリスニングテストを含む）

第２回：国語・数学・英語
（英語はリスニングテストを含む）

教育方針

ほとんどの生徒が現役での進学を希望しているため，これに応えるべく，類型制教育システムを導入。生徒個々の希望進路に適したカリキュラムを展開している。

また，授業以外にも，受験対策のための進学講座や小論文指導，進路ガイダンスなどの支援体制を整えており，その結果，高い現役進学率を誇っている。

本校の特色

①**心の教育**：校訓に「清純・礼節・敬虔」を掲げて，仏教主義に基づく情操教育を行う。年４回の仏教行事（花まつり・み魂まつり・成道会・ねはん会）で仏教の教えに触れ，その体得に努めている。

②**類型制の教育**：類型制は，進路希望別にクラス編成を行うことで，効率の良い学習ができるシステム。

Ｔ類　：難関国公立大学コース
ＳＳ類：難関理系大学コース
ＳＡ類：難関文系大学コース
Ｒ類　：総合文理系大学コース
ＭＳ類：ＭＳコース

③**国際教育**：世界８か国にある姉妹校・提携校とのさまざまな国際プログラムを実施。アメリカ修学旅行では，全員が３日間のホームステイを体験する。また，すべての類型から参加できるインターナショナルプログラムでは，３か月間の海外語学研修を導入している。

進路状況

毎年，難関大学へ多くの現役合格者を出しており，医・歯・薬・獣医系学部の合格者も多い。

◎**主な大学合格状況**　〔2024年４月／現役のみ〕

北海道大４名，大阪大１名，九州大１名，筑波大２名，一橋大１名，お茶の水女子大２名，東京医科歯科大１名，東京農工大２名，東京学芸大２名，千葉大１名，埼玉大７名，防衛医科大３名，早稲田大48名，慶應義塾大15名，上智大59名，東京理科大35名など。

編集部注一本書の内容は2024年4月現在のものであり，変更されている場合があります。正確な情報は，学校のホームページ等で必ずご確認ください。

出題傾向と今後への対策

英語

出題内容

	2024 1回	2023 1回	2022 1回
大問数	5	5	5
小文数	35	36	38
リスニング	○	○	○

◎大問数５題で小問数は35～40問前後である。出題形式や構成は例年似てはいるが，一部変更が見られる。第１回は放送問題が出題されており，試験時間は放送問題を含めて50分。

2024年度の出題状況

《第１回》

1 放送問題

2 長文読解総合―物語

3 長文読解総合―説明文

4 正誤問題

5 対話文完成―整序結合

解答形式

2024年度	記　述／マーク／併　用

出題傾向

近年，量的な充実のみならず質的な向上が見られる。長文読解は，説明文，物語，会話文などで，空所補充などの問題もあるが内容真偽や指示語などの内容把握の設問が中心。作文は整序結合が頻出である。例年出題されている放送問題は，主に英問英答形式である。その他，近年は正誤問題が出題されている。

今後への対策

比重が増してきている長文読解の対策がカギとなる。基礎となる単語，文法事項を押さえたうえで，日頃から英文の多読速読を心がけること。全体の流れ，要点，指示語などに注意しながら，さまざまな文体に慣れておくと良い。長文で出てきた文法事項も覚えていこう。放送問題対策には，ラジオの講座が有効。

◆◆◆◆◆ 英語出題分野一覧表 ◆◆◆◆◆

分野		年度	2022 1回	2023 1回	2024 1回	2025 予想※
音声	放送問題		■	●	■	◎
音声	単語の発音・アクセント					
音声	文の区切り・強勢・抑揚					
語彙・文法	単語の意味・綴り・関連知識		●	●	●	◎
語彙・文法	適語(句)選択・補充					
語彙・文法	書き換え・同意文完成					
語彙・文法	語形変化					
語彙・文法	用法選択					
語彙・文法	正誤問題・誤文訂正		●	●	●	◎
語彙・文法	その他					
作文	整序結合		●	●	●	◎
作文	日本語英訳	適語(句)・適文選択				
作文	日本語英訳	部分・完全記述				
作文	条件作文					
作文	テーマ作文					
会話文	適文選択					
会話文	適語(句)選択・補充					
会話文	その他					
長文読解	内容把握	主題・表題				
長文読解	内容把握	内容真偽	●	●	●	◎
長文読解	内容把握	内容一致・要約文完成			●	△
長文読解	内容把握	文脈・要旨把握	●	●	●	◎
長文読解	内容把握	英問英答	●			△
長文読解	適語(句)選択・補充		■	■	■	◎
長文読解	適文選択・補充		●	●		◎
長文読解	文(章)整序					
長文読解	英文・語句解釈(指示語など)		■	■	■	◎
長文読解	その他					

●印：１～５問出題，■印：６～10問出題，★印：11問以上出題。

※予想欄　◎印：出題されると思われるもの。　△印：出題されるかもしれないもの。

出題傾向と今後への対策 数学

出題内容

2024年度 《第１回》

大問６題，21問の出題。①は小問集合で，数と式，確率，データの活用などから計５問の出題。②は小問集合で，方程式に関する問題３問。③は関数で，放物線と直線に関する問題。直線の式や線分の長さ，図形の面積について問うもの。④は小問集合で，平面図形の計量題が３問。⑤は平面図形で，円が台形の３つの頂点を通る図を利用した問題。⑥は空間図形で，円柱内に正四面体と球がある図形について問うもの。

2023年度 《第１回》

大問６題，18問の出題。①は小問集合で，数と式，平面図形，データの活用などから計５問の出題。②は小問集合で，方程式に関する問題３問。③は関数で，放物線と直線に関する問題。２つの線分の長さの和が最小になるときを考えるもの。④は小問集合で，平面図形の計量題が４問。⑤は平面図形で，大きい円の中に３つの円が接している図を利用した問題。⑥は空間図形で，三角柱について問うもの。

作…作図問題　証…証明問題　グ…グラフ作成問題

解答形式

2024年度	記　述／マーク／併　用

（マークに○印）

出題傾向

大問は６～７題で，前半の２～３題は数と式，確率，方程式などからの出題で，後半は関数が１～２題，図形が２～４題の構成となることが多い。計算式や設定がやや複雑なものが多いので，問題を解くうえでは確実な知識，計算力が大きなポイントとなる。

今後への対策

ややレベルの高い問題も多く出題されているので，教科書を完全にマスターし土台を固めたうえで，標準レベルの問題集などを利用して，演習を多く積むのがよい。いろいろな問題に接し，問題に慣れ，解法のパターンを少しずつ身につけていくようにしよう。あせらず，一つ一つていねいに。

◆◆◆◆◆ 数学出題分野一覧表 ◆◆◆◆◆

分野		2022 1回	2023 1回	2024 1回	2025 予想※
数と式	計算，因数分解	■	■	★	◎
	数の性質，数の表し方	●			△
	文字式の利用，等式変形				
	方程式の解法，解の利用	■	●	■	◎
	方程式の応用	●	■	●	◎
関　数	比例・反比例，一次関数				
	関数 $y=ax^2$ とその他の関数	★	■	★	◎
	関数の利用，図形の移動と関数				
図　形	（平面）計　量	★	★	★	◎
	（平面）証明，作図				
	（平面）その他		●		
	（空間）計　量	●	●	★	◎
	（空間）頂点・辺・面，展開図				
	（空間）その他				
データの活用	場合の数，確率	●	●	●	◎
	データの分析・活用，標本調査	★	●	●	◎
その他	不 等 式				
	特殊・新傾向問題など				
	融合問題				

●印：１問出題，■印：２問出題，★印：３問以上出題。
※予想欄　◎印：出題されると思われるもの。　△印：出題されるかもしれないもの。

出題傾向と今後への対策　国語

出題内容

2024年度《第１回》

一 小説　二 論説文　三 古文　四 論説文　五 国語の知識

課題文
一堀　辰雄『菜穂子』
二佐々木正人『レイアウトの法則』
三『無名草子』
四篠原かをり『ネズミのおしえ』

2023年度《第１回》

一 小説　二 論説文　三 古文　四 論説文　五 国語の知識

課題文
一横光利一『夜の靴』
二隠岐さや香
『文系と理系はなぜ分かれたのか』
三『大鏡』
四伊藤亜紗『手の倫理』

2022年度《第１回》

一 小説　二 論説文　三 古文　四 説明文　五 国語の知識

課題文
一林　京子『ほおずき提灯』
二千野帽子
『人はなぜ物語を求めるのか』
三『閑居友』
四岡本裕一朗『哲学と人類』

解答形式

2024年度	記　述／マーク／併　用（マークに○）

出題傾向

３題の現代文の読解問題のうち１題は，全体の内容のみを問う問題となっている。他の２題は標準的な出題で，課題文も内容，分量ともに，比較的，平均的なものが選ばれている。古文は，設問の数は少ないが，課題文の分量がやや多い。国語の知識の問題は，漢字をはじめ，四字熟語や慣用句などの語句関連が問われている。

今後への対策

現代文については，読解力が重視されていると考えられるので，文章を速く正確に読みこなす力をつけるため，基礎的なものでよいから問題集をできるだけたくさんこなすことが必要である。古文についても，全体の話の流れがとらえられるように，問題集を使って古文の文体に慣れておくとよい。

◆◆◆◆◆ 国語出題分野一覧表 ◆◆◆◆◆

分野		年度	2022 1回	2023 1回	2024 1回	2025 予想※
現代文	論説文 説明文	主題・要旨	●	●	●	◎
		文脈・接続語・指示語・段落関係				
		文章内容	●	●	●	◎
		表現		●		△
	随筆 日記 手紙	主題・要旨				
		文脈・接続語・指示語・段落関係				
		文章内容				
		表現				
		心情				
	小説	主題・要旨				
		文脈・接続語・指示語・段落関係				
		文章内容	●	●	●	◎
		表現	●	●	●	◎
		心情	●	●	●	◎
		状況・情景				
韻文	詩	内容理解				
		形式・技法				
	俳句 和歌 短歌	内容理解				
		技法				
古典	古文	古語・内容理解・現代語訳	●	●	●	◎
		古典の知識・古典文法				
	漢文	(漢詩を含む)				
国語の知識	漢字 語句	漢字	●	●	●	◎
		語句・四字熟語	●	●	●	◎
		慣用句・ことわざ・故事成語	●	●		◎
		熟語の構成・漢字の知識				
	文法	品詞				
		ことばの単位・文の組み立て				
		敬語・表現技法				
	文学史					
作文・文章の構成・資料						
その他						

※予想欄　◎印：出題されると思われるもの。　△印：出題されるかもしれないもの。

合格を勝ち取るための

本書の使い方

本書に掲載されている過去問をご覧になって，「難しそう」と感じたかもしれません。でも，大丈夫。ほとんどの受験生が同じように感じるのです。高校入試の出題範囲は中学校の定期テストに比べて広いですし，残りの中学校生活で学ぶはずの，まだ習っていない内容からも出題されているかもしれません。

ですから，初めて本書に取り組む際には，点数を気にする必要はありません。点数は本番で取れればいいのです。

過去問で重要なのは「間違えること」です。自分の弱点を知るために，過去問に取り組むのです。当然，間違った問題をそのままにしておいては意味がありません。

本書には，長年にわたって高校受験に関わってきたベテランスタッフによる詳細な解説がついています。間違えた問題は重点的に解説を読み，何度も解きなおしてください。時にはもう一度，教科書で復習するのもよいでしょう。

別冊として，抜き取って使える解答用紙を収録しました。表示してあるように拡大コピーをとれば，実際の入試と同じ条件で，何度でも過去問に取り組むことができます。特に記述問題では解答欄の大きさがヒントになる場合があります。そうした，本番で使える受験テクニックの練習ができるのも，本書の強みです。

前のページにある「出題傾向と今後への対策」もよく読んで，本校の出題傾向に慣れておきましょう。

2025 年度 高校受験用

淑徳与野高等学校　5 年間スーパー過去問

をご購入の皆様へ

お詫び

本書、淑徳与野高等学校の入試問題につきまして、誠に申し訳ございませんが、以下の問題文は著作権上の問題により掲載することができません。設問と解説、解答は掲載してございますので、ご必要とされる方は原典をご参照くださいますよう、お願い申し上げます。

記

2024 年度　第 1 回　英語 3 の問題文

2023 年度　第 1 回　英語 3 の問題文

2022 年度　第 1 回　英語 2 の問題文

2021 年度　第 1 回　国語 一 の問題文

以上

株式会社　声の教育社　編集部

2024年度 淑徳与野高等学校(第1回)

【英　語】 (50分)〈満点：100点〉

＜英語リスニング・テストについて＞

1．リスニング・テストは英語の試験の最初に行います。開始の合図の約30秒後に放送が流れます。

2．問題は全部で6問で，英文を聞き，答えとして最も適当なものを選択肢から選ぶ問題です。なお，英文は[PartA]は1回のみ，[PartB]は2回放送されます。放送を聞きながらメモを取ってもかまいません。

■リスニングテストの音声は，当社ホームページで聴くことができます。(実際の入試で使用された音声です)

再生に必要なユーザー名とアクセスコードは「収録内容一覧」のページに掲載しています。

1 リスニング・テスト

［PartA］

問① What time did John eat dinner？

ア At 12:00.　イ At 2:00.　ウ At 4:00.　エ At 5:00.

問② Which did Meg get？

ア
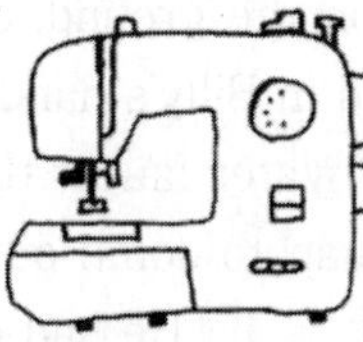
イ
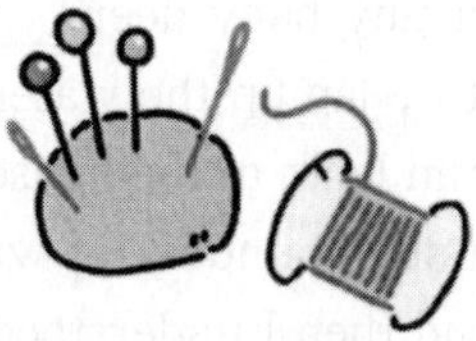
ウ
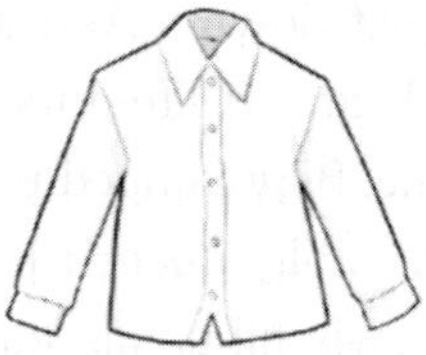
エ
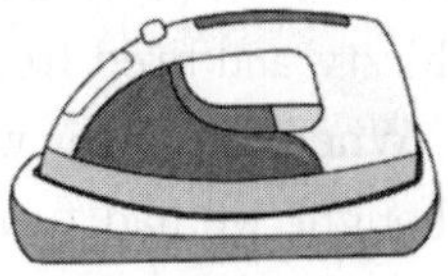

問③ Where will the man find his cell phone？

ア In his bag.　イ At the shopping mall.

ウ At the aquarium.　エ In his car.

［PartB］

問④ What did Tezuka's grandfather do？

ア He was an office worker.　イ He was a doctor.

ウ He was a professional soldier.　エ He was a strict teacher.

問⑤ In what kind of area was Tezuka raised？ Choose the one that is NOT true.

ア One of the biggest attractions in Kansai.

イ A place famous for its beautiful city lights.

ウ A place with pleasant natural surroundings.

エ A place popular for its hot springs.

問⑥ Which statement is true？

ア The Emperor Meiji was born on November 13.

イ Tezuka had an older brother and a younger sister.

ウ When Tezuka was a child, he always had an easy time.

エ Tezuka was encouraged by his mother's words.

※**＜リスニング・テスト放送原稿＞**は英語の問題の終わりに付けてあります。

2 次の英文を読み，各問に答えなさい。（＊印の語は注を参考にすること）

Many years ago, we lived in a part of the country that had a dry season every year. One year, we had not seen rain in almost a month. The crops were [⑦]. The cows had stopped [⑧] milk. The rivers and streams had all dried up. Seven local farmers would soon lose their farms before that dry season was through.

One day, I was in the kitchen making lunch when I saw my six-year-old son, Billy, walking toward the woods. He wasn't walking with the usual easy steps of a small child but with a serious purpose. I could only see his back. He was walking with (⑪) effort and trying to be as quiet as possible.

Minutes after he disappeared into the woods, he came running back toward the house. I went back to making lunch thinking that whatever he had been doing was done. But soon, he was again walking in that slow, careful way toward the woods. This went on for a while: walking carefully to the woods, running back to the house.

I slipped out of the house and followed him. I was very careful not to be seen. He had both hands cupped in front of him as he walked and was being very careful not to drop ⑫what he held in his tiny hands. Tree branches hit his little face but he did not try to escape from them. Then I saw several large deer standing in front of him.

Billy walked right up to them. A huge male was very close. But the deer did not hurt him ; ⑬he didn't even move as Billy sat down. And I saw a tiny baby deer [⑨] on the ground, clearly thirsty and tired from the heat. It lifted its head to ⑮lap up the water cupped in Billy's hands.

When the water was gone, Billy jumped up and ran back to the house, to a ＊water faucet that we thought we had turned off. Billy opened it and a small amount of water began to come out. He waited, letting the water slowly fill up his 'cup.' And then I understood (⑰). He had gotten in trouble the week before for playing with water. We had lectured him about the importance of not wasting water.

After filling up his 'cup,' he somehow turned off the faucet by [⑩] his elbow. When he stood up and began the journey back, I was there in front of him. ⑱His little eyes filled with tears. "Mom, I'm not wasting," was all he said. I joined him with a pot of water from the kitchen. I let him ⑯tend to the baby deer. I stood at the edge of the woods watching him working so hard to save another life.

As the tears that rolled down my face began to hit the ground, ⑭they were suddenly joined by other drops . . . and more drops . . . and more. Some people will probably say that this didn't mean anything, that miracles don't really exist, that it was going to rain sometime. And I can't say anything against that — I'm not going to try (⑲). All I can say is that the rain that came that day saved our farm . . . just like the actions of one little boy saved another living creature.

出典："Just a Few Drops"『英語でちょっといい話　ベストセレクション』（アルク出版）　※一部改変あり

（注）　water faucet：蛇口

問⑦～⑩　空所 [⑦], [⑧], [⑨], [⑩] に入るものとして適当なものを選び，記号で答えなさい。同じものを２度以上使用しないこと。

ア　using　　イ　lying　　ウ　dying

エ　giving　　オ　heating

問⑪　空所⑪に入るものとして適当なものを選び，記号で答えなさい。

ア　little　　イ　great　　ウ　no　　エ　many

問⑫　下線部⑫が具体的に意味するものを選び，記号で答えなさい。
ア　the water　　イ　the lunch
ウ　the baby deer　　エ　the milk

問⑬⑭　波線部⑬，⑭が指すものを選び，記号で答えなさい。
⑬　ア　the huge man　　イ　the male deer
　　ウ　the baby deer　　エ　Billy
⑭　ア　the deer　　イ　some people
　　ウ　rain drops　　エ　the tears

問⑮⑯　二重下線部⑮，⑯と意味が近いものを選び，記号で答えなさい。
⑮　ア　carry　　イ　save　　ウ　drink　　エ　waste
⑯　ア　look into　　イ　look for
　　ウ　take after　　エ　take care of

問⑰　空所⑰に入るものとして適当なものを選び，記号で答えなさい。
ア　the reason why Billy went to the woods
イ　the reason why Billy played with water the week before
ウ　the reason why Billy carried the water carefully
エ　the reason why Billy got into trouble with me

問⑱　下線部⑱の理由として適当なものを選び，記号で答えなさい。
ア　He was surprised by the sudden appearance of a big deer.
イ　He felt sad to find that they would have to leave the farm.
ウ　He was afraid that his mother would be angry to see him carrying water.
エ　He was worried that the water would stop running soon.

問⑲　空所⑲に入るものとして適当なものを選び，記号で答えなさい。
ア　to save a little deer　　イ　to keep our farm
ウ　to collect rainwater　　エ　to say miracles exist

問⑳　本文の内容と合っているものを１つ選び，記号で答えなさい。
ア　The local farmers almost lost their farms because it had not rained at all for a month.
イ　Billy ran to the woods as fast as he could to save a baby deer.
ウ　A big male deer came close to Billy to scare him away.
エ　The cup Billy used was so small that his mother gave him a pot from the kitchen.

3　次の英文を読み，各問に答えなさい。（＊印の語は注を参考にすること）

〔編集部注…課題文は著作権上の問題により掲載しておりません。作品の該当箇所につきましては次の内容を参考にしてください〕

Learn English：British Council「The web at 30」（一部省略・改変あり）
https://learnenglish.britishcouncil.org/general-english/magazine-zone/web-30

（注）　hypertext：他のウェブページへのリンクを貼る仕組み　　abstract：抽象的な　　vague：漠然とした
contribute to the information：情報を寄せる　　geographical：地理的な

問㉑　下線部㉑の指す内容として適当なものを選び，記号で答えなさい。

ア　the computer　　イ　a British Computer scientist Tim Berners-Lee

ウ　the World Wide Web　　エ　the internet

問㉒　下線部㉒の指す内容として適当なものを選び，記号で答えなさい。

ア　inventions　　イ　websites　　ウ　computers　　エ　TV games

問㉓　下線部㉓の意味として適切なものを選び，記号で答えなさい。

ア　the idea of domain names sent an email in 1970

イ　the idea of domain names existed in 1989

ウ　the idea of email existed in 1989

エ　the idea of email did domain names in 1989

問㉔　空所㉔に入るものとして適当なものを選び，記号で答えなさい。

ア　different from the ones they used at home

イ　difficult and impossible to use

ウ　connected to their users

エ　unconnected to each other

問㉕　下線部㉕のように言える理由として適当なものを選び，記号で答えなさい。

ア　CERN のおかげで，優秀な科学者達が興味深い研究を行うことが出来るから。

イ　電話機のおかげで，ある人は別の人と連絡をとることが出来るから。

ウ　ウェブのおかげで，インターネットを使用する人同士で情報のやり取りが出来るから。

エ　テレビのおかげで，数多くの人達が誰かの考えを自宅にいながら知ることが出来るから。

問㉖　下線部㉖について，以下の選択肢のうち本文と合っているものを選び，記号で答えなさい。

ア　Not all people in the world have their own computers.

イ　Only a quarter of Asian people use the internet.

ウ　People who live in North America and Europe make up a quarter of the world's internet users.

エ　Less than one third of African people have access to the internet.

問㉗　下線部㉗と最も意味の近いものを選び，記号で答えなさい。

ア　widely popular　　イ　possible to use

ウ　widely known　　エ　easy to understand

問㉘　次の英文を，本文の内容に合うように完成させるのに適当なものを選び，記号で答えなさい。

The digital divide (　　　　　).

ア　gives us the chance to have access to computers

イ　gives us the chance for all men and women to have access to the internet

ウ　exists only in some parts of the world

エ　exists in the different percentage of internet users between men and women

4　次の各組の中には文法的，語法的に誤りのある文が含まれている。その文を選び，記号で答えなさい。

問㉙　ア　He is jogging around the neighborhood every morning.

イ　The shop's open till eight o'clock most evenings.

ウ　Whose are those pretty new dolls ?

エ　Who can paint beautiful pictures in oils ?

問㉚　ア　He caught five fish in this river two weeks ago.
　　　イ　They were surprised at hear the result of a blood test.
　　　ウ　There were a lot of peaches in the box then, but there are no peaches now.
　　　エ　The population of Japan is much smaller than that of India.

問㉛　ア　Turn to the right, and you'll find the gym.
　　　イ　Dictionaries must not be using in class.
　　　ウ　Don't eat too much just before you go to bed.
　　　エ　When I listened to the news yesterday, it made me sad.

5　選択肢の語(句)を並べかえて会話が成り立つようにするとき，㉜～㊴に入るものを選び，記号で答えなさい。文頭にくるものも小文字になっています。

問㉜㉝　A：I'm afraid of making mistakes in English classes.
　　　　B：Don't worry！（ ㉜ ）（　　）（　　）（ ㉝ ）（　　）.
ア　to　イ　is　ウ　English　エ　speak　オ　trying　カ　very important

問㉞㉟　A：What is this hotel famous for？
　　　　B：It is（　　）（ ㉞ ）（　　）（ ㉟ ）（　　）（　　）.
ア　stay　イ　the star Tom Cruise　ウ　the hotel　エ　used　オ　where　カ　to

問㊱㊲　A：How was the Christmas party？ Did you see a lot of people？
　　　　B：Not so many. Some of（　　）（　　）（ ㊱ ）（　　）（　　）（ ㊲ ）come.
ア　friends　イ　couldn't　ウ　the party　エ　my　オ　to　カ　invited

問㊳㊴　A：Are you（　　）（　　）（ ㊳ ）（　　）（ ㊴ ）（　　）there？
　　　　B：Yes, we'll visit workplaces to learn about different jobs. We'll also talk with the people there, and work with them for a day.
ア　work　イ　to　ウ　how　エ　going　オ　see　カ　people

＜リスニング・テスト放送原稿＞

Hello, everyone.
This is the listening part of the test.
The listening comprehension test has two parts, Part A and Part B.
For Part A, each monologue and dialogue will be read only once.

[Part A]

1　John went to see a movie on Sunday. He got to the theater at eleven o'clock. It was a popular movie, so he had to stand in line for an hour. He couldn't get a ticket for the twelve o'clock movie. He waited and saw the two o'clock movie. It lasted for two hours. He ate dinner right after the movie.

問①　What time did John eat dinner？

2　M：Happy birthday, Meg. This is a present for you.
　W：Oh, thanks, grandpa. I've wanted this for a long time.
　M：That's what I thought. Enjoy ironing.

問②　Which did Meg get？

3　M：Oh！ I've lost my cell phone. It isn't in my bag. What should I do？
　W：Calm down！ When did you use it last？

M : When I was shopping with Bob. We were talking about our summer holidays and how we wanted to go to the aquarium. I think that was the last time I used it. Oh, I remember I put it in my car. I'm glad I remembered.

W : Good for you.

問③ Where will the man find his cell phone ?

［Part B］ Part B will be read twice.

Osamu Tezuka was born in Osaka on November 3, 1928. Osamu was named after the Emperor Meiji, whose birthday fell on the same day. His father had a good job in a large company. On his father's side of the family, his great-grandfather was a doctor. His grandfather was a professional soldier and was very strict. Tezuka was the oldest son. Two years later his brother was born, and four years later, his sister.

After the death of his grandfather, when Tezuka was five years old, the family moved to Takarazuka in Hyogo Prefecture. In those days, Takarazuka was one of the biggest resort attractions in Kansai, popular both for its hot springs and pleasant natural surroundings.

As a young boy, Tezuka did not always have an easy time. He was short and thin. His wavy hair and glasses made him an easy target of jokes at his elementary school. There was even a song that made fun of him. When Tezuka arrived home after school every day, his mother would ask him, "How many times did they make you cry today ?" Tezuka would count the times on his fingers and say "Eight," which always pulled out the cheerful reply : "Never mind. Just smile and bear it." Tezuka would keep these words in mind, put on a brave face, and simply laugh.

問④ What did Tezuka's grandfather do ?

問⑤ In what kind of area was Tezuka raised ? Choose the one that is NOT true.

問⑥ Which statement is true ?

【数　学】（50分）〈満点：100点〉

（注意）　1．定規，コンパス，分度器は使用しないでください。

2．問題の文中の［ア］，［イウ］などの［　］にはそれぞれ数値が入ります。

(i)　ア，イ，ウ，……の１つ１つにはそれぞれ０から９までの数字１つが対応します。それぞれの欄の数字をマークしてください。

(ii)　分数形で解答が求められているときは，既約分数で答えてください。

(iii)　比の形で解答が求められているときは，最小の整数の比で答えてください。

(iv)　円周率はπとします。

1　(1)　$3a-5b+6-\dfrac{a-4b-5}{2}=\dfrac{[ア]a-[イ]b+[ウエ]}{[オ]}$である。

(2)　$\dfrac{4}{5}x^2y^2\div\left(-\dfrac{2}{9}xy^2\right)\times\left(-\dfrac{5}{6}xy\right)^2=-\dfrac{[カ]}{[キ]}x^{[ク]}y^{[ケ]}$である。

(3)　$x=-3+2\sqrt{7}$のとき，$x^2+6x-7=$［コサ］である。

(4)　大小２つのさいころを同時に１回投げる。大きいさいころの出た目の数をa，小さいさいころの出た目の数をbとするとき，xについての方程式$ax=b$の解が整数となる確率は$\dfrac{[シ]}{[スセ]}$である。

(5)　５個以上の約数をもつ自然数nについて，その約数を書き並べたものをnの約数データとよぶことにする。例えば，12の約数データは「１，２，３，４，６，12」である。

(i)　48の約数データにおいて，メジアン(中央値)は［ソ］である。

(ii)　nの約数データにおいて，レンジ(範囲)が63であるとき，四分位範囲は［タチ］である。

2　(1)　$\begin{cases}\dfrac{4}{x}+\dfrac{1}{3y}=-\dfrac{5}{4}\\[2mm]\dfrac{9}{x}-\dfrac{4}{y}=-4\end{cases}$のとき，$x=-$［ア］，$y=$［イ］である。

(2)　２次方程式$x^2+2x-15=0$の２つの解にそれぞれ３を加えた２数が，２次方程式$x^2+ax+b=0$の２つの解になるとき，$a=-$［ウ］，$b=-$［エオ］である。

(3)　ある商店で商品Ａを１個150円で売ると，１日に400個売れる。ある日，商品Ａの１個あたりの値段をx円値上げしたところ，この日に売れた商品Ａの個数は普段より$2x$個少なく，商品Ａの１日の売り上げが1200円減った。このとき，$x=$［カキ］である。ただし，$x>0$とする。

3　右の図のように，放物線$y=\dfrac{1}{2}x^2$上に２点Ａ，Ｂ，y軸上に点Ｃがあり，それぞれ座標はＡ$(-2,\ 2)$，Ｂ$(2,\ 2)$，Ｃ$(0,\ 10)$である。また，放物線上の$x>2$の部分を動く点をＰとし，点Ｐのx座標をpとする。

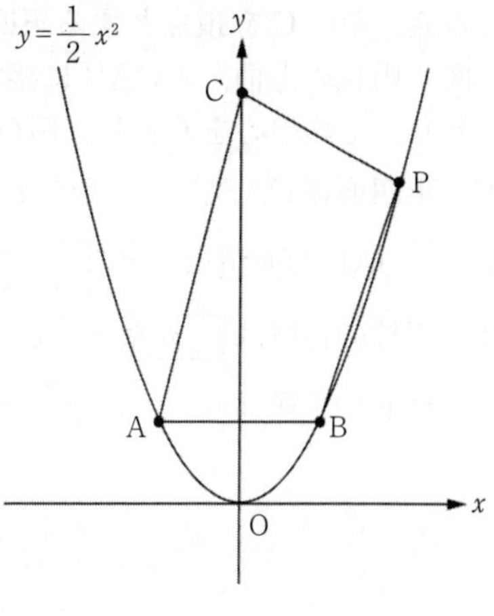

(1)　$p=3$のとき，直線APの式は$y=\dfrac{[ア]}{[イ]}x+$［ウ］である。

(2)　BP∥ACとなるとき，$p=$［エ］である。このとき，四角形ABPCの面積は［オカ］である。

(3)　△ABPと△APCの面積が等しくなるとき，$p=\dfrac{[キク]}{[ケ]}$である。

4 (1) 下の図1のような半円がある。Oは線分ABの中点で，C，Dは半円の円周上の点，Eは直線ADと直線BCの交点である。$\angle COD=58^\circ$ のとき，$\angle x=$ [アイ]°である。

(2) 下の図2の四角形ABCDは平行四辺形で，$AB=6$，$BC=10$，$\angle BAC=90^\circ$ である。このとき，$BD=$ [ウ]$\sqrt{[エオ]}$ である。

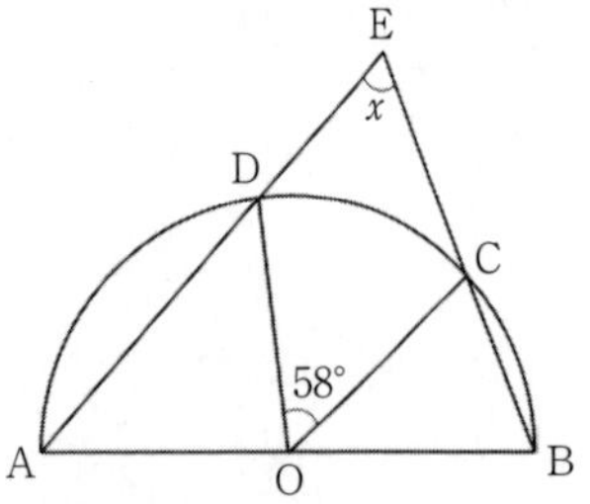

図1

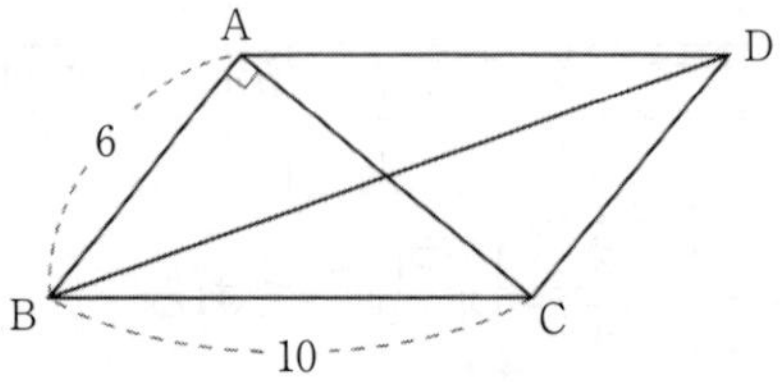

図2

(3) 右の図3のように，1辺の長さが14である正三角形ABCを，線分DEを折り目としてAが辺BC上の点Fと重なるように折り返す。

$AD:AE=3:4$，$FC=10$ のとき，$CE=\dfrac{[カキ]}{[ク]}$ である。

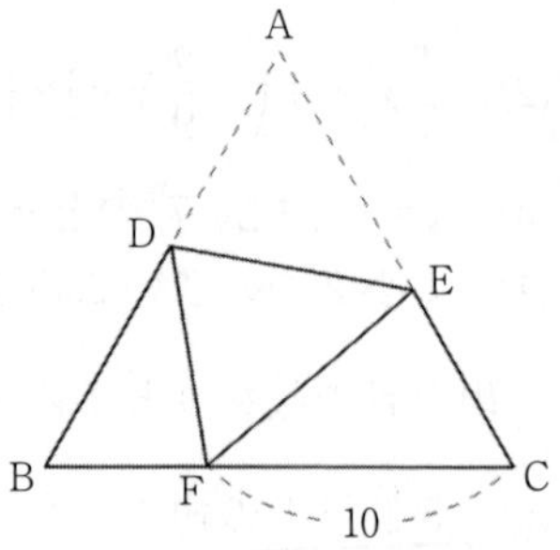

図3

5 右の図のように，AD//BCである台形ABCDにおいて，3点A，B，Dを通る円Oをかき，辺CDとの交点をEとすると，BEが円Oの直径となった。$AB=3$，$AE=4$，$DE:EC=1:2$ とする。

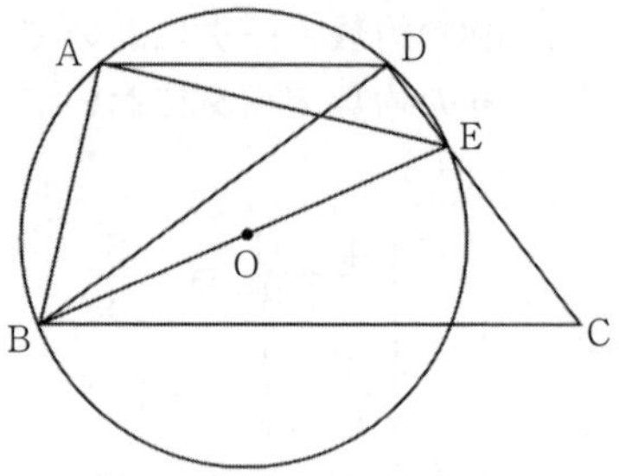

(1) 円Oの半径は $\dfrac{[ア]}{[イ]}$ である。

(2) $BD:DC=$ [ウ] : [エ] だから，$BD:DE=$ [オ] : [カ] である。

(3) BCの長さは $\dfrac{[キク]\sqrt{[ケコ]}}{[サシ]}$ である。

6 右の図のように，円柱の上面の円の中心Oと，下面の円周上の3点A，B，Cを頂点とする正四面体OABCがある。また，円柱の側面，円柱の上面，△OABに接する球を，半径が最も長くなるようにとり，その中心をPとし，円Oの半径を6とする。

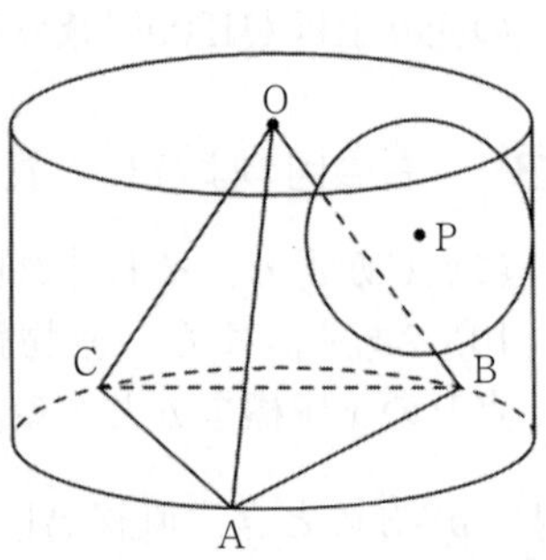

(1) 正四面体OABCの1辺の長さは [ア]$\sqrt{[イ]}$ である。

(2) △OABの面積は [ウエ]$\sqrt{[オ]}$ である。

(3) 円柱の体積は [カキク]$\sqrt{[ケ]}\pi$ である。

(4) 球Pの半径は [コ]$\sqrt{[サ]}-$[シ] である。

ア　名　イ　命　ウ　明　エ　銘

㉞　天□爛漫

ア　心　イ　真　ウ　信　エ　慎

㉟　相互□助

ア　捕　イ　救　ウ　扶　エ　介

㊱　用意周□

ア　至　イ　到　ウ　致　エ　倒

㊲　悠々自□

ア　適　イ　敵　ウ　摘　エ　的

てきた。
確かにシャチやヒグマは強いけれど、海はシャチで満たされていないし、地上もヒグマの天下ではない。1匹の個体だけで様々な状況に対応できないからこそ、私たちはそれぞれ違いを持って生まれてきたのだ。
明るいだとか、おおらかだとかは何となくポジティブな印象を持っているし、傲慢だとか神経質だとかはネガティブな印象を受ける言葉だ。しかし、傲慢だからこそ大きなチャンスに怯《ひる》まずに済むかもしれないし、その神経質さを存分に生かして最高の仕事ができる場所があるかもしれない。
多くの人に愛される長所の部分を嫌う人もいれば、自分が欠点だと思っているところを愛してやまない人もいるだろう。
誰かやどこかに合わないことは、おそらく相手のせいでもなければ、自分のせいでもない。ただ合わなかったという事実を踏みしめて、いろいろな生命が溢れる世界を歩いて行けばよいのだ。

（篠原かをり『ネズミのおしえ』より）

問㉒ 本文の内容に合致するものを、次のア～エから一つ選びなさい。

ア　ネズミには系統ごとの特徴があり、身体的には肥満になりやすいという厄介な性質があるが、性格的には温順で取り扱いやすい性質であるため、実験動物として採用されている。
イ　生物の行動が腸内細菌に支配されたものだという前提に立てば、腸内細菌というミクロな存在に目くじらを立てることは考えづらいし、不快な行動をとる個体に対しても寛容になれるはずだ。
ウ　一見強そうに見えるシャチやヒグマもそのままでは様々な状況に対応できないように、それぞれの生物は生来の性質を環境に適合するよう多様に変化させて生き延びてきた。
エ　人間を含む動物の性格は個体ごとにさまざまなうえ、欠点と見える一面も別の環境では長所となることを知って、個性を生かせる適所をあきらめずに探し続けるのがよい。

五

次の各問いに答えなさい。

問㉓～㉗ 次の――部の読みと同じ読み方をする漢字を含む語を、後のア～エから一つずつ選びなさい。

㉓ 更迭
ア 湿原　イ 装飾　ウ 逸話　エ 透徹

㉔ 悪寒
ア 圧倒　イ 把握　ウ 汚染　エ 首尾

㉕ 思索
ア 酢酸　イ 詐欺　ウ 総合　エ 催促

㉖ 古今東西
ア 近日　イ 閑散　ウ 住居　エ 懇意

㉗ 便宜
ア 脳裏　イ 旋回　ウ 示唆　エ 虚偽

問㉘～㉜ 次の――部を漢字に直すとき、それと同じ漢字を含む語を、後のア～エから一つずつ選びなさい。

㉘ 怪我のコウ名。
ア 攻撃　イ 巧言　ウ 功徳　エ 効果

㉙ 健康をソコなう。
ア 阻害　イ 欠損　ウ 崩壊　エ 失業

㉚ プロの気ガイを持つ。
ア 該当　イ 残骸　ウ 概念　エ 感慨

㉛ 結婚式をアげる。
ア 賞与　イ 快挙　ウ 上昇　エ 掲揚

㉜ 正面ショウ突。
ア 折衝　イ 協働　ウ 焦燥　エ 均衡

問㉝～㊲ 次の四字熟語の□にあてはまる漢字を、後のア～エから一つずつ選びなさい。

㉝ 正真正□

イ　実家にいた時には正式な名前を持っていなかったが、宮中で貴人にお仕えするようになったので紫式部という名を与えられた。

ウ　紫式部は、周囲から賢くて近づきがたい人だと思われないように、教養がなさそうに見える振る舞いをしていた。

エ　素晴らしい才能があった紫式部だが、貴人に対する馴れ馴れしい態度がわずかに日記でかいま見られたのは残念である。

四　次の文章を読んで、後の問いに答えなさい。

実験動物の一覧(研究者向け)を見ると、肥満になりやすいとか大型になるといった身体的特徴のほかに、「性質温順で取り扱いやすい」といった性格の特徴が書いてある。これらはネズミの系統ごとのおおよその傾向なのでもちろん例外はある。

同じ日に生まれた兄弟であっても、人が大好きでいつまでも人にべったり甘えてくるネズミもいれば、人が近くにいるだけでストレスを感じて縮こまるネズミもいる。

同じ系統のネズミであっても個体差はあるものだ。しかも、性格は思った以上に固定されたものではないものでもある。

予想もしないことで、まるっきり変わることもありうる。

例えば、腸内細菌だ。腸内細菌は文字通り、ネズミや人間といった動物の腸内に生息する細菌で、その種類や数は食事や体調、年齢などの多くの要因によって変動する。近年、この腸内細菌が宿主《しゅくしゅ》の脳にも影響を与え、行動を変えさせている可能性があることがわかり始めた。

腸内細菌を持たないように操作されたネズミは、普通のネズミに比べて社交性に欠け、仲間と過ごす時間が少なくなるという。

また、神経質な性格のネズミに大胆な性格のネズミの腸内細菌を移植したところ、以前と比べて社交的な行動をとる回数が増えたという研究結果もある。

嫌なことを言ってくる人も腸内細菌に言わされていると思うと、いくらかおおらかに接することができるだろう。「腸内細菌を憎んで、人を憎まず」の精神である。もちろん、腸内細菌のせいであるとはかぎらないし、そもそもまだネズミで確認された段階で人間で確認されているわけでもないが、ミクロの住人にそれほど強い恨みを持つ人もあるまい。

性格が後天的に変わることもあれば、当然、先天的に持ち合わせている性格もある。

ネズミにも、勢い派と慎重派がいる。

東京大学の研究グループは、壁に二つの穴があいた部屋にネズミを入れ、片方の穴を点灯させ、ネズミが点灯していない穴に鼻を突っ込むと餌を与える、という訓練を行った。そして、ネズミたちの正解率が8割を超えるまでの回数を調べた。

この結果、3秒以内にどちらかの穴を選んだネズミが、６００回以上かけて正解率8割に達したのに対し、4秒以上かけて穴を選択した慎重派のネズミは、平均４００回以下で正解率8割に達することがわかったのだ。

つまり、じっくり考えて間違えたほうが、より効果的に学習することができるということである。

これだけを見ると、良い成績を残した慎重派のほうがより良い性質を持っているような気がしてしまうが、一概にそうとは言えない。考える時間が短いということは、それだけ何度も挑戦できるということである。また、〝チャンスの女神には前髪しかない〟と言われているように、じっくり考えるよりも、とにかくやってみるほうがチャンスにつながるケースもたくさんある。もし、勢い派のネズミと慎重派のネズミの前に餌が一つしか用意されていなかった場合、先に行動した勢い派が、先にその餌を得る(可能性が高い)かもしれないということだ。

時と場合によって、うまく機能する性質は変わるのだ。

広く考えれば、生き物全体の性質の違いも同じである。それぞれの環境にそれぞれハマる性質があるから、私たちは多様に生き延びされば、ただ一言葉にても、末の世にとどまるばかりのふしを書き留むべき、とはおぼゆる。

繰り言のやうにははべれど、尽きもせずうらやましくめでたくはべるは、(注1)大斎院より(注2)上東門院(に対して)、『つれづれ慰《なぐさ》みぬべき物語や候《さぶら》ふ。』と、尋ねまゐらせさせたまへりけるに(お聞きになられた時に)、紫式部を召して、『何をか参らすべき。』(何を差し上げたらよいだろう)と仰せられければ、『珍しきものは何かはべるべき。新しく作りて参らせたまへかし。』と申しければ、『作れ。』と仰せられけるを承《うけたまわ》りて、源氏を作りたりけるとこそ、いみじくめでたくはべれ」と言ふ人はべれば、

また(もう一人の女房が)、「いまだ宮仕へもせで里にはべりける折、かかるもの作り出でたりけるによりて、召し出でられて、それゆゑ紫式部といふ名はつけたり、とも申すは、(2)いづれかまことにてはべらむ。

(注3)その人の日記といふものはべりしにも、『参りける始めばかり、恥づかしうも、心にくくも、また添ひ苦しうもあらむずらむと、(出仕した始めの頃は、私のことを気おくれするほど立派で奥ゆかしく、付き合いにくいこともあるだろうと)おのおの思へりけるほどに、いと思はずに呆《ほ》けづき、かたほにて、一文字をだに引かぬ様《さま》(未熟で、一という漢字さえも書かない様子)なりければ、かく思はず、と友達ども思はる』などこそ見えてはべれ。(その日記では)(注4)君の御有様などをば、いみじくめでたく思ひきこえながら、つゆばかりもかけかけ(恋い慕って)しく馴らし顔に聞こえ出でぬほどもいみじく」、など言ふ。

(『無名草子』より)

(注1) 大斎院…村上天皇第十皇女選子《せんし》内親王。
(注2) 上東門院…一条天皇中宮彰子《しょうし》。後に出てくる「皇太后宮」も同じ。
紫式部はこの彰子に仕えていた。
(注3) その人の日記…紫式部日記。
(注4) 君…藤原道長。

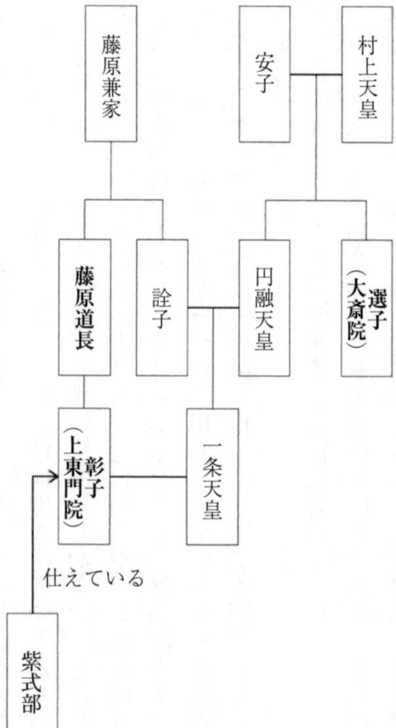

問⑲ ――(1)の意味としてふさわしいものを、次のア～エから一つ選びなさい。

ア いずれにせよ、後世にその音色は残るものです。
イ どのように、後世にその音色は残るのでしょうか。
ウ どこにも、後世にその音色は残っていません。
エ いずれかは、後世にその音色が残るでしょう。

問⑳ ――(2)とあるが、本文で述べられている『源氏物語』が作られた経緯に関する二つの説としてふさわしいものを、次のア～オから**二つ**選びなさい。

ア 大斎院から依頼を受けて作った。
イ 上東門院に命じられて作った。
ウ 自ら上東門院に志願して作った。
エ 実家にいる時に才能を見出され、宮中に招かれて作った。
オ 上東門院にお仕えする前、実家にいる時に作った。

問㉑ 本文の内容と合致するものを、次のア～エから一つ選びなさい。

ア 素晴らしい芸術作品は長い年月を経ても評価されるため、たとえ一部分だけでも後世に残るような和歌や音楽を作るのがよい。

エ　キュビズムは、外在的な現実よりも画家の内在的現実が表現されたものなのではなく、作品の対象となるべきものの客観的な姿を目に見えるとおりに描こうとすることで生じたものである。

問⑯　――(5)が生じる理由の説明としてふさわしいものを、次のア～エから一つ選びなさい。

ア　絵画がただ見るだけのものではなくなったので、一本の線や一つの色にさえも外側の世界の模倣とは異なる画家なりの意図を込めなければならなくなったから。

イ　鑑賞者が共感できるような物語を些細な色や線の組み合わせによって創造しなければならず、それはすべての画家にできるような容易なことではなかったから。

ウ　実在の世界に関係がないような線やわずかな色までも過剰に意味を解釈されるようになり、画家は自分が作品に込めた意図を解説する必要に迫られたから。

エ　絵画が目で見るばかりでなく、手で触れて鑑賞されるものになり、画家が触覚的な価値も考慮したうえで絵に対する意味付けを行わなければならなくなったから。

問⑰　――(6)とあるが、「危機」から脱するためにはどうすればよいか。その説明としてふさわしいものを、次のア～エから一つ選びなさい。

ア　対象を原色の点に分解することで既成の視覚のあり方をいったん崩し、遠くから全体を眺めたときに対象のリアルな形態が再現されるようにする。

イ　対象の実在に迫るためにあえて実在と無関係な線や色を配置し、画家の内面にある主観的な現実を再現しようとする。

ウ　観察者が対象をどのように見るかという方向性を逆転させ、対象そのものからどのような像を受け取れるかを重視して事物をとらえる。

エ　対象が光を受けている状態をただ受け止めるのではなく、対象から光がやってくる状態を画家が意識してとらえようとする。

問⑱　本文の内容の説明としてふさわしいものを、次のア～エから一つ選びなさい。

ア　現代絵画は画家の主観の表明によって成立しているとされるが、そこに描かれた些細な部分に対して過剰な解釈が施されるようになり、画家は創作意欲を削がれ、鑑賞者はオリジナルの意味を読み取ろうとして疲弊する。

イ　現代絵画について、神吉は現実をどのように見るかという視覚を重要視しているとするが、高階・宇佐美は視覚の限界を指摘し、それに代わって触覚や画家の内面の物語こそ世界をとらえるうえで重要なものだとみなしている。

ウ　本文に引用された神吉・高階・宇佐美の三者の議論は、画家の主観に重点をおくか、対象そのものに重点をおくかは異なるものの、外界に広がる事物に対峙する画家のあり方をテーマとしている点では共通している。

エ　神吉によれば現代の画家たちは外在的な現実よりも内面的現実を重視したとされるが、高階によれば現代絵画の特徴は主観ではなく対象への接近にあり、その点ではかつての外的現実を重視する手法に回帰したともいえる。

三

次の文章は、女房二人が語り合っているのを聞いて老尼が筆録したものである。これを読んで、後の問いに答えなさい。なお、出題の都合により一部本文を改めた箇所がある。

「さやうの事は（そのような管弦（音楽）のことは、）、我が世にある限りにて、亡き後まで留まりて、末の世の人見聞き伝ふることなきこそ、口惜しけれ。男も女も、管絃の方などは、その折にとりてすぐれたる例《ためし》多かれど、(1)いづらは、末の世にその音の残りてやははべる。歌をも詠み、詩をも作りて、名をも書き置きたるこそ、百年、千年を経て見れども、ただ今、その主にさし向かひたる心地して、いみじく（とても）あはれなるものはあれ。

に注目する時に発見できるのは、どこまでも視覚のリアルに近づこうとする画家の「還元的情熱」なのである。

（佐々木正人『レイアウトの法則』より）

（注）キュビズム…二〇世紀初めに起こった美術運動。幾何学的な形によって画面を構成する試み。

問⑩・⑪ ═══A・Bの語句の意味としてふさわしいものを、後のア～エからそれぞれ一つずつ選びなさい。

⑩ A「かりそめの」

ア 一時的な　イ 大したことのない

ウ いつわりの　エ 具体的な

⑪ B「素朴に」

ア ひたむきに　イ 深く考えずに

ウ 正直に　エ いい加減に

問⑫ ──(1)とあるが、神吉による「現代絵画」の特徴の説明として**ふさわしくないもの**を、次のア～エから一つ選びなさい。

ア 対象の実際には見えない部分も、記憶や推測を交えて描かれるようになった。

イ 画家の視点が、画家の外側にある世界から画家自身の内面に移っていった。

ウ 遠近法を突き詰めていった結果、世界がより鮮明に表現されるようになった。

エ 自然にある形態を、自分の頭の中で生み出された形態に合わせて描くようになった。

問⑬ ──(2)とあるが、その説明としてふさわしいものを、次のア～エから一つ選びなさい。

ア 外的な世界像を網膜から取り込み、画家の内面で感じるままに表現すること。

イ 現実世界を見えるとおり描くために、事物の色や形をあるがままにとらえること。

ウ 具体的な形で存在する現実の世界を、抽象的なイメージとして取り入れること。

エ 対象をより本質的に捉えるために、複数の視点から見た像を統合して再現すること。

問⑭ ──(3)とあるが、筆者はどういうことを言いたいのか。ふさわしいものを、次のア～エから一つ選びなさい。

ア 書物も絵画も、現実世界を客観的に再現したものではなく、世界と関わるなかで画家や作家のなかに生まれた観念や感情を文字や絵として表現する試みである。

イ 書物も絵画も、世界の現状をありのままに伝えようと制作されるものではなく、作者の考える世界の本質を伝えるために描き出されるものである。

ウ 書物も絵画も、作者の思いが色濃く反映されているので、鑑賞者がそこに込められた意図やメッセージを読み解くことができるはずである。

エ 書物も絵画も、制作者の心の中で生じたかけがえのない感情の表現であり、鑑賞する側はそれを誤解することなく正しい意味で解釈しなければならない。

問⑮ ──(4)の「キュビズムの成立」について、神吉の説と高階の説の違いとはどのようなことか。その説明としてふさわしいものを、次のア～エから一つ選びなさい。

ア キュビズムは、視点を複数化させることによって三次元空間をとらえようとするものではなく、空間の中に占めるオブジェ同士の関係をとらえようとして描くものである。

イ キュビズムは、外界の現実の再現としての表現方法を追求したものではなく、画家の目の前にある事物そのものの触覚的価値を追求した結果成立したものである。

ウ キュビズムは、外側の世界を手段として画家の主観的現実を表現することを目的とするものではなく、むしろ外界に存在する対象自体を重視し、手触りなどを通じて事物の本質に迫るものである。

まざまな方向から見た対象の形を同一画面に並置すること」とか、眼に見える姿ではなく頭で理解する姿を描くという理知的傾向(見えないはずの裏側の面を描き出したりすること)も、煎じつめれば、眼に見えるＡかりそめの姿ではなくて、真にあるがままの対象の姿を把《とら》えたいという欲求から生まれたもの」であり、「これほど決定的なオブジェへの執着」はないことになる。

高階はキュビズムがギター、マンドリン、ヴァイオリンなどの楽器や、コップ、水差しなどの食器類をよくその画題として選んでいることを指摘する。彼はその理由を「これらの対象がいずれも手で触れることによってのみ本質的価値を発揮するようなものである」、「楽器とは、手で触れて音を生み出すことによってはじめて存在意義を持つものであり、コップや茶碗はいわば手の延長であり、パイプは掌の中で愛玩するものである。ここでは、空間の中のオブジェ、ないしはオブジェの存在する場としての空間という視覚的価値ではなくて、オブジェそのものの触覚的価値が求められている」からであるとしている。

高階は画家の推論の働きによってキュビズムが成立したのではなく、それは画家が物に向かい、それを解体しつくした結果であるとする。主観の登場ではなく、オブジェへの接近が現代絵画の誕生のきっかけだった、というわけである。高階がこのように述べる時には、視覚ではなく触覚が絵画の根拠とされている。

何よりも見られるものである絵画の価値を作品の内部にではなく、作品以外の物語にもとめ、その意義を「物語」に解消したことが、画家にＢ素朴にデッサンできなくなる病としての(5)「失画症」を招いてきたと指摘するのは宇佐美圭司である。

視覚を否定された絵画においては実在との関係を持たないまま一本の線、わずかな色の配置は過剰に意味を解釈される可能性を持ってしまう。このようなことに耐え続けることの困難が「失画症」の原因となる。

「物語」の世界では、過去の参照とオリジナルの創造が絵画の位置を決定する。画家は一本の線を描く時に、歴史のすべてを背負いかつ新しい意味(オリジナルと呼ばれること)を作り出さなくてはならなくなる。絵を描くことがこのような「語り」の営みになった時に(6)現代絵画はおそらく「危機」に出会ったのである。

どこに回復の根拠を求めるのか。宇佐美はそれを「対象」に求めている。そのことは、ピカソを生んだ現代絵画が実在へ向かうことから開始されたことを再確認する作業を通して主張される。

例えば宇佐美によれば、印象主義を徹底し、セザンヌからピカソへと飛躍する土壌を作った「主観主義絵画の頂点」であるとも解釈されているモネの「睡蓮」の連作に描かれていることは記号ではなく、むしろ「実在」であるという。

晩年のモネはほとんど眼が見えなくなっていた。彼はかすかに光を受けとめていた。そのことが「対象から光がやってくることを意識しない」方法を可能にした。「緑の若葉がさんさんと輝くのを見る……さんさんと輝くという形容詞は、私たちの眼に光がやってくる状態の形容ではなく、対象が光を受けている状態の形容だと思っている。……点描とはまず何よりも眼のなかにあるそんな既成の視覚のあり方にかえて、対象を原色の点に分解して見るという、眼から対象へ向かう新しい方法を試みようとしたのである」。

宇佐美は眼から対象へ向かうベクトルをリ・コグニションとよび、それとは逆に対象から眼へ向かうベクトルをコグニションとよぶ。コグニションとは対象にあること、そのものを見ることである。宇佐美は印象派の絵画が目指したことをリ・コグニションをコグニションに戻したいという「還元的情熱」であったと言う。

高階が「触覚的価値」とよんだこと、宇佐美が「コグニション」とよび、モネの点描画に描かれたことは、おそらく視覚の不変である。印象派から現代絵画の誕生にいたる軌跡を、一枚の絵の構成だけに注目し、その「形」の変遷だけを問えば、それは確かに伝統的な意味では「視覚」的ではなくなる。だから主観化への変化ということになるのかもしれない。しかし、そこに構築された表面の細部

二 次の文章は絵画について述べられたもので、神吉敬三、高階秀爾、宇佐美圭司という三人の考え方が紹介されている。以下の文章を読んで、後の問いに答えなさい。

遠近法も含めて多くの絵は「文化的」な構築物であり、独特のスタイルが絵を成立させているのであり、それを選ばせた根拠は絵そのものにではなく「文化」と「習慣」と「歴史」に、あるいはそのような伝統を意図的に構築している画家(たち)の共同的で主観的な動機に求めなくてはならないという議論がある。絵は言語と同じように画家の観念を表現した象徴である、という主張である。

例えば美術史家の神吉敬三は(1)自然を模倣することを目指したルネサンスの遠近法から、ピカソに代表される現代絵画への歴史を「画家の注目点(いわゆる視点)が外在する描写対象からしだいに画家のほうに近づいてくる」、あるいは「対象とされるものがしだいに画家の眼に引き寄せられ、ついに網膜と一致する。さらにそれらも乗り越えて画家の内部に突入する」歴史であったとする。神吉は現代絵画の誕生を、画家の主観的な観念の表明に見ている。

神吉によれば現代絵画における主観の表明は種々の技法で試みられたことになる。ダ・ヴィンチに始まる空気遠近法(空気の層の厚さで遠近感を表現する方法。遠くのものはぼやける)を極限まで押し進めたクロード・モネの「睡蓮」の連作は、印象主義における「主観主義絵画の頂点」であり、三次元世界の量感を「青」という色彩や「円錐、円筒、球体」によって表現しようとしたポール・セザンヌのしたことは、遠近法のような幾何学的な原理ではない「抽象的な形態に自然形態を合わせるようなかたちで表現する」ことであり、「諸物体の量を、彼が発明した観念的な量体に置き換える」ことだったということになる。

セザンヌは「自分の頭のなかで考えた観念的な形態に自然を合わせはじめた」のであり、「画面全体の構図を自己の意図に合わせ、自然の秩序を意図的に曲げるかたちで絵画を構成」したのだという。そしてこのセザンヌに教訓を得て、遠近法に反逆したのがパブロ・ピカソということになる。

神吉は「二〇世紀芸術の最初の作品」とされるピカソの「アヴィニョンの娘たち」を「三次元空間の再現的な表現が完全に否定され」た作品であるという。単一の視点からは絶対に見えない部分が同時に描かれるというその絵の特徴は「対象をただ見るがままに描くのではなくより本質的に捉えようとするならば、見えない部分に対する記憶ないしは推測をも含めて捉えねばならないという態度の表れ」とされる。そしてこのことが「ピカソの視線が網膜の内側に入り決定的に主観化しつつあること」の証拠とされる。

現代芸術の出発をつげた(注)キュビズムは「ルネサンス以降五〇〇年にわたって、外界の現実世界を画家の内部に取り込む(2)取水口としての機能を果たしてきた人間の目に、画家の内面的な感情や観念という、長く非現実的なものと考えられてきた世界を外部に向かって投影する排出口としての機能が存在する」ことを表明したものであり、「画家の師とされ、絵画の父と敬われてきた『自然』は、画家の主観的現実を描出するための手段、ないしは象徴的記号となりうることも、併せて実証したのがキュビズムであった」ということになる。結局、絵画は「網膜を間に挟んだ客観と主観、外在的な現実と内在的な現実の葛藤」であり、遠近法以降の絵画の歴史は内在的な現実が外在的な現実を克服するプロセスと解釈されることになる。

特別の主張ではない。このような語り方は既に現代の絵画を論ずる際の常道の一つであるだろう。(3)私たちは書物を解釈するようにして絵を「読む」のであり、絵を描くことは要するに画家の心で生じた一つの「物語」をなぞることになる。

(4)キュビズムの成立にはまったく異なる説明も可能である。

高階秀爾はピカソとブラックのキュビズムが「(主観による)オブジェの消滅どころか、オブジェの確認であり、擁護であった」と言う。「キュビズムの特徴としてしばしば指摘される視点の複数化(さ問⑤ ――(3)とあるが、このときの圭介についての説明としてふさわしいものを、次のア～エから一つ選びなさい。

ア　何かを考えこむような菜穂子のまなざしからは、圭介を非難している様子が読み取れなかったということ。

イ　からかうような菜穂子のまなざしからは、圭介をさげすむ様子が読み取れなかったということ。

ウ　不思議そうに見つめる菜穂子のまなざしからは、圭介の意図を探るような様子が読み取れなかったということ。

エ　うろたえている菜穂子のまなざしからは、圭介の申し出を嫌がるような様子が読み取れなかったということ。

問⑥ ――(4)とあるが、なぜ圭介はこのような行動をとったのか。理由としてふさわしいものを、次のア～エから一つ選びなさい。

ア　雨の音が気になって眠れないといういらだちを、菜穂子と共有したかったから。

イ　自分は慣れない環境でも眠れることを示し、菜穂子を安心させたいと思ったから。

ウ　菜穂子が気になり眠れないことを気づかれてしまい、とりつくろおうとしたから。

エ　いつも眠れない菜穂子に余計な気を遣わせてしまい、申し訳ないと思ったから。

問⑦ ――(5)とあるが、このときの菜穂子についての説明としてふさわしいものを、次のア～エから一つ選びなさい。

ア　家へ帰ってきてほしいという圭介の言葉の中に、自分に対する思いやりを感じて気恥ずかしくなっている。

イ　ようやく二人きりの時間を過ごしているにもかかわらず、愛情を遠回しな形でしか伝えてくれない圭介に失望している。

ウ　圭介にはもう自分への愛情がないだろうと思っていたのに、自分と暮らしたいと言ってきたので嬉しく思っている。

エ　圭介は自分のことを理解する気はないだろうと思っていたのに、気持ちを率直に尋ねてきたので意図をはかりかねている。

問⑧ □で囲まれた部分の表現に関する説明として**ふさわしくないもの**を、次のア～エから一つ選びなさい。

ア　「一枚の木の葉」とは、それを菜穂子が気にして度々見つめていることから、不慣れな状況下で身動きがとれなくなっている圭介の様子を表している。

イ　「漸く雲が切れ…ほっとしたような顔」とあることから、菜穂子と圭介の関係が修復されようとしていることがわかる。

ウ　「こんな嵐に遭遇している夫」とあるが、「嵐」とは天候だけではなく圭介の精神状態をも暗示したものである。

エ　「窓硝子」は、菜穂子自身も気づかないような彼女の内面を映し出す鏡としての役割を果たしている。

問⑨ ――(6)とあるが、圭介はこの「接触」を通してどのようなことを知ったのか。説明としてふさわしいものを、次のア～エから一つ選びなさい。

ア　菜穂子が今まで自分のことを理解してくれないと不満に思っていたが、実は菜穂子もまた圭介のことを理解できずに一人で思い悩んでいたということを知った。

イ　療養所で孤独と向き合いながら生きている菜穂子の生きざまからすれば、今まで母と二人で守ってきた日常生活は取るに足りないものであったということを知った。

ウ　療養所で自らの死を意識しながら生きている菜穂子の心細さを見て、息子を愛するあまり菜穂子を邪険にしてきた母の態度がいかに身勝手であったかを知った。

エ　母と大森の家で平凡な暮らしをするよりも、療養所で必死に闘病する菜穂子を支え、二人で暮らしてゆく方が自分の人生のためになるということを知った。

その同じ頃《ころ》、黒川圭介を乗せた上り列車は、嵐に揉まれながら、森林の多い国境を横切っていた。

圭介にとっては、しかしその嵐以上に、山の療養所で経験したすべての事が異常で、いまだに気がかりでならなかった。それは彼にとっては、云わば⑹或《ある》未知の世界との最初の接触だった。往《ゆ》きのときよりももっとひどい嵐のため、窓とすれすれのところで苦しげに葉を揺すりながら身悶《みもだ》えしているような樹々《きぎ》の外《ほか》には殆《ほとん》ど何も見えない客車の中で、圭介は生れてはじめての不眠のためにとりとめもなくなった思考力で、いよいよ孤独の相を帯び出した妻の事だの、その傍《かたわら》でまるで自分以外のものになったような気持で一夜を明したゆうべの自分自身の事だの、大森の家で一人でまんじりともしないで自分を待ち続けていたであろう母の事だのを考え通していた。此《こ》の世に自分と息子《むすこ》とだけいればいいと思っているような排他的な母の許《もと》で、妻まで他処《よそ》へ逐《お》いやって、二人して大切そうに守って来た一家の平和なんぞというものは、いまだに彼の目先にちらついている、菜穂子がその絵姿の中心となった、不思議に重厚な感じのする生と死との絨毯《じゅうたん》の前にあっては、いかに薄手《うすで》なものであるかを考えたりしていた。

（堀　辰雄『菜穂子』より）

（注1）　結核…『菜穂子』が書かれた昭和一〇年代には日本で一番多い死因であった感染症で、咳・肺や気管からの出血などの症状が出る。治療には空気のきれいな場所で療養するのがよいとされていた。

（注2）　さっきの若い喀血患者…圭介が菜穂子の居室を「看護婦」に尋ねる前に、偶然圭介と目が合ってしまった若い男の患者。

問①・②　═══A・Bの意味としてふさわしいものを、それぞれ後のア～エから一つ選びなさい。

①　A「訝りながら」
ア　あきらめながら　　イ　悲しみながら
ウ　あやしみながら　　エ　怒りながら

②　B「気を揉みもしないで」
ア　あれこれ心配もしないで
イ　くよくよ後悔もしないで
ウ　一人で考え込まないで
エ　深刻な気持ちにならないで

問③　――⑴とあるが、どのような「不安」か。説明としてふさわしいものを、次のア～エから一つ選びなさい。
ア　療養所の生活に慣れきった菜穂子は、家に帰ることを拒否するのではないかという不安。
イ　わがままな性格である菜穂子は、家に帰りたいと無理を言うのではないかという不安。
ウ　菜穂子が自分に愛想をつかしてしまい、自分のことを忘れているのではないかという不安。
エ　菜穂子の病状が悪化し、見たこともない姿に変わり果てているのではないかという不安。

問④　――⑵とあるが、この部分における圭介と菜穂子の様子によって、どのようなことが表現されているか。説明としてふさわしいものを、次のア～エから一つ選びなさい。
ア　圭介は菜穂子の気持ちを読み取ることができず彼女と正面から向き合うことを恐れており、菜穂子は圭介に理解されていない状況を気にしていないことが表現されている。
イ　圭介は菜穂子を放っておいたことに対して罪悪感があり、菜穂子は圭介が自分を大切に扱っていないことに対して怒りを感じていることが表現されている。
ウ　圭介はわざわざ療養所まで来た自分を菜穂子がいたわってくれないことに対して不快感を抱き、菜穂子は圭介に関心がないことを彼に伝えようとしていることが表現されている。
エ　圭介は妻に改まった調子でものを言うことが恥ずかしく、菜穂子は圭介の気持ちを思いやって見ないふりをしていることが表現されている。

室の中を見廻《みまわ》した。
「一晩位なら、此処の床板にだって寝られるさ。そう寒いというほどでもないし……」
菜穂子は「まあ此《こ》の人が……」と驚いたようにしげしげと圭介を見つめた。それから云っても云わなくとも好い事を云うように、
「変っているわね……」と軽く揶揄《やゆ》した。しかし、そのときの(3)菜穂子の揶揄するような眼《まな》ざしには圭介を苛《い》ら苛《い》らさせるようなものは何一つ感ぜられなかった。
圭介はひとりで女の多い附添人《つきそいにん》達の食堂へ夕食をしに行き、当直の看護婦に泊る用意もひとりで頼んで来た。
「まだおやすみになれないの？」暗がりの中から菜穂子はとうとう自分の寝台の裾《すそ》の方でいつまでもズック張のベッドを軋《きし》ませている夫の方へ声をかけた。
「うん……」夫は(4)わざとらしく寝惚《ねぼ》けたような声をした。「どうも雨の音がひどいなあ。お前もまだ寝られないのか？」
「私は寝られなくったって平気だわ。……いつだってそうなんですもの……」
「そうなのかい。……でも、こんな晩はこんな所に一人でなんぞ居るのは嫌《いや》だろうな。……」圭介はそういいかけて、くるりと彼女の方へ背を向けた。それは次の言葉を思い切って云うためだった。
「……お前は家へ帰りたいとは思わないかい？」
(5)暗がりの中で菜穂子は思わず身を竦《すく》めた。
「身体《からだ》がすっかり好《よ》くなってからでなければ、そんな事は考えないことにしていてよ」そう云ったぎり、彼女は寝返りを打って黙り込んでしまった。
圭介もその先はもう何んにも云わなかった。二人を四方から取り囲んだ闇《やみ》は、それから暫くの間は、木々をざわめかす雨の音だけに充《み》たされていた。

翌日、菜穂子は、風のために其処《そこ》へたたきつけられた木の葉が一枚、窓硝子《まどガラス》の真ん中にぴったりとくっついた儘になっているのを不思議そうに見守っていた。そのうちに何か思い出し笑いのようなものをひとりでに浮べている自分自身に気がついて、彼女は思わずはっとした。
「後生《ごしょう》だから、お前、そんな眼《め》つきでおれを見る事だけはやめて貰《もら》えないかな」帰りぎわに圭介は相変らず彼女から眼を外らせながら軽く抗議した。――彼女は、いま、嵐の中でそれだけが麻痺したようになっている一枚の木の葉を不思議そうに見守っている自分の眼つきから不意《ふい》とその夫の意外な抗議を思い出したのだった。
「何もこんな私の眼つきはいま始まった事ではない。娘の時分から、死んだ母などにも何かと嫌《いや》がられたものだけれど、あの人は漸っといまこれに気がついたのかしら。それとも今までそれが気になっていても私に云い得ず、漸っときょう打解《うちと》けて云えるようになったのかしら。何だかゆうべなどはまるであの人でない見《み》たいだった。……だが、相変らず気の小さなあの人は、汽車の中でこんな嵐《あらし》に逢《あ》ってどんなに一人で怖《こわ》がっているだろう。……」
一晩じゅう何かに怯《おび》えたように眠れない夜を明かした末、翌日の午《ひる》近く漸《ようや》く雲が切れ、一面に濃い霧が拡《ひろ》がり出すのを見ると、ほっとしたような顔をして停車場へ急いで行ったが、又天候が一変して、汽車に乗り込んだか乗り込まないかの内にこんな嵐に遭遇《そうぐう》している夫の事を、菜穂子は別にそうB気を揉《も》みもしないで思いやりながら、何時《いつ》かまた窓硝子に描かれたようにこびりついている一枚の木の葉を何か気になるように見つめ出していた。そのうちに、彼女はまた自分でも気づかない程《ほど》かすかに笑いを洩《も》らしはじめていた。……

二〇二四年度 淑徳与野高等学校（第一回）

【国　語】（五〇分）〈満点：一〇〇点〉

一　菜穂子は大森（東京都）で夫の圭介と圭介の母と暮らしていたが、三人での暮らしの中で孤独を感じていた。そんな中、（注1）結核になった菜穂子は、長野県にある療養所に現在入院している。圭介は、母の意向もあり当初見舞いに行かなかったが、ある日思い立って菜穂子のいる結核療養所を訪ねる。次の文章を読んで後の問いに答えなさい。

圭介は漸《や》っと廊下で一人の看護婦を捉《とら》えて訊《き》くと、菜穂子のいる病棟はもう一つ先の病棟だった。教わったとおり、突き当りの階段を上がると、ああ此処《ここ》だったなと前に妻の入院に附添《つきそ》って来たときの事を何かと思い出し、急に胸をときめかせながら菜穂子のいる三号室に近づいて行った。事によったら、菜穂子もすっかり衰弱して、（注2）さっきの若い喀血患者《かっけつかんじゃ》のような無気味なほど大きな眼でこちらを最初誰だか分からないように見るのではないかと考えながら、そんな自身の考えに思わず身《み》慄《ぶる》いをした。

圭介は先《ま》ず心を落ち著《つ》けて、ちょっと扉をたたいてから、それを徐《しず》かに明けて見ると、病人は寝台の上に向う向きになった儘《まま》でいた。病人は誰《だれ》がはいって来たのだか知りたくもなさそうだった。

「まあ、あなたでしたの？」菜穂子は漸っとふり返ると、少し窶《やつ》れたせいか、一層大きくなったような眼《め》で彼を見上げた。その眼は一瞬異様に赫《かがや》いた。

圭介はそれを見ると、何かほっとし、思わず胸が一ぱいになった。

「一度来《こ》ようとは思っていたんだがね。なかなか忙しくて来られなかった」

夫がそう云《い》い訳がましい事を云うのを聞くと、菜穂子の眼からは今まであった異様な赫きがすうと消えた。彼女は急に暗く陰《かげ》った眼を夫から離すと、二重になった硝子窓《ガラスまど》の方へそれを向けた。風はその外側の硝子へときどき思い出したように大粒の雨をぶつけていた。

圭介はこんな吹き降りを冒《おか》してまで山へ来た自分を妻が別に何《な》んとも思わないらしい事が少し不満だった。が、彼は(1)目の前に彼女を見るまで自分の胸を圧《お》しつぶしていた例の不安を思い出すと、急に気を取り直して云った。

「どうだ。あれからずっと好いんだろう？」(2)圭介はいつも妻に改《あらたま》ってものを云うときの癖《くせ》で目を外《そ》らせながら云った。

「……」菜穂子も、そんな夫の癖を知りながら、相手が自分を見ていようといまいと構わないように、黙って頷《うなず》いただけだった。

「何《な》あに、此処にもう暫《しばら》く落ち著いていれば、お前のなんぞはすぐ癒《なお》るさ」圭介はさっき思わず目に入れたあの喀血患者の死にかかった鳥のような無気味な目つきを浮べながら、菜穂子の方へ思い切って探るような目を向けた。

しかし彼はそのとき菜穂子の何か彼を憐《あわ》れむような目つきと目を合わせると、思わず顔をそむけ、どうして此《こ》の女はいつもこんな目つきでしか俺《おれ》を見られないんだろうとA訝《いぶか》りながら、雨のふきつけている窓の方へ近づいて行った。窓の外には、向う側の病棟も見えない位《くらい》飛沫《ひまつ》を散らしながら、木々が木の葉をざわめかせていた。

暮方《くれがた》になっても、この荒れ気味の雨は歇《や》まず、そのため圭介もいっこう帰ろうとはしなかった。とうとう日が暮れかかって来た。

「ここの療養所へ泊めて貰《もら》えるかしら？」窓ぎわに腕を組んで木々のざわめきを見つめていた圭介が不意に口をきいた。

彼女は訝《いぶ》かしそうに返事をした。「泊って入《い》らっしゃっていいの？　そんなら村へ行けば宿屋だってないことはないわ。しかし、此処じゃ……」

「しかし此処だって泊めて貰えないことはないんだろう。おれは宿屋なんぞより此処の方が余《よ》っ程《ぽど》好い」彼はいまさらのように狭い病

2024年度／淑徳与野高等学校（第１回）

英語解答

1 問① ウ　問② エ　問③ エ
問④ ウ　問⑤ イ　問⑥ エ

2 問⑦ ウ　問⑧ エ　問⑨ イ
問⑩ ア　問⑪ イ　問⑫ ア
問⑬ イ　問⑭ エ　問⑮ ウ
問⑯ エ　問⑰ ウ　問⑱ ウ
問⑲ エ　問⑳ ア

3 問㉑ ウ　問㉒ ウ　問㉓ イ
問㉔ エ　問㉕ ウ　問㉖ ウ
問㉗ イ　問㉘ エ

4 問㉙ ア　問㉚ イ　問㉛ イ

5 ㉜…オ　㉝…イ　㉞…オ　㉟…エ
㊱…カ　㊲…イ　㊳…オ　㊴…カ

1〔放送問題〕解説省略

2〔長文読解総合─物語〕

≪全訳≫❶何年も前，私たちは，毎年乾期がある国のある地域で暮らしていた。ある年，ほぼ１か月間雨が降らなかった。作物は枯れかかっていた。牛は乳を出すのをやめた。川や小川は全て干上がった。乾期が終わる前に，７人の地元の農場主がまもなく農地を失うことになりそうだった。❷ある日，私が台所で昼食をつくっていると，６歳の息子ビリーが森に向かって歩いていくのが見えた。ビリーはいつもの小さな子どものんきな足取りではなく，重大な目的を持って歩いていた。私にはビリーの背中しか見えなかった。ビリーは大変な努力をして歩いており，できるかぎり静かにしようと努めていた。❸森の中に姿を消した数分後，ビリーは家の方に走って戻ってきた。何であれ彼の用は済んだのだなと考えながら，私は昼食づくりに戻った。しかし，すぐにビリーは，再び例のゆっくりとした注意深い調子で森に向かって歩いていった。これがしばらくの間続いた。つまり，注意深く森に歩いていき，家に走って戻ってきたのだった。❹私はそっと家を出て，ビリーの後をついていった。私は見つからないように細心の注意を払った。歩くときにビリーは体の前で両手をカップ状にし，小さな手の中にある物を落とさないように細心の注意を払っていた。木の枝が彼の小さな顔に当たったが，ビリーはそれをよけようとはしなかった。すると，数頭の大きな鹿がビリーの前に立っているのが見えた。❺ビリーは鹿のすぐ前まで歩いていった。１頭の巨大なオス鹿との距離は非常に近かった。しかし，オス鹿はビリーを傷つけはしなかった。ビリーが腰を下ろすときに，オス鹿は動くことさえなかった。そして，私には小さな小鹿が地面に横たわっているのが見えたのだが，明らかに小鹿の喉は渇いていて，暑さでへとへとだった。ビリーの両手のカップの中に入った水を飲むために，小鹿は頭を上げた。❻水がなくなると，ビリーは跳び上がり，家まで，私たちが閉めたと思っていた蛇口まで走って戻った。ビリーが蛇口をひねると，少量の水が出始めた。その水がゆっくりと「カップ」を満たすのをビリーは待った。そのとき私は，ビリーが注意深く水を運んでいた理由がわかった。前の週にビリーは，水遊びをして痛い目に遭っていた。私たちはビリーに水を無駄にしないことの大切さを説いていたのだった。❼「カップ」がいっぱいになると，ビリーは肘を使ってなんとか蛇口を閉めた。ビリーが立ち上がって森へ戻ろうとし始めたとき，彼の目の前には私が立っていた。ビリーの小さな目は涙でいっぱいになった。「お母さん，僕は無駄にはしていないよ」とだけビリーは言った。私は台所からの鍋１杯分の水を持ってビリーに加わった。私はビリーに小鹿の世話をさせてあげた。私は森の外れに立って，ビリーがもう１つの命を救うために懸命に努力するのをじっと見ていた。❽私の顔を流れ落ちた涙が地面に当たったとき，それらに突然別の滴が加わり，さらに別の滴が，そしてまた別の滴が加わった。これには何の意味もない，奇跡が本当に起こることはない，いずれ雨は降るものだ，と言う人もおそらくいるだろう。そして，私はそれに何も反論することはできない。奇跡は起こると言うつもりはない。私に言えるのは，その日降った雨が私たちの農場を救ってくれたということだけだ。１人の小さな男の子の行動がもう１つの生き物を救ったように。

問⑦～⑩＜適語選択＞⑦ほぼ１か月間雨が降っていなかったのだから，「作物は枯れかかっていた」のである。die には「(植物が)枯れる」という意味がある。　⑧stop ～ing「～することをやめる」の形。主語が The cows「牛」なので「乳を出す(与える)のをやめた」とする。　⑨衰弱している小鹿の様子が描かれている場面である。この lying は lie「横たわる」の現在分詞。　lie－lay－lain－lying　⑩両手が使えないので，ビリーは肘を使って蛇口を閉めたのである。　by ～ing「～することによって」

問⑪＜適語選択＞ビリーの真剣な様子が描かれている場面であることから，with great effort「多大な努力をして」とする。直後の effort が単数形なので many は使えない。little「ほとんど～ない」や no「全く～ない」だと否定の意味になるため不可。

問⑫＜語句解釈＞下線部は「彼が小さな手の中に持っているもの」という意味。この what は先行詞を含む関係代名詞で，「～(する)もの，こと」という意味を表す。次の段落最終文で，衰弱している小鹿がビリーの手から水を飲んでいる様子が描かれている。

問⑬・⑭＜指示語＞⑬この前にある the deer did not hurt him の the deer は前文の A huge male「一頭の巨大なオス鹿」を，him は Billy を指す。これに続く he didn't even move の he がこのオス鹿を指すと考えると，「その鹿はビリーを傷つけなかったし，動くことさえなかった」となり，意味が通る。　⑭「別の滴が加わった」とあることから，they も「滴」のようなものであると考えられる。文の前半に the tears「涙」がある。

問⑮・⑯＜語句解釈＞⑮文の主語 It は a tiny baby deer lying on the ground を指す。小鹿は水を「飲む」ために頭を上げたのである。　⑯‘let＋目的語＋動詞の原形’で「～に…させてあげる」という意味。下線部直前の him は Billy を指し，下線部直後には the baby deer が続くことから，「～の世話をする」という意味だと判断できる。　look into ～「～の中をのぞく，～を研究する」　look for ～「～を探す」　take after ～「～に似ている」

問⑰＜適語句選択＞ビリーが蛇口から水をくむ様子を見て，母親がわかったことが入る。この後に，ビリーは前の週に水遊びをして叱られ，水の大切さを説かれたという内容が続くことから判断する。ビリーは水をこぼさないように注意していたのである。

問⑱＜文脈把握＞下線部直後でビリーは母親に「無駄にはしていないよ」と言っている。前の週に水遊びをして叱られているビリーは，水を無駄遣いしていると誤解され，母親に再び叱られると思ったから，目に涙を浮かべていたのである。ウ．「彼は母親が，自分が水を運んでいるのを見て怒るのではないかと思った」は，この内容を表している。

問⑲＜適語句選択＞ダッシュ(—)直前の I can't say anything against that「私はそれに何も反論することはできない」の that「それ」とは前文に書かれた奇跡を否定する意見のこと。この文に続く内容としてふさわしいものを選ぶ。このように，ダッシュは直前の内容を言い換えるときに使われる。　try to ～「～しようとする」

問⑳＜内容真偽＞ア．「１か月間全く雨が降らなかったので，地元の農場主はもう少しで農場を失うところだった」…○　第１段落第２文および最終文に一致する。　イ．「小鹿を救うために，ビリーはできるだけ速く森まで走っていった」…×　第２段落第１文および第３段落第３文参照。ビリーはゆっくり注意深く歩いていった。　ウ．「ビリーを追い払うために，大きなオス鹿はビリーに近づいた」…×　第5段落第1～3文参照。鹿はじっとしていた。　エ.「ビリーが使ったカップはとても小さかったので，母親はビリーに台所の鍋をあげた」…×　ビリーは手をカップのようにして水を運んでいたのであり，本当のカップを使っていたわけではない(第4段落第3文のHe had both hands cuppedは「彼は両手をカップ状にさせた」という意味)。また，母親はビリーに鍋をあげていない。

3〔長文読解総合―説明文〕

≪全訳≫❶世界で最も重要な発明品の1つは，1989年3月に「誕生」し，2019年に30回目の誕生日を祝った。30年前には，このウェブサイトも他のどのようなウェブサイトも想像することは不可能だった。自宅にコンピューターを持っている人はいたが，あまり多くのことに使ってはいなかった。ひょっとすると，ゲームをするため，あるいは，印刷して郵送する目的で手紙をタイプするためだけにコンピューターを使っていたかもしれない。しかし，1989年にティム・バーナーズ＝リーという名のイギリスのコンピューター科学者が全てを変え，現代世界最大の発明品の1つ，ワールドワイドウェブが誕生したのだった。❷ところで，ティム・バーナーズ＝リーがスイスにあるCERN(欧州原子核研究機構)に勤務していた1989年には，インターネットはすでに存在していた。しかし，ウェブページがなかったので，それは現在のインターネットとは似ても似つかぬものだった。電子メールもすでに存在しており(よく知られているように，エリザベス2世は1976年に電子メールを送信した)，google.comのようなドメイン名という概念も存在していた。すでに存在していたもう1つのツールはハイパーテキストで，これは1つの文書から別の文書にジャンプするために使われるものである。しかし，ウェブはなかったので，こういったものはどれも現在のように役立つものではなかった。❸相互に接続されていないコンピューターを科学者全員が使わなければならなかったため，バーナーズ＝リーはCERNに満足していなかった。ケーブルでコンピューターを接続することはできたが，お互いに「話す」ことはできなかった。情報が欲しければ，どのコンピューターにその情報があるのかを正確に知っていて，そのコンピューターの前に座ってログインする必要があった。バーナーズ＝リーは，インターネットとドメイン名とハイパーテキストを1つのシステムに統合する方法を提案する報告書を書いた。このシステムは，後にワールドワイドウェブと呼ばれた(そのためウェブサイトのアドレスは「www」で始まる)。当時，彼の考えはとても抽象的だったため，上司はそれを「漠然としているが，わくわくさせる」ものだと言った。2年後の1991年，CERNに世界初のウェブサイトがつくられた。❹30年後の今日，その考えは今もなおわくわくさせるものだ。ウェブはインターネットの一部にすぎないが，私たちを世界中とつないでくれる部分だ。電話によって，1人が別の1人とつながることができた。テレビによって，1人の考えが家にいる無数の人々に届いた。しかし，ウェブの場合，インターネットにアクセスできる誰もがつながっており，どんな人でもウェブに情報を寄せることができる。❺ウェブの背景にある考え方は，人と人をつなぎ，人々が理解し合うのを手助けするということだ。しかし，世界の誰もがインターネットにアクセスできるというわけではない。internetworldstats.comによると，55パーセントだけだ。世界人口の半数がアジアに住んでいるのだが，アジアの人々の半数だけしかインターネットにアクセスできない。北アメリカでは，95パーセントの人がインターネットにアクセスでき，ヨーロッパでは85パーセントだ。北アメリカとヨーロッパは世界人口の15パーセントを占めるにすぎないが，合わせると世界のインターネットユーザーの25パーセントを占めている。これをアフリカと比較すると，アフリカは世界人口の17パーセントを占めているが，36パーセントの人しかインターネットにアクセスできない。❻情報格差は，単に地理的な問題ではない。男性と女性のインターネットへのアクセスを比較した場合，ワールドワイドウェブ財団の調査によると，貧しい都市部のコミュニティの多くでは女性の方がインターネットを使っている可能性が低い。女性の37パーセントに対して男性の59パーセントがインターネットユーザーだ。**7**もしあなたがこれを読んでいるのなら，あなたはこの強力なツールにアクセスできる，世界の人々のうちの半分に属していることになる。ひょっとすると次の30年間の私たちの仕事は，世界の残り半分の人々がウェブを使えるようにすることと，人々がウェブを最大限に活用するのを手助けすることかもしれない。

問㉑＜語句解釈＞下線部は第１段落最終文で one of the modern world's greatest inventions(was born) : the World Wide Web と言い換えられている。コロン(:)は「つまり，すなわち」の意味で，直前の内容を言い換えたり，具体的に説明したりする場合に用いられる。'one of the＋最上級＋複数名詞'「最も～な…の１つ」　invention(s)「発明品」

問㉒＜指示語＞ここに当てはめて意味が通る複数名詞は前文にある computers である。

問㉓＜英文解釈＞'so＋do/does/did＋主語' は直前にある内容を受け，「～もそうだ(った)」という意味を表す。直前に Email also already existed「電子メールもすでに存在していた」とあるので，下線部は「ドメイン名という概念もそうだった」＝「ドメイン名という概念も存在していた」という意味になる。この内容を表すのはイ．「ドメイン名という概念は1989年には存在していた」。

問㉔＜適語句選択＞空所には，バーナーズ＝リーがCERNに満足していなかった理由となる内容が入る。この後に続く，パソコン間で情報のやり取りができなかったことを表す記述は，空所を含む部分の内容を具体的に説明したものだと考えられる。un- は否定の意味を表す接頭辞で，unconnected は「接続されていない」という意味。

問㉕＜文脈把握＞that idea とは前の段落にある his idea，つまりバーナーズ＝リーが考えたワールドワイドウェブというシステムのこと。下線部の直後の文で「ウェブは私たちを世界中とつないでくれる」と説明し，同じ段落の最終文で説明を加えている。

問㉖＜要旨把握＞下線部は「世界の誰もがインターネットにアクセスできるというわけではない」という意味。この後に地域ごとの具体的な利用者の割合が示されている。ウ．「北アメリカとヨーロッパに住んでいる人々が世界のインターネットユーザーの４分の１を占めている」は同じ段落第５文後半の内容に一致する。ここでの make up は「～を構成する，占める」という意味。

問㉗＜単語の意味＞前文の「この強力なツールにアクセスできる，世界の人々のうちの半分」という内容から，「残りの半分の人が使えるようにする」という意味になると推測できる。make the web available は，'make＋目的語＋形容詞'「～を…(の状態)にする」の形。　available「利用できる」

問㉘＜内容一致＞「情報格差は(　　)」―エ．「男女間でのインターネットユーザーの割合の差異に存在する」　第６段落参照。

4〔正誤問題〕

問㉙. ア…×　現在進行形(am/are/is ～ing)は'現在一時的に行っていること'を表す。毎朝のような'習慣的に行うこと'を表す場合には，現在形を使う。　「彼は毎朝近所をジョギングしている」　イ…○　ここでの open は「(店などが)開いている」という意味の形容詞。　till ～「～まで」　most evenings「たいていの夜，ほとんどの夜」　「その店はたいてい夜８時まで開いている」　ウ…○　whose「誰のもの」　「あれらのかわいい新しい人形は誰のものですか」　エ…○　疑問詞 who が主語となる'Who＋(助)動詞…?'「誰が～か」の形の疑問文。　「誰が美しい油絵を描けますか」

問㉚. ア…○　名詞の fish「魚」は，単数形と複数形が同じである。　「彼は２週間前にこの川で５匹の魚を釣った」　イ…×　「～して驚く」は be surprised to ～ で表すので，at hear を

to hear にする。 「彼らは血液検査の結果を聞いて驚いた」 ウ…○ there are no peaches は「ゼロ個の桃がある」，つまり，「桃は(1つも)ない」という意味。 「そのとき箱の中にはたくさんの桃が入っていたが，今は1つも入っていない」 エ…○ population「人口」の「多い」，「少ない」は large，small で表す。ここでの much は「ずっと，はるかに」という意味で比較級を強調する語。また，that of India の that は前に出た名詞 The population の代わりをしている。 「日本の人口はインドの人口よりもはるかに少ない」

問㉛. ア…○ ‘命令文，and 〜’「…しなさい，そうすれば〜」の形。 「右に曲がれば，体育館が見えますよ」 イ…× 主語が Dictionaries「辞書」なので，be using を be used「使われる」という受け身(‘be動詞＋過去分詞’)にする。 「授業中に辞書を使ってはならない」 ウ…○ ‘before＋主語＋動詞…’で「〜する前に」。ここでの just は before を強調するはたらきをし，「〜する直前に」という意味になる。 「寝る直前に食べすぎてはいけない」 エ…○ ‘make＋目的語＋形容詞’「〜を…(の状態)にする」 「昨日私がその知らせを聞いたとき，私は悲しくなった」

5 〔対話文完成―整序結合〕

問㉜㉝. A：英語の授業で間違うんじゃないかと心配なんだ。／B：心配いらないよ！ 英語を話そうとすることがとても大切なんだ。／／ミスを恐れるAに対して，積極的な行動を促す文をつくる。trying を動名詞(〜ing)として使い，主語を Trying to speak English「英語を話そうとすること」とする。 try to 〜「〜しようとする」 Trying to speak English is very important.

問㉞㉟. A：このホテルは何で有名なんだい？／B：そこは，スターのトム・クルーズがよく宿泊していたホテルなんだ。／／It is the hotel とした後，where を the hotel を先行詞とする関係副詞として続ける。where 以降は‘主語＋(助)動詞…’の語順が続く。‘used to＋動詞の原形’で「よく〜したものだ」という意味を表す。 It is the hotel where the star Tom Cruise used to stay.

問㊱㊲. A：クリスマスパーティーはどうだった？ たくさんの人に会った？／B：それほど多くはなかったよ。パーティーに招待された友達の中には，来ることができなかった人もいたんだ。／／まず，Some of my friends couldn't come.「友達の中には来ることができなかった人もいた」という文をつくる。残りは invited to the party とまとめ，friends の後ろに置く。my friends invited to the party「パーティーに招待された私の友達」は，過去分詞 invited から始まる語句が前の名詞 my friends を修飾する‘名詞＋過去分詞＋その他の語句’の形(過去分詞の形容詞的用法)。 Some of my friends invited to the party couldn't come.

問㊳㊴. A：そこで人々が働いている様子を見る予定なんですか？／B：はい，私たちはさまざまな仕事について知るために，職場訪問をするんです。私たちはまた，そこで働いている人たちと話をして，1日一緒に働くんです。／／この質問に対してBが we'll 〜 と未来のことについて説明していることから，be going to 〜「〜するつもりだ」の疑問文をつくる。Bの返答から，職場を見学しに行くのだとわかるので，Are you going to see「〜を見る予定ですか」とまとめ，see の目的語を‘疑問詞＋主語＋動詞…’の語順の間接疑問で how people work「人々がどんなふうにして働くのか」とする。 Are you going to see how people work there？

数学解答

1 (1) ア…5　イ…6　ウ…1　エ…7
オ…2
(2) カ…5　キ…2　ク…3　ケ…2
(3) コ…1　サ…2
(4) シ…7　ス…1　セ…8
(5) (i) 7　(ii) タ…3　チ…0

2 (1) ア…3　イ…4
(2) ウ…4　エ…1　オ…2
(3) カ…6　キ…0

3 (1) ア…1　イ…2　ウ…3
(2) エ…6　オ…4　カ…8
(3) キ…1　ク…4　ケ…3

4 (1) ア…6　イ…1
(2) ウ…4　エ…1　オ…3
(3) カ…1　キ…6　ク…3

5 (1) ア…5　イ…2
(2) ウ…4　エ…3　オ…4　カ…1
(3) キ…2　ク…5　ケ…1　コ…7
サ…1　シ…7

6 (1) ア…6　イ…3
(2) ウ…2　エ…7　オ…3
(3) カ…2　キ…1　ク…6　ケ…2
(4) コ…6　サ…2　シ…6

1〔独立小問集合題〕

(1)＜式の計算＞与式$=\dfrac{2(3a-5b+6)-(a-4b-5)}{2}=\dfrac{6a-10b+12-a+4b+5}{2}=\dfrac{5a-6b+17}{2}$

(2)＜式の計算＞与式$=\dfrac{4x^2y^2}{5}\times\left(-\dfrac{9}{2xy^2}\right)\times\dfrac{25x^2y^2}{36}=-\dfrac{4x^2y^2\times9\times25x^2y^2}{5\times2xy^2\times36}=-\dfrac{5x^3y^2}{2}=-\dfrac{5}{2}x^3y^2$

(3)＜数の計算＞与式$=(x+7)(x-1)$として，$x=-3+2\sqrt{7}$を代入すると，与式$=(-3+2\sqrt{7}+7)(-3+2\sqrt{7}-1)=(2\sqrt{7}+4)(2\sqrt{7}-4)=(2\sqrt{7})^2-4^2=28-16=12$となる。

(4)＜確率―さいころ＞大小２つのさいころを同時に投げるとき，それぞれ６通りの目の出方があるので，全部で$6\times6=36$(通り)の目の出方がある。$ax=b$より，$x=\dfrac{b}{a}$であり，xが整数となるのは，$a=1$のとき，$b=1$～6の６通り，$a=2$のとき，$b=2$，4，6の３通り，$a=3$のとき，$b=3$，6の２通り，$a=4$のとき，$b=4$の１通り，$a=5$のとき，$b=5$の１通り，$a=6$のとき，$b=6$の１通りある。よって，xが整数となるのは$6+3+2+1\times3=14$(通り)だから，求める確率は$\dfrac{14}{36}=\dfrac{7}{18}$となる。

(5)＜データの分析―中央値，四分位範囲＞(i)48の約数データは「１，２，３，４，６，８，12，16，24，48」の10個だから，中央値は５番目の６と６番目の８の平均で，$\dfrac{6+8}{2}=7$である。　(ii)自然数nの約数データの最小値はnの値にかかわらず１だから，レンジ(範囲)が63であるとき，データの最大値は$1+63=64$である。よって，$n=64$である。64の約数データは「１，２，４，８，16，32，64」だから，第１四分位数は中央値の８より小さい１，２，４の中央値で２，第３四分位数は８より大きい16，32，64の中央値で32である。よって，〔四分位範囲〕=〔第３四分位数〕−〔第１四分位数〕より，求める四分位範囲は，$32-2=30$となる。

2〔独立小問集合題〕

(1)＜連立方程式＞$\dfrac{4}{x}+\dfrac{1}{3y}=-\dfrac{5}{4}$……①，$\dfrac{9}{x}-\dfrac{4}{y}=-4$……②とする。$\dfrac{1}{x}=X$，$\dfrac{1}{y}=Y$とおくと，①は，$4\times\dfrac{1}{x}+\dfrac{1}{3}\times\dfrac{1}{y}=-\dfrac{5}{4}$より，$4X+\dfrac{1}{3}Y=-\dfrac{5}{4}$……①′，②は，$9\times\dfrac{1}{x}-4\times\dfrac{1}{y}=-4$より，$9X-4Y=-4$……②′となる。①′×12+②′より，$48X+9X=-15+(-4)$，$57X=-19$　$\therefore X=-\dfrac{1}{3}$　こ

れを②′に代入して，$9\times\left(-\dfrac{1}{3}\right)-4Y=-4$，$-3-4Y=-4$，$-4Y=-1$　$\therefore Y=\dfrac{1}{4}$　よって，$\dfrac{1}{x}=-\dfrac{1}{3}$ より，$x=-3$，$\dfrac{1}{y}=\dfrac{1}{4}$ より，$y=4$ となる。

(2)**＜二次方程式の応用＞**$x^2+2x-15=0$ より，$(x+5)(x-3)=0$　$\therefore x=-5,\ 3$　よって，$-5+3=-2$，$3+3=6$ より，二次方程式 $x^2+ax+b=0$ の２つの解は -2 と 6 である。$x=-2$ を代入すると，$(-2)^2+a\times(-2)+b=0$ より，$-2a+b=-4$……①，$x=6$ を代入すると，$6^2+a\times6+b=0$ より，$6a+b=-36$……②となる。②－①より，$6a-(-2a)=-36-(-4)$，$8a=-32$　$\therefore a=-4$　これを②に代入して，$6\times(-4)+b=-36$，$-24+b=-36$　$\therefore b=-12$

(3)**＜二次方程式の応用＞**売り上げは $150\times400=60000$（円）である。商品Ａを１個当たり x 円値上げすると，値段は $150+x$ 円，売れた個数は $2x$ 個少なくなるから，$400-2x$ 個となり，売り上げは $(150+x)(400-2x)$ 円と表せる。よって，１日の売り上げが1200円減ったことから，$(150+x)(400-2x)=60000-1200$ が成り立つ。これを解くと，$60000-300x+400x-2x^2=58800$，$-2x^2+100x+1200=0$，$x^2-50x-600=0$，$(x+10)(x-60)=0$，$x=-10,\ 60$ となる。$x>0$ だから，$x=60$ である。

3　**〔関数―関数 $y=ax^2$ と図形〕**

≪基本方針の決定≫(3)　辺 AP を△ABP と△APC の共通な底辺と見ると高さが等しい。

(1)**＜直線の式＞**$p=3$ のとき，$y=\dfrac{1}{2}\times3^2=\dfrac{9}{2}$ より，$\mathrm{P}\left(3,\ \dfrac{9}{2}\right)$ である。直線 AP の式を $y=ax+b$ とすると，A$(-2,\ 2)$ より，$2=-2a+b$……①，$\mathrm{P}\left(3,\ \dfrac{9}{2}\right)$ より，$\dfrac{9}{2}=3a+b$……②となる。①，②を連立方程式として解くと，$a=\dfrac{1}{2}$，$b=3$ となるから，直線 AP の式は $y=\dfrac{1}{2}x+3$ である。

(2)**＜座標，面積＞**まず，右図１で，BP∥AC となるとき，直線 BP と直線 AC の傾きは等しい。A$(-2,\ 2)$，C$(0,\ 10)$ より，直線 AC の傾きは $\dfrac{10-2}{0-(-2)}=4$ だから，直線 BP の式は $y=4x+k$ とおける。これが B$(2,\ 2)$ を通るから，$2=4\times2+k$，$k=-6$ となり，直線 BP の式は $y=4x-6$ である。よって，点Ｐは放物線 $y=\dfrac{1}{2}x^2$ と直線 BP の交点だから，２式から y を消去して，$\dfrac{1}{2}x^2=4x-6$ より，$x^2-8x+12=0$，$(x-2)(x-6)=0$　$\therefore x=2,\ 6$　これより，点Ｐの x 座標は６であり，$p=6$ となる。このとき，$y=\dfrac{1}{2}\times6^2=18$ より，P$(6,\ 18)$ である。次に，図１のように，点Ｃから AB に平行な直線を引き，直線 BP との交点をＤとし，四角形 ABPC を四角形 ABDC と△PCD に分ける。四角形 ABDC は平行四辺形なので，辺 AB を底辺と見ると，$\mathrm{AB}=2-(-2)=4$ で，高さは２点Ａ，Ｃの y 座標より，$10-2=8$ となり，面積は，$4\times8=32$ である。△PCD は，底辺を CD と見ると，CD＝AB＝4で，高さは２点Ｃ，Ｐの y 座標より，$18-10=8$ となり，面積は，$\dfrac{1}{2}\times4\times8=16$ である。以上より，〔四角形 ABPC〕＝▱ABDC＋△PCD＝32＋16＝48 となる。

図１
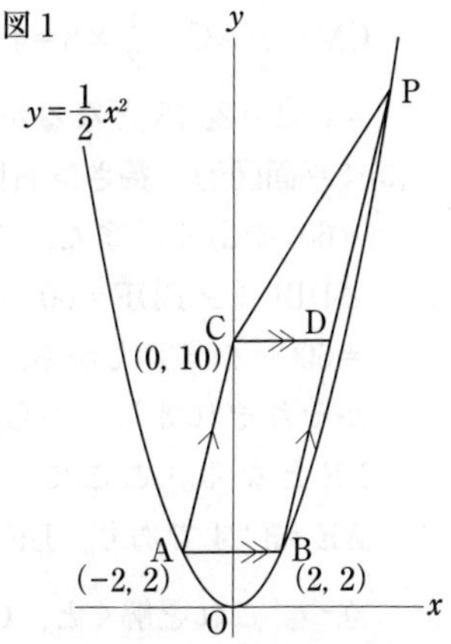

(3)**＜座標＞**次ページの図２で，２点Ｂ，Ｃから直線 AP に垂線 BH，CI を引くと，△ABP＝△APC となるとき，BH＝CI となる。点Ｂと点Ｃを結び，直線 AP との交点をＭとすると，△BHM と△CIM において，BH＝CI，∠BHM＝∠CIM＝90°，BH∥IC より錯角は等しく∠MBH＝∠MCI，１組の辺とその両端の角がそれぞれ等しく，△BHM≡△CIM である。これより，BM＝CM とな

るから，点Mは線分BCの中点であり，B(2, 2)，C(0, 10)より，x座標は$\frac{2+0}{2}=1$，y座標は$\frac{2+10}{2}=6$となる。よって，M(1, 6)である。このとき，直線AMの傾きは$\frac{6-2}{1-(-2)}=\frac{4}{3}$である。また，$\mathrm{P}\left(p,\ \frac{1}{2}p^2\right)$であり，直線APの傾きは$\left(\frac{1}{2}p^2-2\right)\div\{p-(-2)\}=\frac{1}{2}(p^2-4)\div(p+2)$$=\frac{1}{2}(p-2)(p+2)\div(p+2)=\frac{1}{2}(p-2)$と表せ，これが直線AMの傾き$\frac{4}{3}$と等しいから，$\frac{1}{2}(p-2)=\frac{4}{3}$より，$p=\frac{14}{3}$となる。

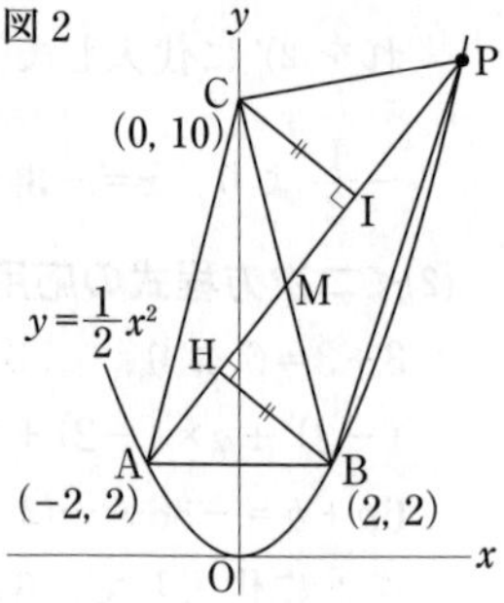

4〔独立小問集合題〕

(1)＜平面図形―角度＞右図１で，△ABEの内角の和より，$\angle x=180^\circ-(\angle\mathrm{BAE}+\angle\mathrm{ABE})$である。$\angle\mathrm{OAD}=\angle\mathrm{ODA}=a$，$\angle\mathrm{OBC}=\angle\mathrm{OCB}=b$とおくと，$\angle\mathrm{AOD}=180^\circ-2a$，$\angle\mathrm{BOC}=180^\circ-2b$となり，$\angle\mathrm{AOD}+\angle\mathrm{COD}+\angle\mathrm{BOC}=180^\circ$だから，$(180^\circ-2a)+58^\circ+(180^\circ-2b)=180^\circ$より，$-2a-2b=-238^\circ$，$a+b=119^\circ$となる。よって，$\angle x=180^\circ-(a+b)=180^\circ-119^\circ=61^\circ$である。

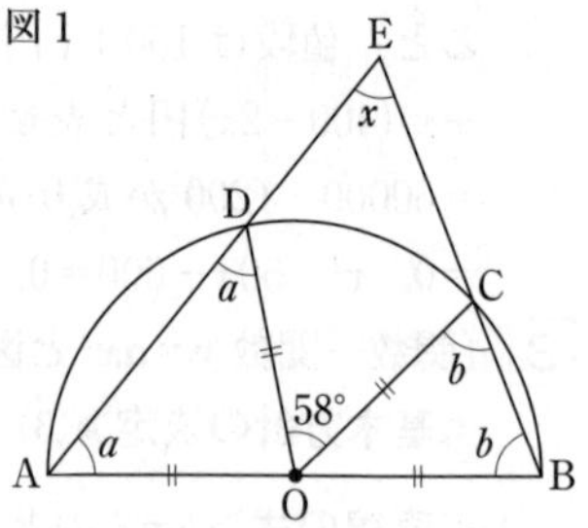

(2)＜平面図形―長さ＞右図２で，△ABCは∠BAC＝90°の直角三角形だから，三平方の定理より，$\mathrm{AC}=\sqrt{\mathrm{BC}^2-\mathrm{AB}^2}=\sqrt{10^2-6^2}=\sqrt{64}=8$である。四角形ABCDは平行四辺形で，対角線はそれぞれの中点で交わるから，ACとBDの交点をMとすると，$\mathrm{AM}=\mathrm{CM}=\frac{1}{2}\mathrm{AC}=\frac{1}{2}\times8=4$となる。よって，△ABMで三平方の定理より，$\mathrm{BM}=\sqrt{\mathrm{AB}^2+\mathrm{AM}^2}=\sqrt{6^2+4^2}=\sqrt{52}=2\sqrt{13}$となるから，$\mathrm{BD}=2\mathrm{BM}=2\times2\sqrt{13}=4\sqrt{13}$である。

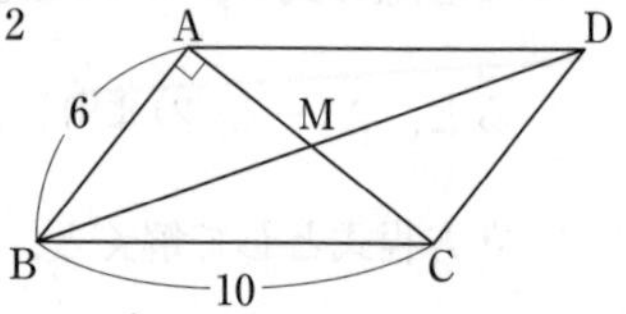

(3)＜平面図形―長さ＞右図３の△BFDと△CEFで，∠DBF＝∠FCE＝60°である。また，△BFDで外角と内角の関係より，∠DFC＝∠DBF＋∠BDF＝60°＋∠BDFであり，∠DFC＝∠DFE＋∠CFE＝60°＋∠CFEだから，∠BDF＝∠CFEである。よって，２組の角がそれぞれ等しいから，△BFD∽△CEFとなり，BF：CE＝DF：FEとなる。ここで，DF＝AD，FE＝AEより，DF：FE＝AD：AE＝3：4であり，BF＝BC－FC＝4だから，4：CE＝3：4が成り立つ。これを解くと，CE×3＝4×4より，$\mathrm{CE}=\frac{16}{3}$となる。

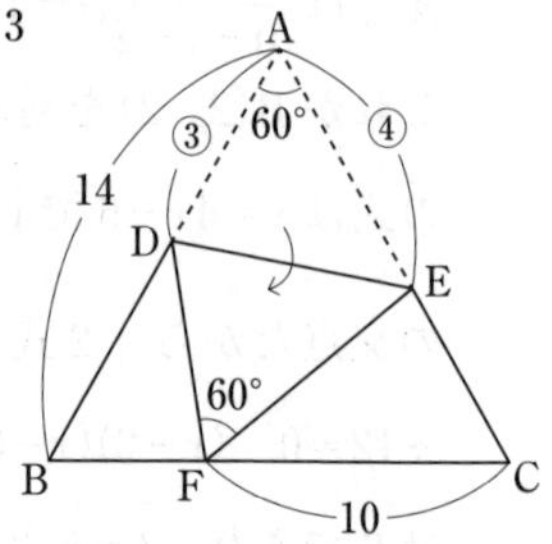

5〔平面図形―円〕

(1)＜長さ＞右図で，線分BEは円の直径だから，∠BAE＝90°である。よって，△ABEで三平方の定理より，$\mathrm{BE}=\sqrt{\mathrm{AB}^2+\mathrm{AE}^2}=\sqrt{3^2+4^2}=\sqrt{25}=5$となるから，円Oの半径は$\frac{5}{2}$である。

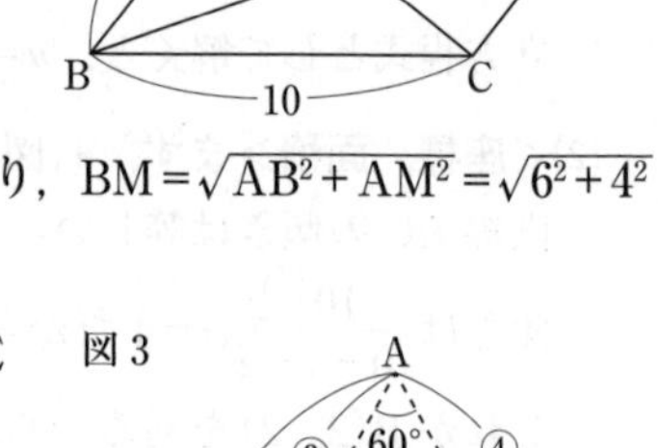

(2)＜長さの比＞右図の△ABEと△DCBにおいて，∠BAE＝∠CDB＝90°である。また，AD∥BCより，錯角が等しいから，∠ADB＝∠DBCであり，$\overset{\frown}{\mathrm{AB}}$の円周角より，∠ADB＝∠AEBだから∠AEB＝∠DBCとなる。よって，２組の角がそれぞれ等しいから，△ABE∽△DCBとなる。これより，BD：DC＝AE：AB＝4：3だから，$\mathrm{BD}=\frac{4}{3}\mathrm{DC}$である。また，DE：EC＝1：2より，DE

$=\dfrac{1}{1+2}\mathrm{DC}=\dfrac{1}{3}\mathrm{DC}$ であるから，$\mathrm{BD}:\mathrm{DE}=\dfrac{4}{3}\mathrm{DC}:\dfrac{1}{3}\mathrm{DC}=4:1$ となる。

(3)＜長さ＞(2)より，$\mathrm{BD}:\mathrm{DE}=4:1$ だから，$\mathrm{DE}=x$ とおくと，$\mathrm{BD}=4x$ と表され，$\triangle\mathrm{BED}$ で三平方の定理 $\mathrm{BD}^2+\mathrm{DE}^2=\mathrm{BE}^2$ より，$(4x)^2+x^2=5^2$ が成り立つ。これを解くと，$16x^2+x^2=25$，$17x^2=25$，$x^2=\dfrac{25}{17}$，$x=\pm\sqrt{\dfrac{25}{17}}=\pm\dfrac{5}{\sqrt{17}}$ となり，$x>0$ だから，$x=\dfrac{5}{\sqrt{17}}=\dfrac{5\sqrt{17}}{17}$ である。(2)より，$\triangle\mathrm{ABE}\backsim\triangle\mathrm{DCB}$ だから，$\mathrm{EA}:\mathrm{BD}=\mathrm{EB}:\mathrm{BC}$ であり，$\mathrm{BD}=4\times\dfrac{5\sqrt{17}}{17}=\dfrac{20\sqrt{17}}{17}$ より，$4:\dfrac{20\sqrt{17}}{17}=5:\mathrm{BC}$ が成り立つ。これを解くと，$4\times\mathrm{BC}=\dfrac{20\sqrt{17}}{17}\times5$ より，$\mathrm{BC}=\dfrac{100\sqrt{17}}{17}\div4=\dfrac{25\sqrt{17}}{17}$ となる。

6〔空間図形―円柱，正四面体〕

(1)＜長さ＞右図1で，円の中心Oから底面に垂線OHを引くと点Hは底面の中心となり，$\mathrm{HA}=\mathrm{HB}=\mathrm{HC}=6$ である。このとき，$\triangle\mathrm{HAB}$，$\triangle\mathrm{HBC}$，$\triangle\mathrm{HCA}$ は合同な二等辺三角形であり，$\angle\mathrm{HCA}=\angle\mathrm{HCB}=\dfrac{1}{2}\angle\mathrm{ACB}=\dfrac{1}{2}\times60^\circ=30^\circ$ である。よって，線分CHは正三角形ABCの∠ACBの二等分線となり，その延長と辺ABの交点をMとすると，$\mathrm{AM}=\mathrm{BM}$，$\mathrm{CM}\perp\mathrm{AB}$ である。また，$\angle\mathrm{HAB}=\angle\mathrm{HAC}=30^\circ$ となるから，$\triangle\mathrm{HAM}$ は3辺の比が $1:2:\sqrt{3}$ の直角三角形である。したがって，$\mathrm{AM}=\dfrac{\sqrt{3}}{2}\mathrm{HA}=\dfrac{\sqrt{3}}{2}\times6=3\sqrt{3}$ となるから，$\mathrm{AB}=2\mathrm{AM}=2\times3\sqrt{3}=6\sqrt{3}$ である。

図1

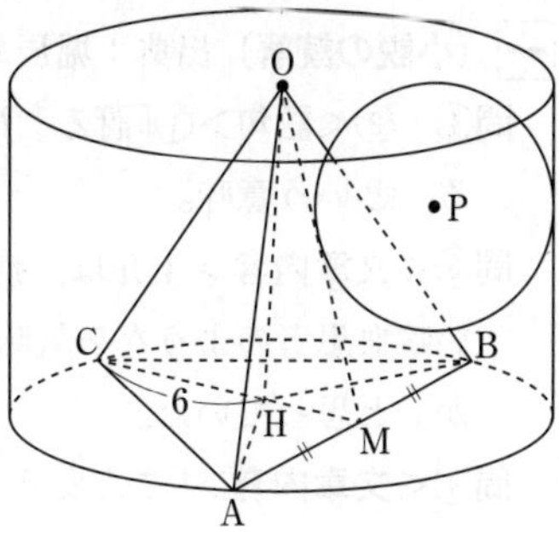

(2)＜面積＞右上図1で，$\triangle\mathrm{OAB}\equiv\triangle\mathrm{ABC}$ である。よって，(1)で $\mathrm{AM}=3\sqrt{3}$ より，$\mathrm{CM}=\sqrt{3}\mathrm{AM}=\sqrt{3}\times3\sqrt{3}=9$ だから，$\triangle\mathrm{OAB}=\triangle\mathrm{ABC}=\dfrac{1}{2}\times6\sqrt{3}\times9=27\sqrt{3}$ である。

(3)＜体積＞右上図1で，$\mathrm{OC}=\mathrm{AB}=6\sqrt{3}$ だから，$\triangle\mathrm{OHC}$ で三平方の定理より，$\mathrm{OH}=\sqrt{\mathrm{OC}^2-\mathrm{HC}^2}=\sqrt{(6\sqrt{3})^2-6^2}=\sqrt{72}=6\sqrt{2}$ となる。よって，円柱の体積は $\pi\times6^2\times6\sqrt{2}=216\sqrt{2}\pi$ である。

(4)＜長さ＞球Pの半径を r とする。右上図1で，球Pの中心Pは3点O，C，Mと同じ平面上にある。右図2は，この4点を含む平面で円柱を切断し，円柱の側面との交点をD，Eとしたときの切断面である。線分OMの延長と辺DEの延長の交点をF，円Pと△OFDの3辺との接点をそれぞれI，J，Kとする。$\triangle\mathrm{PIO}\equiv\triangle\mathrm{PJO}$ だから，$\mathrm{OI}=\mathrm{OJ}$ である。このように円外の点から引いた2本の接線の長さは等しいから，$\mathrm{FJ}=\mathrm{FK}$，$\mathrm{DK}=\mathrm{DI}$ となる。図2の四角形PKDIは，$\mathrm{PK}\perp\mathrm{DK}$，$\mathrm{PI}\perp\mathrm{DI}$，$\angle\mathrm{D}=90^\circ$，$\mathrm{PK}=\mathrm{PI}=r$ より，1辺が r の正方形である。また，△MFEと△MOHで，$\mathrm{MH}=\mathrm{CM}-\mathrm{HC}=9-6=3$，$\mathrm{ME}=\mathrm{HE}-\mathrm{MH}=6-3=3$ より，$\mathrm{ME}=\mathrm{MH}$，$\angle\mathrm{EMF}=\angle\mathrm{HMO}$，$\angle\mathrm{FEM}=\angle\mathrm{OHM}=90^\circ$ だから，1辺とその両端の角がそれぞれ等しく，$\triangle\mathrm{MFE}\equiv\triangle\mathrm{MOH}$ となる。これより，$\mathrm{FE}=\mathrm{HO}=\mathrm{ED}=6\sqrt{2}$ であり，図1で，$\mathrm{OM}=\mathrm{CM}=9$ だから，$\mathrm{FM}=\mathrm{OM}=9$ である。よって，$\mathrm{FJ}=\mathrm{FK}=\mathrm{FD}-\mathrm{DK}=\mathrm{FE}+\mathrm{ED}-\mathrm{DK}=6\sqrt{2}+6\sqrt{2}-r=12\sqrt{2}-r$，$\mathrm{OJ}=\mathrm{OI}=\mathrm{OD}-\mathrm{DI}=6-r$ と表せる。したがって，$\mathrm{OF}=\mathrm{FJ}+\mathrm{OJ}$，$\mathrm{OF}=9+9=18$ だから，$18=(12\sqrt{2}-r)+(6-r)$ が成り立ち，これを解くと，$2r=12\sqrt{2}-12$ より，$r=6\sqrt{2}-6$ となる。

図2

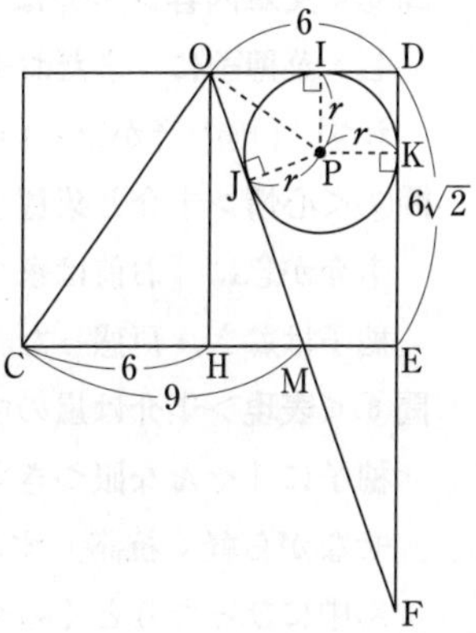

国語解答

一	問① ウ	問② ア	問③ エ	四	問㉒ イ		
	問④ ア	問⑤ イ	問⑥ ウ	五	問㉓ エ	問㉔ ウ	問㉕ ア
	問⑦ エ	問⑧ イ	問⑨ イ		問㉖ エ	問㉗ エ	問㉘ ウ
二	問⑩ ア	問⑪ イ	問⑫ ウ		問㉙ イ	問㉚ ウ	問㉛ イ
	問⑬ イ	問⑭ ア	問⑮ ウ		問㉜ ア	問㉝ エ	問㉞ イ
	問⑯ ア	問⑰ ウ	問⑱ ウ		問㉟ ウ	問㊱ イ	問㊲ ア
三	問⑲ ウ	問⑳ イ，オ	問㉑ ウ				

一〔**小説の読解**〕出典：堀辰雄『菜穂子』。

問①・②＜語句＞①「訝る」は，疑わしく思う，という意味。　②「気を揉む」は，あれこれ心配する，という意味。

問③＜文章内容＞圭介は，病室に入る前，「事によったら，菜穂子もすっかり衰弱して，さっきの若い喀血患者のような無気味なほど大きな眼でこちらを最初誰だか分からないように見るのではないか」と思っていた。

問④＜文章内容＞「こんな吹き降りを冒してまで山へ来た自分を妻が別に何んとも思わないらしい事が少し不満だった」というように，圭介は，菜穂子の気持ちを読み取れずにいた。それは「いつも」のことで，圭介は「目を外らせ」て菜穂子と向き合うことを避けていた。菜穂子は菜穂子で，「相手が自分を見ていようといまいと構わないよう」だった。

問⑤＜心情＞圭介は，菜穂子と目を合わせたときには，どうして菜穂子はいつも「何か彼を憐れむような目つき」でしか自分を見られないんだろうと思っていたが，今は菜穂子の「揶揄するような眼ざし」を見てもいら立つことはなかった。「揶揄」は，からかうこと。

問⑥＜文章内容＞圭介は，「こんな所」に一人でいる菜穂子のことを気にかけて眠れずにいた。しかし，菜穂子に「まだおやすみになれないの？」と言われると，率直に自分の気持ちを言う気にはなれず，「雨の音がひどい」せいにしてごまかした。

問⑦＜心情＞圭介と菜穂子は，この日も本音をぶつけ合うことはなく，気持ちはすれ違っていたが，圭介が急に「お前は家へ帰りたいとは思わないかい？」と率直に菜穂子の気持ちを尋ねたので，菜穂子は驚き，戸惑った。

問⑧＜表現＞圭介は嵐の中をようやく面会に来たが，菜穂子の目つきにいらいらし，帰りぎわには菜穂子に「そんな眼つきでおれを見る事だけはやめて貰えないかな」と「相変らず彼女から眼を外らせながら軽く抗議」するなど，心は穏やかではなかった（ウ…○）。一方，菜穂子は，「窓硝子の真ん中にぴったりとくっついた儘になっている」一枚の木の葉を見ているうちに「何か思い出し笑いのようなものをひとりでに浮べている自分自身に気がついて」はっとし，夫の抗議を思い出した。また，荒天の中帰っていった圭介のことを思いやりながら葉を見つめているうちに「また自分でも気づかない程かすかに笑いを洩らしはじめて」いた（ア…○）。木の葉が貼りついた窓硝子は，菜穂子自身が気づいていない菜穂子の気持ちを映し出しているのである（エ…○）。

問⑨＜文章内容＞圭介は，「山の療養所で経験したすべての事」を気にかけながら，あれこれ考えていた。そうするうちに，「此の世に自分と息子とだけいればいいと思っているような排他的な母の許で，妻まで他処へ逐いやって，二人して大切そうに守って来た一家の平和なんぞというもの」が，「菜穂子がその絵姿の中心となった，不思議に重厚な感じのする生と死との絨毯の前」にあっては「いかに薄手なものであるか」に思い当たった。

二〔論説文の読解―芸術・文学・言語学的分野―芸術〕出典：佐々木正人『レイアウトの法則』「光のレイアウト」。

≪本文の概要≫絵画は画家の観念を表現した象徴である，という主張がある。神吉敬三は，現代絵画の誕生を，画家の主観的な観念の表明に見ており，キュビズムについても画家の主観の投影だと考えた。一方，高階秀爾は，キュビズムは主観によるオブジェの消滅ではなく，むしろ決定的なオブジェへの執着であり，対象の視覚的価値ではなく触覚的価値が重視されていると考えた。また，宇佐美圭司は，絵画の価値を作品以外の物語に求めることの限界を指摘し，その危機からの回復を「対象」に求めた。宇佐美によれば，印象派の絵画が目指したのは，眼から対象へ向かうリ・コグニションを，対象にあることそのものを見るコグニションに戻したいという「還元的情熱」であった。高階が「触覚的価値」と呼んだことも宇佐美が「コグニション」と呼んだことも，おそらく視覚の不変であるが，そこに構築された表面の細部に注目するときに発見できるのは，どこまでも視覚のリアルに近づこうとする画家の「還元的情熱」なのである。

問⑩・⑪＜語句＞⑩「かりそめ」は，その場かぎりのこと。　⑪「素朴」は，考え方などが単純であること。

問⑫＜文章内容＞神吉は，「ルネサンスの遠近法」から「現代絵画への歴史」について，「対象とされるものがしだいに画家の眼に引き寄せられ，ついに網膜と一致する。さらにそれらも乗り越えて画家の内部に突入する」歴史であったとする（イ…○）。また，キュビズムにおける「単一の視点からは絶対に見えない部分が同時に描かれる」という特徴を，「見えない部分に対する記憶ないしは推測をも含めて捉えねばならないという態度の表れ」だとする（ア…○）。「遠近法以降の絵画の歴史」は「内在的な現実が外在的な現実を克服するプロセスと解釈される」というのである（エ…○）。

問⑬＜文章内容＞神吉によれば，ルネサンス以降の絵画は，人間の目が「外界の現実世界を画家の内部に取り込」み，対象を見るがままに描こうとするものであった。一方，キュビズムは，人間の目には「内面的な感情や観念」といった画家の「主観的現実」を外部に向けて投影する「排水口」としての機能があることを示した，としている。

問⑭＜文章内容＞現代の絵画を論じる立場でいえば，絵とは単なる自然の模倣ではない。絵には「画家の心で生じた」ことが描かれており，私たちは書物を読むのと同じようにして，絵に描かれた「画家の心で生じた」ことを「読む」のである。

問⑮＜文章内容＞神吉は，キュビズムを「画家の内面的な感情や観念」，すなわち「画家の主観的現実」を描出したものだと考える。一方，高階は，キュビズムは「真にあるがままの対象の姿を把えたいという欲求」から生じる「決定的なオブジェへの執着」があり，「オブジェそのものの触覚的価値」が求められているとしている。

問⑯＜文章内容＞宇佐美によれば，「絵画の価値を作品の内部にではなく，作品以外の物語にもとめ，その意義を『物語』に解消したこと」が「失画症」を招いた。ただ見るだけでなく「物語」を読むことが前提となると，「一本の線，わずかな色の配置は過剰に意味を解釈される可能性を持って」

しまい，「画家は一本の線を描く時に，歴史のすべてを背負いかつ新しい意味(オリジナルと呼ばれること)を作り出さなくてはならなく」なる。そのため，画家は，「素朴にデッサン」できなくなっていくのである。

問⑰＜文章内容＞宇佐美は，「危機」からの「回復の根拠」を「対象」に求めている。「眼から対象へ向かう」のではなく，「対象から眼へ向かう」こと，すなわち「対象にあること，そのものを見ること」を重視するのである。

問⑱＜要旨＞現代絵画を神吉は「画家の主観的な観念の表明」と見たが，高階と宇佐美はともに「対象」を重視するものと考え，特に宇佐美は，作品の意義を「作品以外の物語」に求めると画家は「オリジナル」をつくり出さなくてはならないことに耐えられなくなるため，印象派の絵画は「対象にあること，そのもの」を見ようとしたと指摘する(ア・イ…×)。一方，高階は，「現代絵画の誕生のきっかけ」は「オブジェへの接近」であり，対象の「視覚的価値」ではなく「触覚的価値」が求められていると考えた(エ…×)。三者の考えはこのように異なってはいるが，画家が外部にある事物にどのように向き合うのかということを考えている点は同じである(ウ…○)。

三〔古文の読解─評論〕出典：『無名草子』。

≪現代語訳≫「そのような管弦(音楽)のことは，自分が生きている間だけのことで，死後までとどまって，後世の人が見聞きし伝えることがないのが，残念だ。男も女も，管弦の方面などは，そのときには優れている例が多いが，どこにも，後世にその音色は残っていません。歌をよみ，漢詩をつくって，名も書きおいてあるものは，百年，千年を経て見ても，今，その作者と向かい合っている心地がして，とてもしみじみとしたものがある。だから，ただ一言でも，後世まで残るほどの作品を書き残したいものだ，とは思われる。／愚痴のようですが，尽きることもなく羨ましくすばらしいのは，大斎院から上東門院(に対して)，『退屈を慰めることのできそうな物語はございますか』と，おききになられたときに，(上東門院は)紫式部を呼んで，『何を差し上げたらよいだろう』とおっしゃったので，(紫式部が)『珍しいものは何もございません。新しくつくって差し上げなさいませ』と申し上げたので，『(あなたが)つくりなさい』とおっしゃったのを承って，『源氏物語』をつくったというのは，たいそうすばらしいことです」と言う人がいると，／また(もう一人の女房が)，「(紫式部が)まだ宮仕えもせずに里におりましたとき，このようなもの(＝『源氏物語』)をつくっていたことによって，お呼び出しされて，それで紫式部という名をつけた，とも言うのは，どちらが本当なのでしょうか。／その人の日記というものがありますが，『出仕した始めの頃は，(私のことを)気後れするほど立派で，奥ゆかしく，つき合いにくいこともあるだろうと，めいめい思っていたのに，(実際には)意外にぼんやりしていて，未熟で，一という漢字さえも書かない様子だったので，こうとは思わなかった，と仲間たちに思われた」などと書いてあります。(その日記では)君のご様子などを，たいそうすばらしくお思い申し上げながら，少しも恋い慕ってなれなれしい態度で話題にしないところも立派で」，などと言う。

問⑲＜現代語訳＞直訳すると，どこに，後世にその音色が残っているでしょうか，となる。「やは」は反語の意味で，実際には，どこにも，後世にその音色は残っていない，という意味になる。

問⑳＜古文の内容理解＞一つの説は，大斎院が上東門院に対して「つれづれ慰みぬべき物語や候ふ」と尋ねたときに，上東門院が紫式部を呼んで，新しい物語をつくるように言った，というものである。もう一つの説は，紫式部がまだ出仕していなかった頃に『源氏物語』をつくっていて，それで呼び出された，というものである。

問㉑＜古文の内容理解＞音楽は後世まで残ることはないので，歌や詩などを書きとめるのがよい(ア…×)。ある説によると，紫式部は実家にいたときに『源氏物語』を書いていたことによって呼び出されて，紫式部という名がついた(イ…×)。紫式部は，出仕し始めた頃，つき合いにくい人物だと思われないように，一という漢字さえも書けないかのように振る舞っていた(ウ…○)。紫式部日記には，君のご様子をたいそう立派だと思い申し上げながら，少しもなれなれしい態度を出さないようにしていたことが記されている(エ…×)。

四〔論説文の読解─自然科学的分野─自然〕出典：篠原かをり『ネズミのおしえ』「人間のように多彩な性質をもつネズミがおしえてくれること」。

問㉒＜要旨＞「実験動物の一覧」には，「ネズミの系統ごとのおおよその傾向」として，「肥満になりやすいとか大型になるといった身体的特徴のほかに，『性質温順で取り扱いやすい』といった性格の特徴が書いて」ある(ア…×)。「腸内細菌が宿主の脳にも影響を与え，行動を変えさせている可能性がある」という見方をとれば，「嫌なことを言ってくる人も腸内細菌に言わされていると思うと，いくらかおおらかに接することができるだろう」し，腸内細菌という「ミクロの住人」に「それほど強い恨みを持つ人もあるまい」と考えられる(イ…○)。確かにシャチやヒグマは強いが，「１匹の個体だけで様々な状況に対応できない」のであり，「それぞれの環境にそれぞれハマる性質がある」から，多様な生き物が「生き延びて」きた(ウ…×)。ネガティブな印象のある「傲慢」や「神経質」も，「傲慢だからこそ大きなチャンスに怯まずに済むかもしれないし，その神経質さを存分に生かして最高の仕事ができる場所があるかもしれない」ので，「誰かやどこか」に合わなかったとしても，「ただ合わなかったという事実を踏みしめて，いろいろな生命が溢れる世界を歩いて行けばよい」のである(エ…×)。

五〔国語の知識〕

問㉓～㉗＜漢字＞㉓「更迭」は「こうてつ」と読む。「湿原」は「しつげん」，「装飾」は「そうしょく」，「逸話」は「いつわ」，「透徹」は「とうてつ」。　㉔「悪寒」は「おかん」と読む。「圧倒」は「あっとう」，「把握」は「はあく」，「汚染」は「おせん」，「首尾」は「しゅび」。　㉕「思索」は「しさく」と読む。「酢酸」は「さくさん」，「詐欺」は「さぎ」，「総合」は「そうごう」，「催促」は「さいそく」。　㉖「古今東西」は「ここんとうざい」と読む。「近日」は「きんじつ」，「閑散」は「かんさん」，「住居」は「じゅうきょ」，「懇意」は「こんい」。　㉗「便宜」は「べんぎ」と読む。「脳裏」は「のうり」，「旋回」は「せんかい」，「示唆」は「しさ」，「虚偽」は「きょぎ」。

問㉘～㉜＜漢字＞㉘「怪我の功名」は，過失や失敗が思いがけずよい結果につながること。　㉙「損」の音読みは「損害」などの「ソン」。　㉚「気概」は，困難があってもくじけない強い気持ちのこと。　㉛「挙」の音読みは「挙式」などの「キョ」。　㉜「正面衝突」は，二つの物の正面と正面がぶつかること。また，全面的に対立して争うこと。

問㉝～㊲＜四字熟語＞㉝「正真正銘」は，うそ偽りがなく本物であること。　㉞「天真爛漫《てんしんらんまん》」は，無邪気で，思うままに言ったり行動したりすること。　㉟「相互扶助」は，お互いに助け合うこと。　㊱「用意周到」は，用意が十分できていて手抜かりがないこと。　㊲「悠々自適」は，自分の思うまま穏やかに暮らすこと。

2023年度 淑徳与野高等学校(第1回)

【英　語】 (50分) 〈満点：100点〉

＜英語リスニング・テストについて＞

1．リスニング・テストは英語の試験の最初に行います。開始の合図の約30秒後に放送が流れます。

2．問題は全部で6問で，英文を聞き，答えとして最も適当なものを選択肢から選ぶ問題です。なお，英文は[PartA]は1回のみ，[PartB]は2回放送されます。放送を聞きながらメモを取ってもかまいません。

リスニングテストの音声は，当社ホームページで聴くことができます。(実際の入試で使用された音声です)

再生に必要なユーザー名とアクセスコードは「収録内容一覧」のページに掲載しています。

1　リスニングテスト

[PartA]

1　Listen to the dialogue.　Answer the following question.

問①　Which sentence is true about the man's bag ?

ア　He went to France and bought the bag there.

イ　He paid only 70 euros.

ウ　His bag is out of fashion.

エ　He ordered the bag on the Internet.

2　Listen to the dialogue and answer the question.

問②　Where is the restroom ?

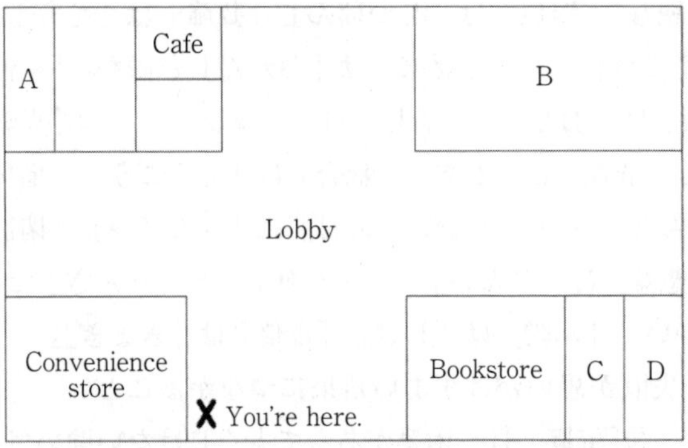

ア　A　　イ　B　　ウ　C　　エ　D

3　Listen to the weather report and answer the question.

問③　Which is true according to the weather report ?

ア　It was cloudy and windy today.

イ　It was cold and dry today.

ウ　Winter weather will continue for a while.

エ　It will get warmer very soon.

[PartB]　女性パイロットであるアメリア・イアハートに関する次の英文を聞き，設問に答えなさい。放送は2回されます。

問④　Which is true of Amelia's earlier life ?

ア Amelia grew up in a wealthy family in Minnesota.
イ Amelia didn't behave well like a lady.
ウ Amelia didn't finish high school because of her father's disease.
エ Amelia graduated from Colombia University.

問⑤ Which is not true of Amelia's career as a pilot ?
ア In 1922, she set a women's altitude record of 14,000 feet.
イ In 1928, she flew across the Atlantic Ocean by herself.
ウ In 1935, she flew from Hawaii to California by herself.
エ In 1937, she disappeared while flying over the Pacific Ocean.

問⑥ Which is true of the flight she had in 1932 ?
ア The flight was 50 hours long.
イ She flew across the Atlantic Ocean in the bad weather.
ウ The flight was from Hawaii to California.
エ She lost her life in the flight.

※＜リスニング・テスト放送原稿＞は英語の問題の終わりに付けてあります。

2 以下はある男の子がおじさんの家に遊びに行った時の話です。英文を読み，各問に答えなさい。

I got up with my uncle at 5:00 a.m. We finished milking the cows, cleaning the barn and collecting eggs from the chickens at 8:00 a.m. I was pretty tired.

My uncle's friend Bill knocked at the door.

"Morning, Roger. Got any fresh eggs for sale today ?"

"Sure, Bill. Is a dozen okay ?"

"Yes, that'd be great. Did you (⑦) there was another jewel robbery last night ?"

"A robbery ? Where ?" ⑪I suddenly felt awake.

"(⑫). That's the seventh robbery in the past four months. Jack is in the hospital."

"What ? Was he badly hurt ?"

"I'm not sure. He was hit over the head. His wife came home and found him on the kitchen floor. All her jewelry was gone: diamond rings, a pearl necklace and some ruby earrings."

"Oh, my. Did anyone see the robber ?"

"No, not his face. But a neighbor noticed a strange man on the street that night at about 9:00 p.m. He was wearing a red and blue Loggers' baseball cap."

"The Loggers ?" my uncle said. "That team stopped playing twenty years ago. By the way, Tim, you should (⑧) your parents this morning. Your mother's probably worried about you."

"Good idea." I went into the living room and picked up the phone. Suddenly I heard someone talking. Someone was already using the ⑬party line.

"I've got the necklace and earrings," a man's voice said, "but I can't find one of the rings."

I ⑭gasped. "Shh !!" said another voice.

I hung up quickly and ran back to the kitchen.

"Uncle Roger, the jewel robber was talking on your phone ! I heard him !"

"What ?" My uncle looked surprised. Then his face became angry. "Tim, I told you no more jokes !"

"I'm not joking ! I heard someone say—"

"Tim, ⑮I mean it! I (⑨) your mother that you wouldn't get into any trouble this summer. And that means no more crazy jokes! So if you've finished your breakfast, let's go. We have work to do."

I didn't say anything. My uncle didn't believe me. Somehow, I needed to prove to him that I wasn't joking. But how?

I spent all day Sunday and Monday trying to think of a plan. Whose voice did I hear on the party line? Was it the strange man in the Robinson's old house? Was he hiding the jewelry in the house? Who was he talking to that morning? I needed answers to these questions. Maybe I would be lucky again and hear him talking on the party line.

My first chance came on Tuesday afternoon.

"I'm going out to the store to buy some meat, Tim," said my uncle. "Do you want to come?"

"No, that's all right. I'll just wait for you here."

"Okay. I'll be back soon."

After he left, I ran to the living room. Very, very quietly I picked up the phone. I (⑩) my breath and listened. Nothing. No one was on the line. I waited about ten minutes and tried again. Once again, nothing.

"Okay, I'll try one more time," I thought. I lifted up the phone. This time, someone was talking on the phone!

"No, I think Sally's bringing meatballs to the dinner on Friday," said the voice. Darn, it was just Mrs. Mills, my uncle's neighbor.

"Oh, good. Then I'll bring an apple pie."

⑯I sighed and put down the phone.

On Wednesday the phone rang a few times while I was home. 'Ring, ring, ring!' The phone was for Mrs. Mills again. Probably someone was calling to say they were going to make chicken sandwiches for the Ladies' Dinner on Friday. That was NOT what I was interested in!

出典：E. Jean Taylor, *The Party Line Mystery*, -est Publishing Co., 2008

問⑦～⑩　(⑦)～(⑩)に入る適当な動詞を以下から選び記号で答えなさい。ただし選択肢は１度しか使えません。

ア　promised　イ　call　ウ　paid　エ　held　オ　reached　カ　hear　キ　drop

問⑪　下線部⑪の指す人物として最も適当なものを選び，記号で答えなさい。

ア　Roger　イ　Bill　ウ　Tim　エ　Jack

問⑫　(⑫)に入る最も適当なものを選び，記号で答えなさい。

ア　In New Jersey, somewhere very far away

イ　At Jack's house, in Rosstown, just across the bay

ウ　In the gym, near Jack's house

エ　At Jack's front door, in West Hollywood

問⑬　下線部⑬の意味として最も適当なものを選び，記号で答えなさい。

ア　友人とパーティーをするための秘密の通路

イ　パーティー会場へ行くための列

ウ　共同で開発した秘密の線路

エ　数軒が共同で使う回線

問⑭⑮　下線部⑭，⑮の意味として最も適当なものを選び，記号で答えなさい。

⑭　ア　はっと息をのんだ。　　イ　体がほぐれた。
　　ウ　怒りを抑えた。　　　　エ　胸をなでおろした。

⑮　ア　言いたいことは分かっているよ！　　イ　本気で言っているんだ！
　　ウ　冗談だよ！　　　　　　　　　　　　エ　なんて意地が悪いんだ！

問⑯　下線部⑯をした理由として最も適当なものを選び，記号で答えなさい。
ア　アップルパイを食べたくなかったから。
イ　とても静かに電話を上げたから。
ウ　情報を仕入れることができたから。
エ　犯人の声を聞けなかったから。

問⑰～⑲　次の英文が本文とあっていればアを，そうでなければイを答えなさい。
⑰　Jack's wife came home and saw a strange man who was wearing a red and blue Loggers' baseball cap.
⑱　Tim hung up the phone and told his uncle about the jewel robber but he didn't trust him.
⑲　On Wednesday, Tim was finally able to hear what he was interested in.

3　次の英文を読み，各問に答えなさい。（＊印の語(句)は注を参考にすること）

〔編集部注…課題文は著作権上の問題により掲載しておりません。作品の該当箇所につきましては次の内容を参考にしてください〕

Learn English Teens：British Council「Good Night Stories for Rebel Girls: book review (A2)」（改変あり）

https://learnenglishteens.britishcouncil.org/study-break/reading-zone/a2-graded-reading/good-night-stories-rebel-girls-book-review-a2

（注）　pirate：海賊　　Rebel：反逆の　　B.C.：紀元前　　biography：伝記　　statue：像　　Empress：皇后

問⑳　(⑳)に入る語句として，最も適当なものを選びなさい。
ア　cool or gentle　　イ　kind or tough
ウ　foolish or cute　　エ　clever or strong

問㉑　(㉑)に入る語句として，最も適当なものを選びなさい。
ア　false　　イ　true　　ウ　interesting　　エ　surprising

問㉒　下線部㉒と最も意味の近いものを選びなさい。
ア　remove　　イ　respect　　ウ　review　　エ　rescue

問㉓　下線部㉓と最も意味の近いものを選びなさい。
ア　important　　イ　intelligent　　ウ　powerful　　エ　famous

問㉔　(㉔)に入るものとして，最も適当なものを選びなさい。
ア　people believe that men are wiser than women
イ　history books always show only men as heroes
ウ　history remembers men more than women
エ　it is said that women are as strong as men

問㉕　２つの下線部㉕の後には同じものが省略されている。省略されているものとして適当なものを選びなさい。
ア　think of men　　　イ　read the book
ウ　become women　　エ　do things

問㉖　筆者が下線部㉖のように述べている理由として，最も適当なものを選びなさい。

ア　Readers may have a bad impression of women.
イ　A lot of women are working hard as doctors.
ウ　The book shows that women can do anything.
エ　The book should also be read by boys.

問㉗　下線部㉗と同じ意味になるものとして，最も適当なものを選びなさい。

ア　start a challenge with　　イ　start a war with
ウ　start a business with　　エ　start a discussion with

問㉘　(㉘)に入る語句として，最も適当なものを選びなさい。

ア　usual　　イ　strange　　ウ　great　　エ　known

問㉙　下線部㉙の意味として，最も適当なものを選びなさい。

ア　Women are never good people.
イ　Women are always bad people.
ウ　There are some bad people among women.
エ　There are not any bad people among women.

4　次の各組の中には文法的，語法的に誤りのある文が含まれている。その文を選び，記号で答えなさい。

問㉚　ア　Who are these cats looked after by ?
イ　The students were so tired that they didn't feel like studying.
ウ　The print in this book is larger than other books.
エ　I wish I could go to the U.S. on my school trip.

問㉛　ア　The students talked as quietly as possible.
イ　Let's go shopping in the new shopping mall next Sunday.
ウ　In some developing countries, water is not safe enough to drink.
エ　How do you think of his new movie ?

問㉜　ア　When have you first read an English book ?
イ　We saw a lot of houses destroyed by the typhoon last week.
ウ　What time is the museum closed in summer ?
エ　My brother never goes to bed before 11 o'clock.

5　選択肢の語(句)を並べかえて会話が成り立つようにするとき，㉝～㊵に入るものを選び，記号で答えなさい。文頭にくるものも小文字になっています。

1　A：Will you live with your parents after you start working ?
B：No.　I've found a 2 DK apartment in Setagaya.　I'd like to live there.　I'm (　　) (　　) someone (㉝) (　　) (　　) (㉞).

ア　for　　イ　with　　ウ　to　　エ　share　　オ　looking　　カ　the room

2　A：How many books can be borrowed at a time ?
B：Three books.　They can be kept for two weeks.　If the book you want is out, you (　　) (㉟) (　　) (　　) (　　) (㊱) for you and they will let you know when the book has been returned.

ア　keep　　イ　ask　　ウ　may　　エ　it　　オ　the librarians　　カ　to

3　A：I (　　) (㊲) (　　) (　　) (　　) (㊳).　I can't make up my mind.　Which do you like better, the blue one or the pink one ?

B : Well, I don't know much about fashion.

ア which　イ choose　ウ wonder　エ I　オ dress　カ should

4 A : I hear that you are going to study in New Zealand for one year.

B : ( )( )(㊴)( )( )(㊵).

ア very excited　イ about　ウ it　エ me　オ makes　カ thinking

＜リスニング・テスト放送原稿＞

Hello, everyone.

This is the listening part of the test.

The listening comprehension test has two parts, Part A and Part B.

For Part A, each monologue and question will be read one time only.

[Part A] 1 Listen to the dialogue. Answer the following question.

W : I like your new bag. It's very fashionable.

M : Thank you. I bought it from a French online store. This bag was sold at a 30% discount. I only paid 100 euros.

W : Wow ! That's a good buy. Please show me the website of the online store.

問① Which sentence is true about the man's bag ?

2 Listen to the dialogue and answer the question.

W : Excuse me. I'm looking for the restroom.

M : Sure. Go through the lobby, then turn right. Go past the bookstore. The restroom is right at the end.

問② Where is the restroom ?

3 Listen to the weather report and answer the question.

Next, we'll bring you the local weather report. Earlier today it rained a lot and there were strong north winds. The temperature was below 2 degrees, so it was another cold day. Unfortunately, the weather isn't going to be much better tomorrow. It will stop raining in the morning, but clouds will cover the sky. The high will be 9 degrees. It's already the beginning of March, but it looks like it will be some time before winter ends and spring is really here.

問③ Which is true according to the weather report ?

[Part B] Part B will be repeated two times.

Amelia Earhart was born on July 24, 1897 in Kansas. Her father worked for a railroad company. Her mother was from a wealthy family. She was an active girl who loved adventure. She enjoyed climbing up trees and collecting insects. She disliked the old idea that girls should be ladylike. Although her family had been rich, their situation changed when she was a teenager. Soon after her grandmother died, her father began to drink too much and lost his job when she was 17.

In 1915, her father found a new job in Minnesota, and she entered a local high school there. After graduating from high school, she went to Canada and took care of soldiers as an assistant nurse. In 1920, she went back to the U.S. and started to study medicine at Colombia University, but she left there after finishing only her first year. While she was wondering what to do, she had the chance to take her first flight in California with Frank Hawk. High above the ground, she thought that she had to fly. As soon as she landed, she decided to take flying lessons. After finishing her flying lessons, she bought her first airplane. In her plane she reached 14,000 feet in altitude in 1922. That was the world record for women pilots at the time.

In 1928, Amelia was invited to fly across the Atlantic Ocean and decided to take part in the project. As it turned out, she ended up as just a passenger, but she didn't give up her dream. Finally on May 20, 1932, Amelia flew across the Atlantic Ocean all by herself. Although the 15-hour flight was a difficult one because of terrible weather, she succeeded and became famous. In addition, in 1935, she became the very first pilot to fly solo from Hawaii to California.

On July 2, 1937, she disappeared over the Pacific Ocean while she was flying 29,000 miles around the world. Although the U.S. Army and Navy sent out searchers, no one ever found the plane or her body. What she did in her life is still empowering people around the world.

問④ Which is true of Amelia's earlier life ?

問⑤ Which is **not true** of Amelia's career as a pilot ?

問⑥ Which is true of the flight she had in 1932 ?

【数　学】（50分）〈満点：100点〉

（注意）１．定規，コンパス，分度器は使用しないでください。

２．問題の文中の $\boxed{\text{ア}}$，$\boxed{\text{イウ}}$ などの $\boxed{}$ にはそれぞれ数値が入ります。

(i) ア，イ，ウ，……の１つ１つにはそれぞれ０から９までの数字１つが対応します。それぞれの欄の数字をマークしてください。

(ii) 分数形で解答が求められているときは，既約分数で答えてください。

(iii) 比の形で解答が求められているときは，最小の整数の比で答えてください。

(iv) 円周率は π とします。

１　(1) $\left(\dfrac{2}{9}x+\dfrac{2}{3}x\right)-\left(\dfrac{3}{4}y-\dfrac{3}{2}y\right)-\dfrac{2x-3y}{6}=\dfrac{\boxed{\text{アイ}}\,x+\boxed{\text{ウエ}}\,y}{\boxed{\text{オカ}}}$ である。

(2) $\dfrac{\sqrt{10}+3\sqrt{6}}{\sqrt{5}}-\dfrac{\sqrt{10}+\sqrt{6}}{\sqrt{3}}=\dfrac{\boxed{\text{キ}}\sqrt{\boxed{\text{クケ}}}}{\boxed{\text{コサ}}}$ である。

(3) 十一角形の対角線の本数は，十角形の対角線の本数より $\boxed{\text{シ}}$ 本多い。

(4) 大小２つのさいころを同時に１回投げる。大きいさいころの出た目の数を a，小さいさいころの出た目の数を b とするとき，$\dfrac{b}{a}$ が奇数となる確率は $\dfrac{\boxed{\text{ス}}}{\boxed{\text{セ}}}$ である。

(5) ある大きな池に生息している魚の数の調査を以下のように行った。

① まず，網を使って60匹の魚を捕獲し，捕獲したすべての魚に印をつけて池に戻す。

② １時間後，同様に網を使って100匹の魚を捕獲した。

すると，そのうちの15匹の魚に印がついていた。

よって，この池にいる魚の数はおよそ $\boxed{\text{ソタチ}}$ 匹であると推定できる。

２　(1) a を定数とする。連立方程式 $\begin{cases} x-y=8 \\ 2x+3y=4a \end{cases}$ の解の比が，$x:y=3:1$ のとき，$a=\boxed{\text{ア}}$，$x=\boxed{\text{イウ}}$，$y=\boxed{\text{エ}}$ である。

(2) ある正方形の縦の長さを５cm長くし，横の長さを３cm短くしてできた長方形の面積は，もとの正方形の面積の３倍より55cm^{2}小さくなった。もとの正方形の１辺の長さは $\boxed{\text{オ}}$ cmである。

(3) SY高校の入学試験で，受験者数の65％が合格した。合格者の平均点は，不合格者の平均点よりも20点高く，受験生全体の平均点は200点であった。このとき，合格者の平均点は $\boxed{\text{カキク}}$ 点である。

３　右の図のように，放物線 $y=ax^2\,(a>0)$ 上に x 座標が４である点Aを，放物線 $y=-x^2$ 上に x 座標が１である点Bをとる。

また，AC＋BCが最小となるように点Cを y 軸上にとる。

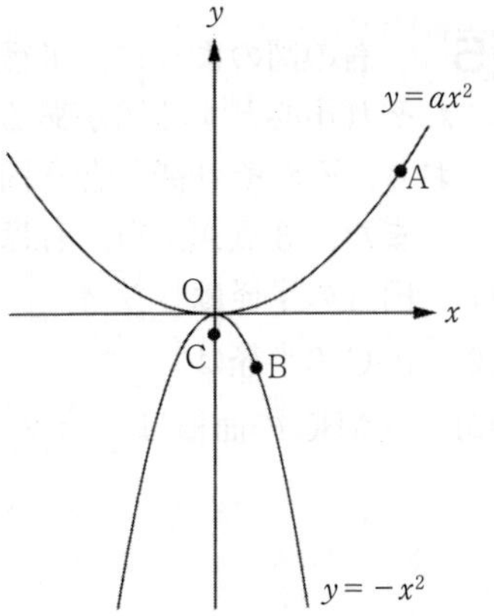

(1) 点Cが原点にあるとき，$a=\dfrac{\boxed{\text{ア}}}{\boxed{\text{イ}}}$ である。このとき，放物線 $y=\dfrac{\boxed{\text{ア}}}{\boxed{\text{イ}}}x^2$ 上に，△ABCの面積と△ABPの面積が等しくなるような点Pをとる。点Pの x 座標は $\dfrac{\boxed{\text{ウエ}}}{\boxed{\text{オ}}}$ である。ただし，点Pの x 座標は正の数とする。

(2)　△ABC の面積が20になるとき，$a=\dfrac{\boxed{\text{カ}}}{\boxed{\text{キ}}}$ である。

4　(1)　下の図１で，点Ａ，Ｂ，Ｃ，Ｄ，Ｅは円周を５等分する点である。$\angle x=\boxed{\text{アイウ}}^\circ$ である。

(2)　下の図２の△ABC において，辺 AB 上に点Ｄ，Ｅを，辺 AC 上に点Ｆをとると，△EBC と△DEF はそれぞれ正三角形となった。

AD＝1，DF：EC＝2：3 のとき，$EC=\dfrac{\boxed{\text{エ}}}{\boxed{\text{オ}}}$ となる。

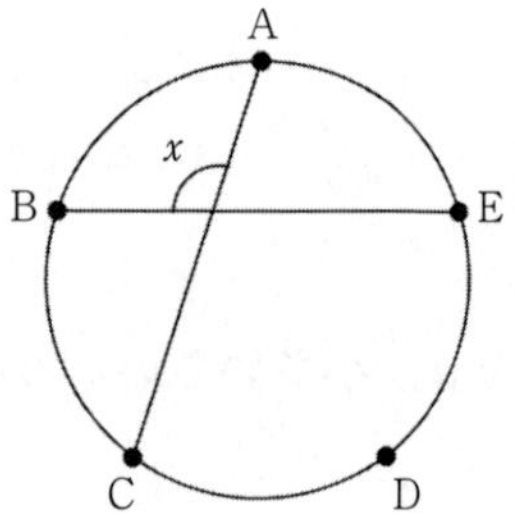

図１

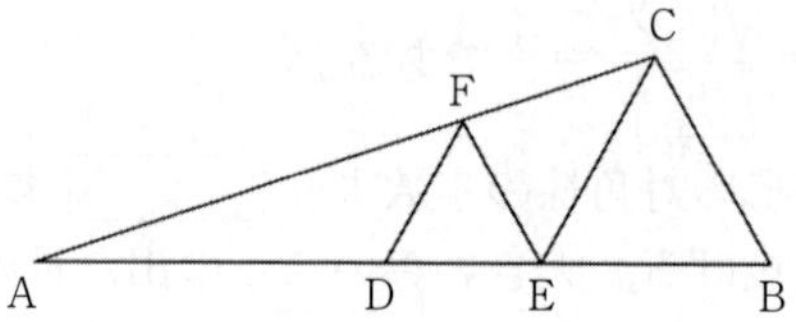

図２

(3)　下の図３で，四角形 ABCD の面積は $\boxed{\text{カキ}}\sqrt{\boxed{\text{ク}}}$ である。

(4)　下の図４のように，１辺の長さが６の正方形 ABCD があり，辺 AB を直径とする半円Ｏと，直角三角形 DEC が点Ｐで接している。また，直線 OP と辺 BC の交点をＱとする。

このとき，$EQ=\dfrac{\boxed{\text{ケ}}}{\boxed{\text{コ}}}$ である。

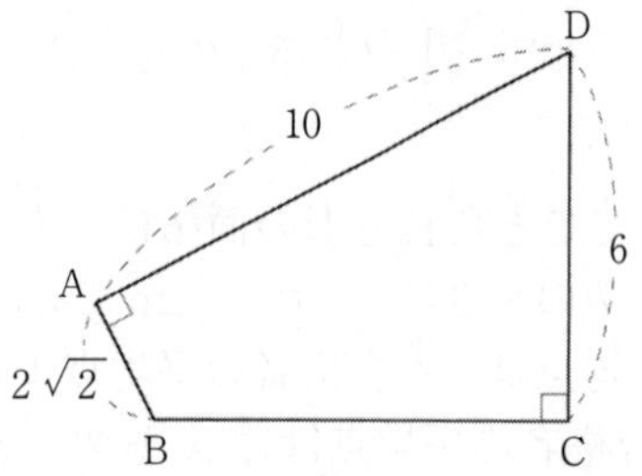

図３

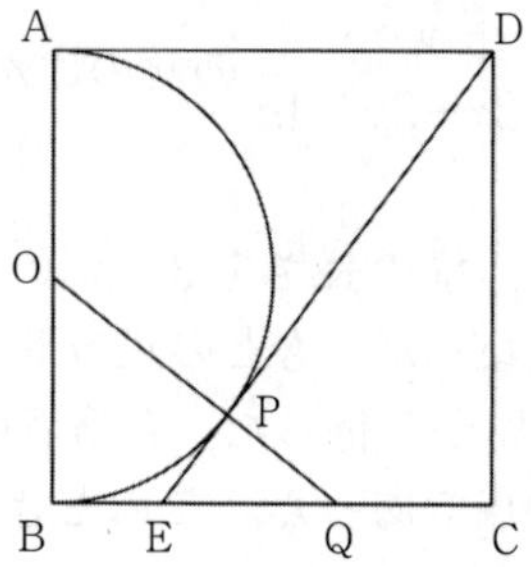

図４

5　右の図のように，半径が21の円Ｏの内部に３点Ａ，Ｂ，Ｃをそれぞれ中心とする円がある。これら３つの円はどれも円Ｏに接しており，それぞれ隣り合う円とも接している。

また，３点Ａ，Ｏ，Ｂは一直線上にあり，AO の長さは７である。

(1)　円Ａの半径は $\boxed{\text{アイ}}$，円Ｂの半径は $\boxed{\text{ウ}}$ である。

(2)　円Ｃの半径は $\boxed{\text{エ}}$ である。

(3)　△ABC の面積は $\boxed{\text{オカキ}}$ である。

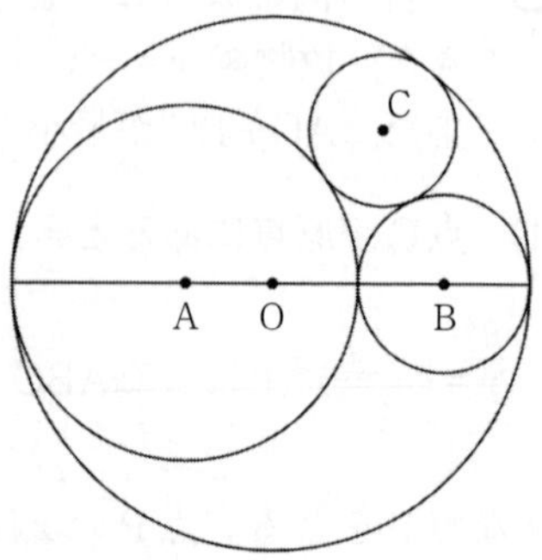

6　図1の△ABCにおいて，ACの長さは$\sqrt{\boxed{\text{アイ}}}$である。

図2は，図1の△ABCを底面とする三角柱ABC-DEFである。

∠DBF＝90°のとき，ADの長さは$\sqrt{\boxed{\text{ウ}}}$，四面体EDBFの体積は$\dfrac{\sqrt{\boxed{\text{エ}}}}{\boxed{\text{オ}}}$，点Eから平面DBFにひいた垂線の長さは$\dfrac{\sqrt{\boxed{\text{カ}}}}{\boxed{\text{キ}}}$である。

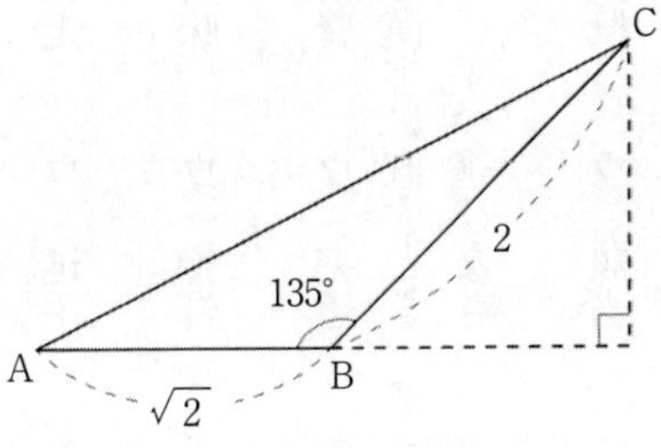

図1

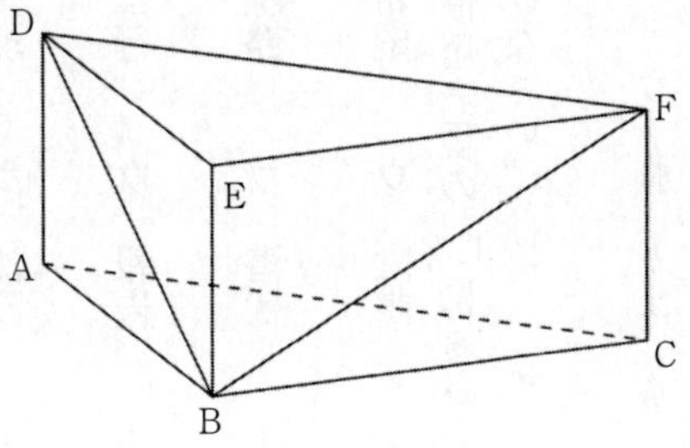

図2

㉕ 搾取

ア 接待　イ 脱走　ウ 選手　エ 作戦

㉖ 境内

ア 休息　イ 興味　ウ 警告　エ 脚本

㉗ 精進

ア 生活　イ 消費　ウ 完遂　エ 選挙

問㉘〜㉜ 次の――部を漢字に直すとき、それと同じ漢字を含む語を、後のア〜エから一つずつ選びなさい。

㉘ ガイ略を伝達する。

ア 弾劾　イ 気概　ウ 該当　エ 感慨

㉙ 怒りをシズめる。

ア 統治　イ 鎮魂　ウ 沈没　エ 滞留

㉚ 御恩とホウ公。

ア 法律　イ 奉行　ウ 報告　エ 年俸

㉛ 美しいセン律。

ア 繊細　イ 線路　ウ 潜伏　エ 旋回

㉜ 無ボウな挑戦。

ア 暴飲　イ 希望　ウ 陰謀　エ 冒険

問㉝〜㊲ 次の熟語や慣用表現の□にふさわしい漢字を、後のア〜エから一つずつ選びなさい。

㉝ □練□管

ア 足　イ 手　ウ 胸　エ 鼻

㉞ 大器□成

ア 明　イ 創　ウ 育　エ 晩

㉟ 勧善□悪

ア 絶　イ 懲　ウ 滅　エ 極

㊱ 温厚□実

ア 篤　イ 徳　ウ 得　エ 特

㊲ □を巻く

ア 袖　イ 腕　ウ 舌　エ 髪

た製品」という対比に、「アメリカ企業であるマクドナルド」vs.「日本の企業であるモスバーガー」という対比を重ねたのです。

　ところがそれを聞いたaは、少なくともこの段階では自分の本題に帰るわけでもなく、「スターバックス」vs.「ドトール」という別の対比を用いることを提案しています。なぜならaは、モスバーガーよりもマクドナルドの方が自分の好みにあっていると考えているからです。もしマクドナルドの方が美味しいと考えるのならば、「必ずしも日本の製品の方が優れているとは言えない」という結論に達しそうですが、aはそうは言わずに、まるで「同じ職種の外資系企業と日系企業を比べるゲーム」を始めてしまったかのようです。知人の話は少なくとも一時的に、どこかに消えてしまっています。

「話がズレている」と言ってしまえばそれまでですが、日常のおしゃべりの多くは、流れのなかで多かれ少なかれこんなふうに話題が移り変わっていくものです。もちろん会議のようにきちんと情報を伝える必要がある場合や、日常のおしゃべりでもきちんと伝えるべき内容があれば、話が変わったことを正したり、あるいは後からもとにもどったりするでしょう。けれども、それが会話である以上、話す人は最初に予定していた通りの内容を、まるで再生するように相手に一方的に「伝達」することはそう多くありません。自分の発言に対する相手の反応に応じたり、引っ張られたりしながら、その場で言うべき内容を生み出しています。

　このように、やりとりの中で、メッセージが持つ意味や、メッセージそのものが生み出されていくタイプのコミュニケーションがあります。これが「生成モード」です。

　伝達モードでは、発信者が、あらかじめ準備されたメッセージを、受信者に向けて一方的に発していました。これに対し生成モードでは、やりとりは双方向的になります。つまり、「発信者／受信者」という役割分担が意味を成さなくなるのです。

　そこでは、あらかじめ準備されたメッセージが相手のもとで違う意味を持ってしまうことは、コミュニケーションの失敗ではありません。生成モードにおいては、やりとりの中に生じるそうした「ズレ」こそが、次のコミュニケーションを生み出していく促進要因になるのです。

（伊藤亜紗『手の倫理』より）

問㉒ 右の文章の内容としてふさわしいものを、次のア～エから一つ選びなさい。

ア　aは知人の体験を共有することで苦労話や教訓話をするつもりだったことが推測されるが、bがaの意図に反して具体的な事例を持ち出してきたことで、二人のコミュニケーションは成立しなくなってしまう。

イ　日常会話では目の前の相手とのやり取りを通じて、メッセージの内容が変容していく「生成モード」が多用されているが、会議などの双方向的なコミュニケーションが求められる公的な場においてはふさわしくない。

ウ　海外製品によって不利益を被ったというaの知人の経験談を、bは日本製は優秀だという一般論として展開したが、このように発信者と受信者が互いに前の発言内容を上回ろうとすることで、コミュニケーションは促進される。

エ　二人が日本製と外国製を比較する具体例を出し合うことによって知人の話はどこかに消え、話の方向性はaの趣旨から遠ざかっていくが、この両者の噛み合わなさも一種のコミュニケーションとして認められている。

五　次の各問いに答えなさい。

問㉓～㉗ 次の――部の読みと同じ読み方をする漢字を含む語を、後のア～エから一つずつ選びなさい。

㉓ 委嘱

ア 在宅　イ 就職　ウ 遺族　エ 即位

㉔ 解熱

ア 塗装　イ 仲介　ウ 夏至　エ 降下

(注6) 御庚申せさせたまふ…「御庚申待ちをなさった」の意。庚申の日の夜は体内に住む虫が寝ている間に抜け出し、人の悪事を天帝に告げ口をすると信じられていたため、様々な遊びをして夜を徹した。
(注7) 攤…二個のサイコロを筒に入れて、出た目の数を競う遊び。
(注8) 冷泉院…第六十三代天皇。九条殿の娘はこの時、帝との子である冷泉院を妊娠中だった。
(注9) 調六…二つのサイコロの目がどちらも六になる最も良い目。

問⑲ ――(1)とあるが、百鬼夜行の時にどのようなことが起こったか。ふさわしいものを、次のア～エから一つ選びなさい。
ア 九条殿は妖怪の呪術にかかり具合が悪くなった。
イ 従者たちは九条殿に遠慮して助けられなかった。
ウ 従者が妖怪と戦っている間に九条殿は逃げた。
エ 九条殿は自らお経を読んで難を逃れた。

問⑳ ――(2)とあるが、なぜ民部卿の様子がおかしくなったのか。ふさわしいものを、次のア～エから一つ選びなさい。
ア 強運な上に人望もある九条殿を帝が気に入り、自分の孫より九条殿を次の天皇に選ぶのではないかと不安になったから。
イ 九条殿に大勢の前で恥をかかされたが、自分の孫を次の天皇候補から外されないために怒りを我慢したから。
ウ 占いどおり九条殿に男の子が生まれると、のちのち自分の孫の立場が九条殿の孫におびやかされる可能性があるから。
エ 九条殿のサイコロで自分にとって不吉な目が出たことにより、自分と孫が呪われてしまった気がして恐怖を感じたから。

問㉑ 本文の内容と合致するものを、次のア～エから一つ選びなさい。
ア 元方民部卿は九条殿を呪い殺そうとしたが、悪事の報いを受けて死んでしまった。
イ 百鬼夜行の夜、九条殿の従者たちは主人の身に何が起こったのか最後までわからなかった。
ウ 九条殿は、自分の孫が無事に生まれるかどうかの占いを攤のサイコロの出る目に託した。
エ 九条殿と元方民部卿の仲を取り持つため、帝はあえて庚申の場に二人を同席させた。

四 次の文章を読んで、後の問いに答えなさい。

たとえばこんなやりとりを考えてみましょう。なんということはない日常のおしゃべりです。

a「知り合いがさあ、海外の工場に発注したらえらい目にあったって」
b「えらい目って?」
a「部品がぴったりはまってないから、使い物にならないんだって」
b「だってそりゃ、マクドナルドとモスバーガーじゃ全然違うじゃん。日本の製品はしっかりしてるよ」
a「それを言うならスタバとドトールじゃない? 俺はマック派だもん」

明らかに、途中で二人の話題がズレています。あるいは少なくとも、aは最初には予想していなかった発言を、最後にしています。
最初、aが話し始めたのは、知り合いが海外の工場に製品を発注したら不良品が多かった、というエピソードです。aはこのエピソードを「知り合いが作っている製品がいかに精密か」という話として持ち出したのかもしれないし、このあとに「会社経営は大変だ」という教訓話をするつもりだったのかもしれません。
ところがbは、このエピソードを「日本のものづくりはすぐれている」という一般論の事例として理解しました。bはすかさず、aの話にマクドナルドとモスバーガーの比較で応えます。「aの知人が海外の工場に作らせた製品」vs.「aの知人が国内の工場で作らせ対策を論じている。

エ　実証されていないことについては「分からない」と率直に表明しながら、「生まれつきの才能」という固定観念に対して問題提起している。

三　次の文章は、九条殿と元方民部卿《もとかたみんぶきょう》について書かれた逸話である。これを読んで、後の問いに答えなさい。

この九条殿は、(1)百鬼夜行に遭《あ》はせたまへるは（百鬼夜行にお遭いになった）。いみじう夜更けて、内裏《うち》より出でたまふに、大宮より南ざまへおはしますに、（注1）あははの辻のほどにて、（注2）御車の簾《すだれ》うち垂れさせたまひて、「御車牛もかきおろせ、かきおろせ」と、急ぎ仰せられければ、「怪し」と思へど、かきおろしつ。（注3）御随身《ずいじん》・御前《ごぜん》どもも、「いかなることのおはしますぞ」と、御車のもとに近く参りたれば、御下簾うるはしくひき垂れて、御笏《しゃく》取りて、うつぶさせたまへる（うつ伏していらっしゃる）気色、いみじう人に（ひたすら誰かに）かしこまり申させたまへる様《さま》にておはします。「御車は榻《しじ》にかくな。ただ随身どもは、轅《ながえ》の左右の軛《くびき》のもとにいと近くさぶらひて、先を高く追へ。（注4）雑色《ぞうしき》どもも声絶えさすな。御前ども近くあれ」と仰せられて、（注5）尊勝陀羅尼をいみじう読みたてまつらせたまふ（お読み申し上げなさった）。さて、時中ばかりありてぞ（一時間ほど経ってから）、御簾あげさせたまひて、「今は、牛かけてやれ」（もうよい、車に牛をかけて進ませなさい）と仰せられけれど、つゆ御供の人は心得ざりけり。

元方民部卿の御孫、儲《もうけ》の君にておはする頃（次の天皇の候補でいらっしゃる時）、帝の（注6）御庚申《こうしん》せさせたまふに、この民部卿まゐりたまへり。さらなり、九条殿さぶらはせたまひて（言うまでもなく、九条殿もお仕え申し上げなさり）、人々あまたさぶらひたまひて、（注7）攤打《だ》たせたまふついでに、（注8）冷泉院の孕《はら》まれおはしましたるほどにて、さらぬだに世の人いかがと思ひ申したるに（ただでさえ周囲が生まれてくる子が男女どちらかと関心を持っていたのに）、九条殿、「いで、今宵の攤つかうまつらむ」と仰せらるるままに、「この孕まれたまへる御子、男におはしますべくは、（注9）調六出で来」とて、打たせたまへりけるに、ただ一度に出でくるものか（たった一回でその目が出たではないか）。ありとある人、目を見かはして、愛《め》で感じもてはやしたまひ、御みづからもいみじと思したりけるに、(2)この民部卿の御気色いと悪しうなりて、色もいと青くこそなりたりけれ。さて後に、霊に出でまして（数年後に死んだ民部卿が死後に霊となって現れて）、「その夜やがて、胸に釘は打ちてき」（九条殿のわら人形の胸に釘を打った）とこそのたまひけれ。

（『大鏡』より）

（注1）あははの辻…二条大宮の四つ角《かど》。
（注2）御車…牛車《ぎっしゃ》のこと。

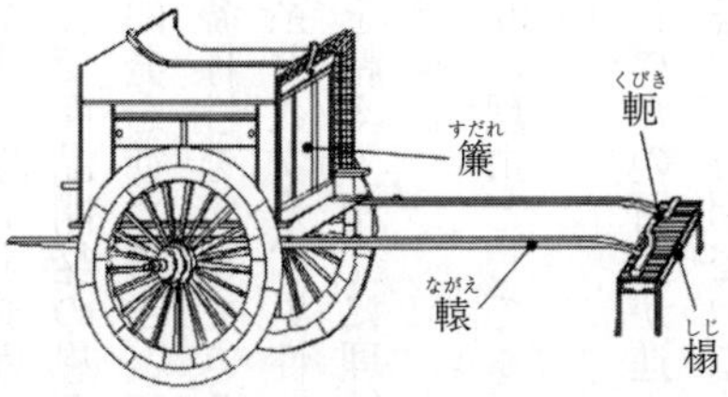

（注3）御随身・御前…貴族が外出する際の従者。
（注4）雑色…貴族の家で雑務に使われた無位の人。
（注5）尊勝陀羅尼…鬼難を免れるというお経。

ア　エンジニアには様々な能力が求められるのに、その一部の能力だけを前提として適する性別を決めてしまってよいのかということ。

イ　エンジニアに必要な能力であるコーディングの才能と環境への積極的な適応能力を持っているのは、男性と女性のいずれなのかということ。

ウ　男性が多く持つ傾向があるとされる競争力や攻撃性と女性が多く持つとされる他者理解や協調性について、どちらがエンジニアに求められる能力なのかということ。

エ　エンジニアは段階により必要な能力が異なるのに、その段階にふさわしい人材をその都度選び直さなくてよいのかということ。

問⑮　――(4)「バレス」の説明としてふさわしいものを、次のア～エから一つ選びなさい。

ア　医療措置による身体の変化に加え、ホルモン投与による認知能力の変化によって、男性の前でも物おじせずに発言できるようになった。

イ　ホルモン投与による認知能力の伸長や医療措置以上に、周囲の対応が変わったことの方が、自分らしい生き方をするうえで大きな力になった。

ウ　性別を変える手術を受けたことを公表しなかったことにより、誤った偏見にさらされることなく充実した生活を送ることができた。

エ　男性ホルモン投与など性別移行の医療措置を受けて以後、発揮する能力に変化があり、空間認知能力は男性と同等までに向上した。

問⑯　――(5)とあるが、「解説」の内容としてふさわしいものを、次のア～エから一つ選びなさい。

ア　国籍や職業、性別の違いや障害の有無などにかかわらず様々な立場の人々が研究者になることで、これまでになかった研究や市場を生み出すことができる。

イ　旧来の方法を革新して多数派の理解と支持を得られる大規模な開発をしていくことで、理工系の研究における視点の欠落を補い、従来にない発想ができるようになる。

ウ　これまで商品開発の恩恵が届きにくかった人々の視点に立って研究開発を進めることで、理工系の研究者にマイノリティが増え、多様性を実現できる。

エ　理工系と人文系、男性と女性、貧富、障害の有無という立場の違いを超えて相互に理解を深めることで、差別のない豊かな社会ができる。

問⑰　――(6)の理由としてふさわしいものを、次のア～エから一つ選びなさい。

ア　細胞レベルの研究が進んでいなかったので、身体的性差は知性の性差ほど注目されなかったから。

イ　女性は体調の変化が大きいので、一部の女性の身体を対象にして得られた結果は有効ではないと考えたから。

ウ　医療分野に携わるのは多くが男性で、人間の身体は男性の身体で代表されると考えたから。

エ　化学物質を投与することで、女性の身体が危険にさらされることを回避しようとしたから。

問⑱　本文の叙述の説明としてふさわしいものを、次のア～エから一つ選びなさい。

ア　性差による能力の違いを生理学的条件や社会的環境の面から説明したうえで、理工系に携わる女性を増やすための具体的な対策を提案している。

イ　生得的なものが個人の適性に与える影響をテーマとしており、男女の性差について多くの具体例を挙げているが、民族による違いについては触れていない。

ウ　理系人材育成についてアメリカと日本の状況を比較することで、先進国の中でも特に日本が抱える問題点を浮き彫りにして様な人々を増やすことで、従来にない発想を呼び込み、新たなイノベーションの創出につなげられるということでもあります。たとえば、現状のゲームは男の子の関心を集める商品が多いですが、女の子が興味を持つゲームを、より大規模かつ容易に開発できるようになれば、新たな市場の開拓にもつながるでしょう。

このような考え方には、単に従来の理工系の現場に女性を参入させるだけではなく、理工系にこれまであった文化自体を多様な人々にあうものに変えていこう、との発想があります。自然な興味関心から、女性も理工系の分野に関わっていけるようにすることが目指されており、実際にその一部は成功しつつあります。

研究開発とイノベーションの現場では、ジェンダーという点からも、人文社会系と理工系の接点が生まれているのです。

（隠岐さや香『文系と理系はなぜ分かれたのか』より）

（注）コーディング…コンピュータープログラムを作成すること。

問⑩・⑪ ＝A・Bの意味としてふさわしいものを、後のア～エからそれぞれ一つ選びなさい。

⑩ A「割り切れない」

ア 検討の余地がない。　イ 結論づけられない。

ウ 分類ができない。　エ 切り捨てられない。

⑪ B「同床異夢」

ア 一つの利権を分け合って、それぞれの望みを達成させようとすること。

イ 現在は同じ境遇でも、将来像が多岐にわたること。

ウ 行動を共にしているが、実は別々の考えを抱いていること。

エ 表面上賛成しあっているが、それぞれの意見はばらばらであること。

問⑫ ――⑴とあるが、筆者はどのようなことを言いたいのか。説明としてふさわしいものを、次のア～エから一つ選びなさい。

ア 男性が社会的体験を積むことで女性が得意とされる言語能力を向上させるように、人間の能力は生得的なものだけでなく環境の影響も受けるため、その違いを性差に単純化することはできないということ。

イ 数的分野の能力でも、男性は空間認知の課題に強く、女性はある種の計算課題に強いように、ある分野の能力についてどちらかの性別が得意だと決めつける考え方は現実に合っていないということ。

ウ 生殖行動を司る古い脳の部分は生まれつきの性によって受ける影響が大きいが、知的能力を司る新しい脳の部分は環境の影響が大きいので、認知能力の特徴を性差で分けることは難しいということ。

エ 同じ女性でも、言語的課題が得意な人もいれば、数量的課題が得意な人もいるように、人間の認知能力は性別で規定されるわけではなく、個人ごとの特性によって多様な発達をするということ。

問⑬ ――⑵でいう研究から明らかになったことの説明としてふさわしいものを、次のア～エから一つ選びなさい。

ア CAHの女性患者は他の女児より優れた空間認知能力を示すが、行動傾向は一般的な女性に似ているので、ホルモンより環境の方が個人の能力に影響を与える。

イ アンドロゲンのレベルが高ければ女児でも運動刺激を好む傾向を示すので、生まれつきの性別よりも胎児期のホルモン量の方が個人の能力に影響を与える。

ウ アンドロゲンのレベルが同じ男女がすべて同じ行動パターンをとるわけではないので、生理学的条件と社会的条件の双方が個人の能力に影響を与える。

エ 親や教師が子どもの性別にあった教育環境を整えることで子どもの能力は発揮されるので、生まれつきの性別と環境の組み合わせが個人の能力に影響を与える。

問⑭ ――⑶はどのようなことをめぐる議論だったのか、その説明としてふさわしいものを、次のア～エから一つ選びなさい。

す。そうした人々はこの論争をどのように捉えているのでしょうか。女性から男性へと移行したトランスジェンダーでもある研究者の意見をみてみましょう。

(4)脳神経生物学者のベン・バレスは女性として生まれましたが、40代の時に男性ホルモン投与など、性別移行のための医療措置を受けて男性となりました。彼は、ホルモン状態の変化は確かに空間認識能力を示す知能テストの点数を変えたと証言しています。しかし、「未だに運転するといつも道に迷ってしまう」そうです。

バレスにとって「最も大きな変化は、私がトランスジェンダーだと知らない人々が、より敬意をもって私を扱う」ことでした。「私は男性に言葉を遮られることなく物事を言い終えることができる」と彼は述べています。このたった一人の証言からも、ホルモン、認知機能、そして環境のあり方と経験の積み重ねといった要因が、どれだけ繊細に絡み合って、私たちの知性や認識を形作っているかが窺えるように思います。

〈中　略〉

この機会に改めて、なぜ現在、科学技術人材育成におけるジェンダー格差を減らすことが国際的なレベルで奨励されているのか改めて整理してみたいと思います。実際の所、このような政策の背景にはB同床異夢とも言える様々な考え方があるのですが、基本的には、次の三つの論点が背景にあると理解してよいでしょう。

(一)　性差別は人権の問題であり、全ての人に適性に応じた進路選択、職業選択の自由が保障されるべく政府は努めねばならない。

(二)　少子化・理系離れ(先進国に共通)による将来的な科学・技術者不足に対処するためである。

(三)　多様性(diversity)の推進の一環として、研究に「多様な人々」が参加すること自体が科学・技術の研究を豊かなものにして、それまでにない新しい発見を増やしてくれる。

このうち、(一)と(二)はあまり説明の必要がないでしょう。(5)(三)については少し解説が必要かと思います。これは二一世紀のイノベーション政策に由来する考え方だからです。企業の労働環境についての議論で、ダイバーシティ、あるいは「多様性」とか、インクルージョン、あるいは「包摂」といった言葉を耳にした方も多いのではないでしょうか。それと同じ思想に由来するものです。

まず、ここで、「多様性」といっているのは多様な人々が増えるというニュアンスです。一般的に、決まったタイプの人しか理工系の研究にあまり参加していないことは、科学・技術研究のあり方を狭めてしまう危険性があるといわれています。それは必ずしも男女の問題だけではなく、文化や国籍、貧富の格差、異性愛・同性愛といった性的指向の問題、障害の有無などあらゆる「多様性」が関わります。女性の問題はその一つといってよいでしょう。

歴史的にも理工系には先進国の男性が多かったわけですが、その結果、その種の人々にとって関心の深いテーマの研究は非常に発達するが、そうでない分野については思わぬ視点の欠落があることが知られています。そして、その状況はマイノリティにとって、時に生命に関わる危険な見落としを孕んでいることがあります。

一つ例をあげましょう。(6)医学の分野では、長い間、疾患を扱う際に肉体の性差を大きな問題として捉えない傾向がありました。男女の知性の性差が散々疑われたことからすれば奇妙な話ですが、首から下の健康についての問題では、男性の身体が長い間、モデルとして使われてきたのです。心臓の薬について治験をするような場合でも男性の被験者だけを募って調べればよいとされてきました。女性の身体には生理など様々な体調の変化があるため、実験結果の解釈が難しくなるという事情もあったようですが、いずれにせよ長い間、女性の身体は充分に考慮されませんでした。そうしたところ、二一世紀も近づいてからようやく、男性と女性では細胞レベルでの違いがあり、男性と同じ量の化学物質に女性の身体が違う反応をする危険性があるということがわかりました。これは悪くすると命の危険に関わる問題です。

視点の欠落があったということは、逆に言えば、研究の現場に多

A割り切れないからです。

よく、女性は言語的課題に優れ、男性は数量的課題に優れているなどといわれますが、近年の研究が示すところはそれよりもずっと複雑です。たとえば女性はある種の計算に秀でており、場所の位置関係の記憶に強い傾向があるが、男性は空間がどのような構造を持っているか類推することに強く、ある種の社会的体験が関わる言語学習に秀でている、といった、微妙な違いなのです。むしろ(1)両性は予想以上によく似ていると考えた方がよいでしょう。

　数学や科学に関わりがありそうな認知能力で、男性の方が高い得点を取りやすいのは、心的回転を必要とする空間認知の問題です。三次元の物体がいくつかの方向で示され、それらが同じ形状のものかを考える課題や、ある二次元の展開図がどのような三次元の物体になるかを判断する課題で調べることができます。

　この点に関しては、(2)男性と女性の違いがどこに由来するのかを突き止めるため、様々な研究がなされてきました。空間認知能力は、後で述べるように環境の影響も受けますが、胎児期におけるアンドロゲン(男性ホルモン)の量にも影響を受けると考えられています。そのため、男女の生得的な認知機能における性差を論じる際にはよく引き合いに出されることになりました。

　とはいえ、ホルモンのような生理学的条件が、どの程度個人の能力に影響を与えるのかについてはよくわからない部分も残っています。なぜなら、ホルモンに劣らず社会的な背景が大きな影響を与える可能性も示唆されているからです。

　一つ例をあげると、先天性副腎皮質過形成(CAH)を持つ女児は血中におけるアンドロゲン(男性ホルモン)のレベルが高く、他の女児よりは平均的に優れた空間能力を示し、活動的な遊びや動く玩具を好むなど、男児と似た行動パターンを示すことが多いそうです。しかし、ホルモンで全てが決まるわけでもありません。CAHの女性患者は、同じレベルのアンドロゲン濃度を示す男性よりも、やはり他の女性の方に似ています。

高いレベルのアンドロゲンはCAHの女子に運動刺激を好む傾向を与えますが、成長の過程をどのような環境で過ごすかも重要です。親が彼女の望む男の子っぽい玩具を与えるかどうか、男子のグループと過ごすか、または女子のグループと過ごすか、そして学校では教師が彼女の興味に応えた教育をしてくれるか。そういったことからも大きな影響を受けるのです。

　更に本質的な問題もあります。そもそも、認知能力テストで示される性差に着目することが、「理工系への女性の適性」といった大きな枠組みを考察するにあたりどの程度有効かわかりません。実際の所、空間認知能力が、物理学や工学、コンピュータ科学などのような分野でよい成績を収めるにあたりどのくらい重要かを示す決定的な証拠は得られていません。

　たとえば、ユダヤ系米国人は空間的推論に関する項目でやや低い得点を取るにもかかわらず、科学者や数学者には多すぎるほどに存在しています。また、女性はPISAテストの読解リテラシー能力では男性より高い平均点を取るのですが、この性差は多くの男性が人文科学や社会科学分野で成功することを妨げていません。

　これを理工系学部・大学院の卒業者が民間企業で就く職業にまで話を拡げると、更にことは複雑になります。(3)先に触れたグーグル社員の解雇事件の際にも、エンジニアがどういう職業かについて議論がありました。一方に、(注)コーディングの才能と、競争的で攻撃的な環境への適応力が必要だとの意見があります。しかし他方には、そんなものはエンジニアの世界でもキャリアの浅い段階にいる者の意見で、上位の仕事になれば他者を理解し、協調していける社会性の方が必要になるとの意見があります。前者と後者ではかなり違う能力が想定されており、認知能力の性差を考察するだけでは答えが出せないのは明白でしょう。

　なお、ここまで男性と女性の二分類で話してきましたが、実際には人間の性は多様です。人によっては、人生のうちに女から男へ、あるいは男から女へ、ジェンダーの移行を体験することもありま

ア　自分の家が焼けるのを見届けるために、命の心配をしなければならない妻子との暮らしよりお互い自分の命の心配をすればすむ男二人の暮らしを選び、結果としてたいした生活の苦労もなくのどかな日々を送ることができた。

イ　命を危険にさらした空襲の後に妻子を田舎に疎開させたことで心配は減ったが、残された一人暮らしでの食料不足は耐えがたく、友人と二人暮らしするに至って生活が軌道に乗り、つかの間の穏やかな暮らしが実現した。

ウ　本来なら一家全員で疎開したかったが、心臓の具合が悪かった「私」は疎開をあきらめざるをえず東京に残り、たまたま立ち寄った友人と暮らし始めると、家事の分担もうまくいき、妻には分かりえない幸せを味わった。

エ　空襲下の東京に一人残った「私」は最低限の食事をしては寝る生活をしていたが、友人との共同生活が始まると長らく住んだ自分の家に対する情も強まり、急いで疎開する気持ちも失せて男二人で楽しい日々を過ごした。

問⑧　――(6)とあるが、ここでの「不通線」はどのようなことを表しているのか。その説明としてふさわしいものを、次のア～エから一つ選びなさい。

ア　東京での戦禍を田舎の人が異国の出来事のように感じることから生じる、東京の人と村の人の戦争の捉え方のずれ。

イ　戦争の生々しい恐ろしさを経験した者が、経験していない者とは思想や感情を共有できないと感じること。

ウ　極限状態のなかで自分の意志通りに動くことができず、感情と行動がかけ離れてしまった人々の心理状況。

エ　戦争の悲惨さがもたらした、本来互いに理解し合えるはずの人々の間にできてしまった決定的な心の距離。

問⑨　この小説における表現や構成の特徴について説明したものとしてふさわしいものを、次のア～エから一つ選びなさい。

ア　死と隣り合わせの状況だからこそ実現した男同士のすがすがしい生活と、安全な農村でのいさかいに満ちた生活を描くことによって、人生の皮肉がほのめかされている。

イ　死を覚悟した状況だからこそユーモアのある言動が生まれ、戦争の危険から逃れるとかえって不安を感じるという人間の逆説的な姿を、深刻ぶらずに描いている。

ウ　冷淡な態度の参右衛門と温和な久左衛門、農村での生活を好む「私」と東京を好む妻といった、対照的な人物を配置することで、周囲の影響を受けながら変容していく人のあり方を印象づけている。

エ　疎開先の農村で亀裂の生じた夫婦が、東京で仲睦まじく生活していたころを回想することで絆を取り戻す様子が、叙情的に表現されている。

二

次の文章を読んで、後の問いに答えなさい。

「生まれつきの才能」という考え方は差別になりやすい。だからそういう考えを持たない方がいい。このような話をすると、「男女の間には、生物学的な性差もあるのではないか」との主張をする人がいます。米国でも、一〇年ほど前ですが、実際にハーヴァード大学の学長がそのような発言をして大論争になりました。近年では、グーグルの社員が「女性はエンジニアに向いていない」との主張をして解雇になり、論争になりました。

男女の脳は、ホルモンや出生前の発生段階における脳の性分化(脳の構造が実際に変わってしまう)による性差はあります。ただし、差の大きい部分は主に生殖行動や情動など、進化の段階からすれば古い脳の部分(辺縁系や視床下部など)です。対して、本書のテーマに関わる認知や言語機能など人間の知的な機能を司る脳(新皮質など)は環境刺激の影響が大きいため、既に述べたように、よく分からない部分が多いのです。実際に「脳が違う」のが事実であったとしても、「どうして違うのか」について検討すると、環境とも生得的なものとも、その相互影響とも考えることができて、単純には問③　――(1)とあるが、「私」は「この部屋」での生活をどのように考えているか。その説明としてふさわしいものを、次のア〜エから一つ選びなさい。

ア　家族で暮らすには暗くて狭いが、せっかく久左衛門が世話してくれた部屋でもあり、安全な場所に移り住むまでの期間を過ごすには悪くないと思っている。

イ　灯りひとつない家での生活に嫌気がさしながらも、村の人々のやさしさにふれ、手狭な部屋でも何とか生活していけそうだと思っている。

ウ　家族四人で暮らすには何かと不便があるが、苦労して探した部屋でもあり、これから始まるこれまでとは違った生活に対するひそかな興味も抱いている。

エ　手狭で心細い一方で、参右衛門から燃料や食料の支援があるので、危険と隣り合わせだった東京での生活よりは楽になるだろうと気楽な気持ちになりつつある。

問④　――(2)とあるが、「私」は参右衛門をどのような人物だと考えているのか。ふさわしいものを、次のア〜エから一つ選びなさい。

ア　突然東京からやってきた「私」たち一家をよそ者扱いし、生活必需品の支援をする気がないとはっきり口にする、薄情な人物。

イ　なじみがない「私」たち家族に対しても遠慮することなく、自分にできることとできないことを率直に伝える、裏表のない人物。

ウ　行き場のない「私」たち家族にそっけなく接しながらも、生活を切り詰めてまでお節介をやく、不器用な人物。

エ　生活は苦しいが村で大きな家を構えている自負もあり、都会からやってきた「私」たち一家に家賃を請求しない、虚栄心の強い人物。

問⑤　――(3)とあるが、ここでの「妻」の説明としてふさわしいものを、次のア〜エから一つ選びなさい。

ア　田舎の小さい家で、いつも周囲のことを気にしながら生活しなければならないことに耐えられず、都会での慣れた暮らしを恋しく感じている。

イ　電灯もなく生活必需品も満足に得られない生活のなかで、自分の発言を真剣に取り合わず、じっとしているだけで手伝いもしない夫への不満が高まっている。

ウ　電灯のない薄暗く狭い部屋で、生活用品のあてもないまま始まった間借り生活に先行きの見えなさを感じ、自分の家のある東京に戻りたいと考えている。

エ　夫が家を探してくれたことには感謝しているが、この不便な部屋での明日をも知れない暮らしが長くなってきたため、我慢の限界を迎えている。

問⑥　――(4)とあるが、「私」はどのようなことを「おかしかった」と言っているのか。その説明としてふさわしいものを、次のア〜エから一つ選びなさい。

ア　夫婦ともに死を覚悟したほどのひどい空襲のなか、防空壕に避難させたはずの子が、両親のことが気になり何度も不用意に出てきて、自分たちを心配させたこと。

イ　空襲が激しくなる折、夫婦で子どもの命を守らなければならない重大な局面で妻が四十度の高熱を出し、「私」も心臓の調子が悪くなり二人とも寝たきりになってしまったこと。

ウ　激しい爆撃のなか妻と二人部屋で息をひそめていたが、照明弾が落ちてくるたびに部屋が明るくなり、座布団をかぶって妻の足元にひれ伏す「私」の滑稽な姿が浮かび上がったこと。

エ　死を覚悟するような緊迫した状況で突然「私」はふざけたくなり、あえて深刻ぶって妻に遺言を聞いたが、妻もおどけて返してくるなど二人で戯れ合ったこと。

問⑦　――(5)とあるが、一人残った「私」についての説明としてふさわしいものを、次のア〜エから一つ選びなさい。

たまま迷うような視線である。今ごろここで妻がおかしかったと云うのは、そのとき妻の見た私の座布団姿のことを云うのだが、私のおかしかったというのは、危険の迫るたびに、のこのこ壕の中から出て来た子供のことである。(5)私はその危険だった夜から四日目の夜、妻と子供を無理矢理に東北へ疎開させ、私一人が残っていた。私の心臓はまだ怪しいときだったが、傍に妻子にいられる心配よりも、一人身の空襲下のB起居の方が安らかさを取り戻すに都合は良く、食物の困難なら、庭の野草の緑の見える限りさほどのことではあるまいと思い、居残りを決行したのだ。私はまだ雨戸を開ける力もなかったから、寝床から出て、飯を炊き、煮えて来るとまた匐《はらば》い込む。ぼんやり坐ったり、寝たり起きたり、そんなことをしている一週間ほどたったとき、折よく強制疎開で立ちのく友人が来てくれた。今度は二人の男の生活が始まった。自分の家もいずれは焼けるにちがいないから、私はせめてその焼けるところを見届けて見たかった。疎開をするならそれから後にしても良い。焼けた後では何の役にも立つまいが、それにしても、長らく自分を守ってくれた家である。つい家情も出て来て動く気もなく、私が飯を炊き、友人は味噌汁と茶碗という番で、互いに上手な方をひき受けて生活をしてみると、これはまたのどかで、朝起きて茶を飲む二人の一時間ほど楽しいときは、またと得られそうもない幸福を感じる時間になった。しかし、そんなことを云っても妻には分ろう筈もない。

「とにかく、自分の家が焼けなかったということは、何より結構じゃないか。あの大きな東京は、もうないのだからね。お前は見ていないから、知らないのだよ。」と私は云った。

「そうね、あたし、知らないんだわ。それだからね。ぶつぶついうの。」

　妻はさしうつ向き、よく考えこむ眼つきである。

　そういえば、この村の人たちも空襲の恐怖や戦火の惨状というものについては、無感動というよりも、全然知らない。このことに関して共通の想いを忍ばせるスタンダアドとなるべき一点がないということは、今は異国人も同様の際だった。たしかに、知らせようにも方法のない村民たちと物をいうにも、も早や、どうでも良いことばかりの心の部分で、話さねばならぬ忍耐が必要だ。この判然と分れた心の距離、胸中はっきり引かれた境界線というものは、こちらには分っているだけで、向うには分らない。(6)人情、非人情というような、人間的なものではなく、ふかい谷間のような、不通線だ。農民のみとは限らず、一般人の間にも生じているこの不通線は、焼けたもの、焼け残り、出征者や、居残り組、疎開者や受入れ家族、など幾多の間に生じている無感動さの錯綜、重複、混乱が、ひん曲り、捻じあい、噛みつきあって、喚きちらしているのが現在だ。呶鳴ったかと思うと、笑ったり、ぺこぺこお辞儀したかと思うと、ふん反り返り、泣き出したかと思うと、鼻唄で闊歩する。信頼をしあうにも、寸断された心の砕片を手に受けて、これがおのれの心かと思うと、ぱッと捨てる。このようなとき、道念というようなものは、先ず自分自身に立腹すること以外手がかりはないものだ。腹立ちまぎれにうっかり呶鳴ると、他人に怒る。何の関係もないものに。――実際、人の心は今は他人に怒っているのではない。誰も彼もほうけた不通線に怒っているのだ。まったくこれは新しい、生まれたばかりのものである。間もなくこれは絶望に変るだろう。次ぎには希望に。

（横光利一『夜の靴』より）

問①・② ══A・Bの語句の、本文中の意味としてふさわしいものを、それぞれ後のア～エから一つ選びなさい。

① A「皆目」
ア　誰が見ても　　イ　結局のところ
ウ　まったく　　エ　いまのところ

② B「起居」
ア　生活　　イ　からだ
ウ　気分　　エ　住まい

一つ見えやしないんですもの。水一つ汲もうにも手さぐりで、やっと分ったほどですのよ。毎日毎日こんなじゃ、あたし、どうしたら良いかしら。」
十室ちかくある家全体で、小さな電燈がただ一つよりない。それも炉間にぶら下ったまま光は私らの部屋までは届かない。電気屋を呼ぼうにも、参右衛門の家が長く電気代滞納のため、もう来てくれないという。
「六畳一室に四人暮しで、電燈がないとすると、相当困るね。」
しかし、私にはまた別の考えが泛《うか》んでいた。まったく私には一新した生活で、私一人にとっては自然に襲ってきた新しさだ。何より好都合と思うべきことばかりだが、それだけは口外すべからざる個人的興味のこと。私はただ黙って皆を引摺《ず》ってゆけば良いのだ。
「東京にいたときのことを思いなさい。あれよりはまだましだ。」と私は云った。
「でも、あのときは、もう死ぬんだと思っていたんですもの。何んだって辛抱出来たわ。」
「それもそうだ。」
ここなら先ず安心だと思ったから一層不安が増して来たという理由は、たしかに今の私たちにはあった。死ぬ覚悟というものは、そのときよりも、後で分ることの方が多いということも、たびたび今までに感じていたことだのに、それが再びここまで来てまた明瞭になったのは、よほど私たちの気持ちも不安のなくなった証拠である。
「(4)あのときは、おかしかったね。お前の病気の夜さ。」と私は云った。
厳寒の空襲のあったある夜、私と妻とはどちらも病気で、別別の部屋に寝たきり起きられず、子供たち二人を外の防空壕へ入れて置いた夜のことである。私は四十度も熱のある妻の傍へ、私の部屋から見舞いに出て傍についていたが、照明弾の落ちて来る耀きで、ぱッと部屋の明るくなるたびに、私は座布団を頭からひっ冠り、寝ている妻の裾へひれ伏した。すると、家の中の私たちのことが心配になったと見え、次男の方がのこのこ壕から出て来て、雨戸の外から恐わそうな声で、「お母ァさん。」とひと声呼んだ。
あまり真近い声だったので、「こらッ。危いッ。」と座布団の下から私が叱りつけた。子供は壕の中へまた這入ったらしかったが、続いて落ちて来る照明弾の音響でまたのこのこ出て来ると、
「お母ァさん。」
「こらッ。来るなッ。」
呶鳴るたびに雨戸の外から足音は遠のいたが、いよいよ今夜は無事ではすむまいと私は思った。私は一週間ほど前から心臓が悪く、二階梯子も昇れない苦しみのつづいていた折で、妻など抱いては壕へ這入れず、今夜空襲があれば、宿運そのまま二人は吹き飛ばされようと思っていたその夜である。私は少しふざけたくなった。
「もう駄目かもしれんぞ。云っとくことはないかい。」私は子供の足音が消えると訊ねた。
「あるわ。」
「云いなさい。」
「でも。もう云わない。」
爆発する音響がだんだん身近く迫って来る様子の底だった。
「それなら、よしッ。」
と、私は照明弾の明るさで、最後の妻の顔をひと眼見て置こうと思い、次ぎの爆発するのを待って起き上った。
「お母さん。」また声がする。
「出て来ちゃ、いかん。大丈夫だよ。」
私は大きな声で云いながらも、あの壕の中の二人さえ助かれば、後は、——と思った。すると、また一弾、ガラスが皺を立てて揺れ動く音がした。
「後はどうにかなるさ。」
「そうね。」
水腫れのように熱し、ふくれて見える妻のそういう貌《かお》が、空の耀きでちらッと見えた。心配そうというよりも、どこかへ突き刺さっ

二〇二三年度 淑徳与野高等学校(第一回)

【国　語】（五〇分）〈満点：一〇〇点〉

一　戦争中東京に住んでいた「私」は、度重なる空襲にあったため、先に妻と子供たちを東北の農村に疎開させた。その後「私」は、村に仮住まいを探しあて家族で移り住むこととなった。次の文章を読んで、後の問いに答えなさい。

参右衛門のこの家は、農家としては大きな家だ。炉間が十畳、次ぎは十二畳、その奥は十畳、その一番奥は六畳、(1)この部屋が私の家族の室であるが、畳もなく電燈もない。炉間から背後の一列の部屋は、ここの家族たち四人の寝室で、私は覗いたことはないが、多分、十二畳と八畳の二室であろう。それから玄関横に六畳の別室があり、ここは出征中の長男の嫁の部屋になっている。勝手の板の間が二十畳ほど。すべてどの部屋にも壁がなく、柾目の通った杉戸でしきり、全体の感じは鎌倉時代そのままといって良い。私のいる奥の室には縁があって、前には孟宗竹の生えた石組の庭が泉水に対《むか》ってなだれ下っている。私の部屋代については、参右衛門は一向に云おうとしないので、これには私たちも困った。何回私は部屋代を定めてくれと頼んでも、

「おれは金ほしくて貸したのではないからのう。ただでも良い。その代り、おれは貧乏だぜ、米のことと、野菜と、塩、醤油、味噌、このことだけは、一切云わないで貰いたい。それだけは、おれの家は知らん。お前たちにあげられるものは、薪と柴だけだ。これなら幾らでもあるで心配はさせん。」

(2)参右衛門の云い方は、見ず知らずの者にははっきりしている。彼の家の横の空地、三間をへだてた路傍に、別家の久左衛門の家がある。このあばらやのような別家が、私たちに、ここの本家の参右衛門の一室を世話してくれた農家だが、これも通りすがりの私らに対しては、何んらそれ以上のするべき責任もない。しかし、部屋を世話したからは、困らせるようなことをおれはせん、と、久左衛門が、ふと小さな声でひと言云ったのを私の妻は覚えていた。

「そんなこと云ったのかい。」と私は笑った。

「ええ、ちょっと云ったわ。」

「じゃ、そのちょっとが、ここへ僕らをひきつけたわけだな。聞きぞこないじゃないのか。」

「でも、たしかに一寸《ちょっと》いったようよ。」

「ふむ。」

ふむ、と私の云ったのは、そんな赤の他人の呟いたひと言に、今の私たち全部を支えている心が、どこかの一点で頼っているのかもしれないと、ふと私は考えたからである。たしかに、もし久左衛門の家が傍になかったら、私らの生活の手段を何らかの方法で私は変えねばならぬにちがいない。野菜、米、味噌、醤油、塩、これら必需品を求める手がかりは、A皆目まだ眼鼻も立っていない。しかし、今は、私は八方手をつくして、部屋の借り得られる村村を探し、その尽くに失敗した後、ようやく独力で探しあてた一室である。必需品のことなど考えられない場合だった。(3)移って来た夕方、薄暗くなって来ると、妻は部屋の隅のまだ解かない荷物にもたれかかって泣いていた。

「どうするんでしょうね。これから。」

「どうするって。当分こうしているわけさ。」

「そんなことで良いのかしら。」

「暗くなって来たからそんなことを考えるんだよ。明日の朝になれば何もかも分る。まア、明日の朝まで辛抱することだ。」

「あたし、帰りたい。」そして、また妻は泣いた。

「明日のことは思い煩うことなかれ、ってことあるじゃないか。」

「あなたはただそうじっとしてらっしゃればいいから、そんなこと仰言《おっしゃ》るのよ。今あたし、お勝手もとへ行ってみたら、真っ暗で、何

英語解答

1 Part A　問①…エ　問②…エ　問③…ウ
Part B　問④…イ　問⑤…イ　問⑥…イ

2 問⑦　カ　問⑧　イ　問⑨　ア
問⑩　エ　問⑪　ウ　問⑫　イ
問⑬　エ　問⑭　ア　問⑮　イ
問⑯　エ　問⑰　イ　問⑱　ア
問⑲　イ

3 問⑳　エ　問㉑　イ　問㉒　ア
問㉓　エ　問㉔　ウ　問㉕　エ
問㉖　エ　問㉗　イ　問㉘　ア
問㉙　ウ

4 問㉚　ウ　問㉛　エ　問㉜　ア

5 1　㉝…ウ　㉞…イ
2　㉟…イ　㊱…エ
3　㊲…ア　㊳…イ
4　㊴…ウ　㊵…ア

1〔放送問題〕解説省略

2〔長文読解総合―物語〕

≪全訳≫❶僕はおじさんと一緒に朝の５時に起きた。僕たちは牛の乳搾りと家畜小屋の掃除とニワトリの卵集めを午前８時に終えた。僕はかなり疲れていた。❷おじさんの友達のビルがドアをノックした。❸「おはよう，ロジャー。今日売るための新しい卵はとれたかい？」❹「もちろんだよ，ビル。１ダースでいいかい？」❺「うん，それはすばらしい。昨夜また宝石強盗があったのを聞いたかい？」❻「強盗？　どこで？」　僕は急に目が覚めたように感じた。❼「⑫湾の向こうのロスタウンのジャックの家だ。ここ４か月で７回目の強盗だよ。ジャックは入院している」❽「何だって？　彼はひどいけがをしたのかい？」❾「よくわからない。頭をなぐられたんだ。奥さんが家に帰ってきて彼が台所の床に倒れているのを発見した。奥さんの宝石は全部なくなっていた，ダイヤの指輪も真珠のネックレスもルビーのイヤリングも」❿「なんと。誰か強盗を見た人はいないのかい？」⓫「いない，顔は見ていないんだ。でも近所の人がその夜の９時頃，通りに知らない男がいるのに気づいた。そいつは赤と青のロジャーズの野球帽をかぶっていた」⓬「ロジャーズ？」とおじさんが言った。「あのチームは20年前にプレーをやめた。ところで，ティム，今朝は両親に電話した方がいい。お母さんがたぶんお前のことを心配しているだろう」⓭「いい考えだね」　僕は居間に入って受話器を上げた。突然，誰かが話しているのが聞こえた。誰かがすでに共同電話を使っていたのだ。⓮「ネックレスとイヤリングを受け取った」と，１人の男の声が言った。「だが，指輪が１つ見つからない」⓯僕は息をのんだ。「しーっ！」と別の声が言った。⓰僕はすばやく電話を切って台所に駆け戻った。⓱「ロジャーおじさん，宝石強盗が電話で話してた！　聞こえたんだ！」⓲「何だと？」　おじさんはびっくりしたようだった。それから怒った顔になった。「ティム，冗談はやめろと言っただろ！」⓳「冗談じゃないよ！　誰かが言ってるのが聞こえたんだ…」⓴「ティム，私は本気で言ってるんだ！　私はこの夏，お前がどんな面倒も起こさないようにするとお前のお母さんに約束したんだ。そしてそれは馬鹿げた冗談はなしということだ！　だから朝食が終わったのなら，行くぞ。やらなきゃならない仕事があるんだ」㉑僕は何も言わなかった。おじさんは僕の言うことを信じなかった。何とかして，僕が冗談を言っているのではないことをおじさんに証明する必要があった。でも，どうやって？㉒僕は日曜日も月曜日も一日中，計画を立てようとしていた。共同電話で聞こえたのは誰の声だったのだろう？　ロビンソンさんの古い家にいた見知らぬ男だったのだろうか？　彼は家の中に宝石を隠していたのだろうか？　あの朝，彼は誰と話していたのだろう？

僕はこれらの問いの答えが欲しかった。もしかしたら，また運良く彼が共同電話で話しているのを聞けるかもしれない。㉓最初のチャンスは火曜日の午後にやってきた。㉔「店に肉を買いに行ってくるよ，ティム」とおじさんが言った。「お前も来るかい？」㉕「ううん，いい。ここで待ってるよ」㉖「わかった。すぐ戻るよ」㉗おじさんが行った後，僕は居間に走っていった。とても，とても静かに僕は受話器を上げた。息を殺して僕は耳を澄ました。何も聞こえなかった。誰も電話で話していなかった。10分ほど待って，もう一度やってみた。今度も，何も聞こえなかった。㉘「よし，もう一回やってみよう」と僕は思った。僕は受話器を上げた。今度は誰かが電話で話していた！㉙「いいえ，金曜日の夕食はサリーがミートボールを持ってくると思う」と，その声は言った。くそっ，それはおじさんの近所のミルズさんだった。㉚「いいわね。じゃあ私はアップルパイを持っていくわ」㉛僕はため息をついて受話器を下ろした。㉜水曜日，僕が家にいる間に電話が２，３回鳴った。「リーン，リーン，リーン！」電話はまた，ミルズさんへのものだった。おそらく，誰かが金曜日の夕食会にチキンサンドをつくると言うために電話をかけていたのだろう。それは僕が知りたいことではなかった。

問⑦～⑩＜適語選択＞⑦この後の「強盗？　どこで？」という返答を導く問いになる。ビルはロジャーに強盗があったことを聞いたかどうか尋ねたのである。　⑧この後，おじさんが「お母さんがたぶんお前のことを心配している」と言っていることから，両親に電話をするようティムに言ったのだとわかる。　⑨動詞 promise は，‘promise＋人＋that …’という形をとることができ，「〈人〉に…ということを約束する」という意味を表す。　⑩hold ～'s breath で「息を殺す」。hold－<u>held</u>－held

問⑪＜指示語＞I「僕」は物語の語り手である。第12段落で，おじさんが Tim に向かって両親に電話するように言い，その後で語り手が電話をかけようとしていることから，語り手は Tim だとわかる。

問⑫＜適文選択＞強盗が発生した場所を尋ねる Where？への応答。この後の内容から，被害者の Jack が家の台所に倒れていたことがわかるので，現場は「ジャックの家」である。なお，across the bay は「湾を横切った向こうの」という意味。

問⑬＜語句解釈＞「僕」が電話しようと受話器を上げたとたんに誰かの話し声が聞こえ，また，物語の終わりの方では近所のミルズさんの声が電話から聞こえていることから，電話回線を他の家と共有していると考えられる。

問⑭・⑮＜語句・英文解釈＞⑭電話からいきなり強盗事件を連想させる話が聞こえてきたときの「僕」の様子である。　gasp「はっと息をのむ」　⑮おじさんはティムに冗談はやめろと言ったが，それでもティムが話そうとするので怒っている。I mean it. は「(私はそれを言おうとしている→)本気で言っている」という意味。

問⑯＜文脈把握＞第22段落最終文～第30段落より，ティムは電話でまた強盗犯の声を聞けることを期待していたことがわかる。しかし，実際に聞こえたのは犯人の声ではなかったのでがっかりして電話を切ったのである。

問⑰～⑲＜内容真偽＞⑰「ジャックの妻は帰宅して，赤と青のロジャーズの野球帽をかぶった見知らぬ男に会った」…×　第９段落参照。台所の床に倒れたジャックを発見した。　⑱「ティムは電話を切り，おじさんに宝石強盗の話をしたが，おじさんは彼を信じなかった」…○　第16～20段落の内容に一致する。　⑲「水曜日に，ティムはとうとう知りたかったことを聞くことができた」

…×　最終段落参照。電話は近所のミルズさんへのもので，ティムが知りたかった強盗事件関連の話ではなかった。

3〔長文読解総合―説明文〕

≪全訳≫❶私たちはみんな，おとぎ話がどう進むのかを知っている。美しい少女が，王子様が自分を見つけてくれるのを待つ。そして彼女は彼と結婚し王女様になる。しかし，その少女が美しい代わりに賢かったり，あるいは強かったりしたらどうだろう。王女様ではなく宇宙飛行士や政治家や海賊になりたかったとしたらどうだろう。そして，そうなるために王子様を必要としなかったらどうだろう。これが『Good Night Stories for Rebel Girls』という本の背景にある考えである。これはひと味違うおとぎ話の本である。物語は全て本当のことなのだ。❷この本は，紀元前1500年から今日までのすばらしい女性たち100人の物語を語る。しかし，その物語はただの退屈な伝記ではない。そうではなく，それらはおとぎ話に似ている。おそらくあなたはこれらの女性の名前をほとんど知らないだろうが，読み終わったとき，自分自身になぜと問うだろう。それは人々がときに彼女たちを歴史から排除してきたからである，例えばエジプトの最も重要な女王の１人のように。彼女の死後，男たちは彼女の像を壊し，記録から彼女の名前を消した。また，男性の名前の方がより有名になったからという場合もある。例えば，チャールズ・バベッジは「コンピューターの父」と呼ばれているが，最初のコンピュータープログラムを書いたのはエイダ・ラブレスという女性である。❸どうして私たちはこれらの女性たちについて今まで教わってこなかったのだろう。しばしば，㉔歴史は女性より男性の方を記憶している。もし目を閉じて英雄やパイロットのことを考えたら，きっと男性を思い浮かべるだろう。しかし，この本を読んだ後は，その絵はあらゆる肌の色と年齢の女性たちになるだろう。この本の女性たちは，物事を自分がやりたかったからやったのであり，人がするなと言っても聞かなかった。❹この本の問題の１つは，残念なことに，その題名である，なぜならそれが女の子のための本であると思わせるからだ。女の子に，女性に何ができるかを示すのはとてもいい考えである。しかし，これらの物語は男の子たちが読んでもおもしろい。それに，男の子が医師やレーシングドライバーや社長として働く女性を思い浮かべられるのは重要なことだ。❺この本に出てくる女性たちがみんな「良い子」であるわけではない。１人の女性，日本の皇后である神功は，ある夢が原因で韓国侵攻の開始を決めた。この本が，それは悪いことだったといわないのは問題だろうか。別の例として海賊がある。この本の中の２人の女海賊は通常の英雄ではない，なぜなら海賊は危険な殺人者だからだ。いろいろな女性を取り上げるのはいいことだが，ときには彼女らの物語に悪い結末を見せてもいいのではないか。女性だというだけで必ずしも良い人だとは限らないことは理解できる。❻物語を毎晩１つずつ読むこともできるが，たぶん１つでやめたくはならないだろう。早く読んでしまっても心配はいらない，現在「反逆の少女たち」の本は２冊あるからだ。著者はこれらの本を自費出版した。彼はインターネットを使い，75か国の１万3454人から資金を集めてこれを実現した。１冊目は36か国語で100万部以上売れた。２冊目も大ヒットになろうとしている。

問⑳＜適語句選択＞直後の instead of ～ は「～ではなく，～の代わりに」という意味。空所を含む文と次の文は同じ What if「もし～だったらどうだろう」で始まっており，２つ目の What if の文は１つ目の文の内容を具体的に言い換えていると考えられる，つまり，２つ目の文の an astronaut, a politician, a pirate は前の文の clever or strong の具体例として挙げられているのである。

問㉑＜適語選択＞a book of fairy tales は「おとぎ話の本」，with a difference は「ひと味違う」。一般的におとぎ話は空想の産物であるが，この本がひと味違うのは，次の段落の第１文の内容からわかるとおり，この本に含まれる話が「本当で」ある点である。

問㉒＜熟語＞この本に出てくる女性たちを知らない理由の1つを説明している部分。それは，彼女たちを歴史から「排除してきた」からである。get rid of ～ は「～を取り除く」という意味で，選択肢の中でこれと同様の意味を持つ動詞は remove。

問㉓＜単語の意味＞直後の For example「例えば」以下にある Charles Babbage と Ada Lovelace の例が，下線部を含む部分の具体例になっている。つまり「(業績は同様なのに)男性の名前の方が(女性の名前より)有名になった」ということ。celebrated は「有名な」の意味を表す形容詞。

問㉔＜適文選択＞1つ前の「どうして私たちはこれらの女性たちについて今まで教わってこなかったのか」という問いに対する答えとして適切なものを選ぶ。第2段落の後半に，歴史に女性の名前が残りにくい理由が述べられている。

問㉕＜英文解釈＞最初の下線部は want to ～「～したい」，2つ目の下線部は 'tell＋人＋not to ～'「～しないように言う」の形の'～'の部分が省略された形。このように to不定詞が to だけ残る形は，前に出ている動詞(＋語句)の繰り返しを避けるため。ここでは，同じ文にある did things の繰り返しを避けるために do things が省略されている。

問㉖＜文脈把握＞直後の because 以下に「それが女の子のための本であると思わせるからだ」と，これが「問題」となる理由が書かれている。また，その2文後には「これらの物語は男の子たちが読んでもおもしろい」とあり，エ.「その本は男の子にも読まれるべきだ」はこれらの内容に一致する。

問㉗＜語句解釈＞次の文の that was a bad thing の that は to start an invasion of Korea を指すので，選択肢の中で「悪いこと」といえる start a war with を選ぶ。invasion は「侵攻」の意味で，start an invasion of ～ は「～の侵攻を開始する」という意味になる。

問㉘＜適語選択＞本に紹介されている good girl ではない女性の例を挙げている部分。直後の「海賊は危険な殺人者だからだ」が理由となる最も適切な語は usual「通常の，いつもの」。「通常の英雄ではない」というのは，普通の意味での英雄ではない，ということ。

問㉙＜英文解釈＞not always ～「必ずしも～とは限らない」を含む'部分否定'の文。文の前半は「彼女らは必ずしも良い人間とは限らない」という意味になる。just because ～ は「ただ～だからというだけで」で，下線部全体としては，「女性だからというだけで良い人とは限らない」という意味になる。これに一致するのは，ウ.「女性の中には悪い人もいる」である。

4〔正誤問題〕

問㉚ア…○ look after ～「～を世話する」を受け身形にすると be looked after by …「…に世話される」となる。「これらのネコは誰に世話されているのですか」 イ…○ 'so ～ that …'で「とても～なので…」の構文。 feel like ～ing「～したい気がする」 「生徒たちはとても疲れていたので勉強する気にならなかった」 ウ…× The print in this book の比較の対照は other books ではなく the print in other books。than の後ろは that(＝the print) in other books とする。「この本の活字は他の本より大きい」 エ…○ 'I wish＋主語＋助動詞の過去形＋動詞の原形...'で「～だったらいいのに」という'現在実現困難な願望'を表せる(仮定法)。「修学旅行でアメリカに行けたらなあ」

問㉛ア…○ 'as＋原級＋as possible'で「できるだけ～」。「生徒たちはできるだけ静かに話した」

イ…○　go ～ing「～しに行く」では，行き先は to ではなく，後に続く場所に合わせて in や at を用いて表すことに注意。　「次の日曜日新しいショッピングモールに買い物に行きましょう」　ウ…○　‘形容詞〔副詞〕＋enough to ～’「～できるほど〔～するほど〕十分…」の形。　「発展途上国では水は飲めるほど安全でないことがある」　エ…×　「～をどう思いますか」は，動詞に think を使う場合は What do you think of〔about〕～？，動詞に feel を使う場合は How do you feel about ～？となる。　「彼の新作映画をどう思いますか」

問㉜ア…×　疑問詞 when は現在完了時制とともには使えない。When did you first read …? と過去形にする。　「初めて英語の本を読んだのはいつですか」　イ…○　‘see＋目的語＋過去分詞’で「～が…される〔…されている〕のを見る」。　「先週，私たちは多くの家が台風で破壊されるのを見た」　ウ…○　受け身形の疑問文。　「その博物館は夏は何時に閉まりますか」　エ…○　「私の兄〔弟〕は11時前には決して寝ない」

5〔対話文完成─整序結合〕

1．A：働き始めた後，両親と一緒に暮らすの？／B：ううん。世田谷に２DKのアパートを見つけたんだ。そこに住みたいと思ってるよ。誰か部屋をシェアする人を探しているところなんだ。／／I'm の後ろに looking for を続けて「誰かを探している」とする。残りは to不定詞の形容詞的用法で someone を後ろから修飾する。someone to share the room with は，‘share ～ with …’「～を…と共有する」の‘…’が someone となって前に出た形。　（類例）a house to live in「住む家」←live in a house「家に住む」／a pen to write with「書くペン」←write with a pen「ペンで書く」／paper to write on「書く紙」←write on paper「紙の上に書く」　I'm looking for someone to share the room with.

2．A：一度に何冊の本が借りられますか？／B：３冊です。２週間借りられます。もし借りたい本が貸し出し中の場合，図書館員にそれをとっておいてくれるように頼むことができ，そうすればその本が戻ってきたときにあなたに知らせてくれます。／／may の後に‘ask＋人＋to ～’「〈人〉に～してくれるよう頼む」の形を続ける。　…, you may ask the librarians to keep it for you …

3．A：どちらの服を選んだらいいかしら。決められないわ。あなたは青いのとピンクのでどっちがいいと思う？／B：ええと，僕はファッションのことはよくわからないんだ。／／‘I wonder＋間接疑問（疑問詞＋主語＋動詞…）’「私は～だろうかと思う」の形をつくる。which は直後に名詞をとり‘which＋名詞’「どの～」の形で１つの疑問詞となる。　I wonder which dress I should choose.

4．A：ニュージーランドに１年留学するそうだね。／B：そのことを考えるとわくわくするよ。／／‘make＋目的語＋形容詞’「～を…（の状態）にする」の形で makes me very excited とまとめ，残りを thinking about it「それについて考えること」という動名詞句にまとめて主語とする。Thinking about it makes me very excited.

数学解答

1 (1) ア…２　イ…０　ウ…４　エ…５
オ…３　カ…６
(2) キ…４　ク…３　ケ…０　コ…１
サ…５
(3) ９　(4) ス…１　セ…４
(5) ソ…４　タ…０　チ…０

2 (1) ア…９　イ…１　ウ…２　エ…４
(2) ５　(3) カ…２　キ…０　ク…７

3 (1) ア…１　イ…４　ウ…２　エ…０
オ…３
(2) カ…３　キ…２

4 (1) ア…１　イ…０　ウ…８
(2) エ…３　オ…４
(3) カ…２　キ…８　ク…２
(4) ケ…５　コ…２

5 (1) ア…１　イ…４　ウ…７　(2) ６
(3) オ…１　カ…２　キ…６

6 ア…１　イ…０　ウ…２　エ…２
オ…３　カ…３　キ…３

1〔独立小問集合題〕

(1)＜式の計算＞与式$=\left(\frac{2}{9}x+\frac{6}{9}x\right)-\left(\frac{3}{4}y-\frac{6}{4}y\right)-\frac{2x-3y}{6}=\frac{8}{9}x-\left(-\frac{3}{4}y\right)-\frac{2x-3y}{6}=\frac{8}{9}x+\frac{3}{4}y-\frac{2x-3y}{6}=\frac{32x+27y-6(2x-3y)}{36}=\frac{32x+27y-12x+18y}{36}=\frac{20x+45y}{36}$

(2)＜数の計算＞$\frac{\sqrt{10}+3\sqrt{6}}{\sqrt{5}}=\frac{\sqrt{10}}{\sqrt{5}}+\frac{3\sqrt{6}}{\sqrt{5}}=\sqrt{2}+\frac{3\sqrt{6}\times\sqrt{5}}{\sqrt{5}\times\sqrt{5}}=\sqrt{2}+\frac{3\sqrt{30}}{5}$，$\frac{\sqrt{10}+\sqrt{6}}{\sqrt{3}}=\frac{\sqrt{10}}{\sqrt{3}}+\frac{\sqrt{6}}{\sqrt{3}}=\frac{\sqrt{10}\times\sqrt{3}}{\sqrt{3}\times\sqrt{3}}+\sqrt{2}=\frac{\sqrt{30}}{3}+\sqrt{2}$だから，与式$=\left(\sqrt{2}+\frac{3\sqrt{30}}{5}\right)-\left(\frac{\sqrt{30}}{3}+\sqrt{2}\right)=\sqrt{2}+\frac{3\sqrt{30}}{5}-\frac{\sqrt{30}}{3}-\sqrt{2}=\frac{9\sqrt{30}}{15}-\frac{5\sqrt{30}}{15}=\frac{4\sqrt{30}}{15}$となる。

(3)＜平面図形—対角線の本数の差＞右図のように，十一角形の11個の頂点をA～Kとする。点Aから引ける対角線は，AC，AD，AE，AF，AG，AH，AI，AJの８本あり，他の10個の頂点からもそれぞれ８本引ける。このとき，例えば，対角線ACは，点Aから点Cに引いた対角線でもあり，点Cから点Aに引いた対角線でもあるから，同じ対角線を２回ずつ引いていることになる。よって，十一角形の対角線の本数は，$\frac{8\times11}{2}=44$(本)である。同様に考えて，十角形の対角線の本数は，１つの頂点から引ける対角線の本数が７本だから，$\frac{7\times10}{2}=35$(本)となる。したがって，十一角形の対角線の本数は，十角形の対角線の本数より，$44-35=9$(本)多い。

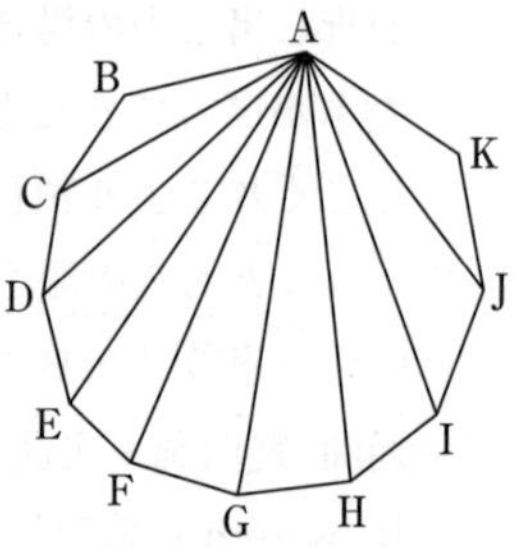

(4)＜確率—さいころ＞大小２つのさいころを同時に１回投げるとき，それぞれ６通りの目の出方があるから，目の出方は全部で$6\times6=36$(通り)あり，a，bの組も36通りある。$\frac{b}{a}$の値は最大で$\frac{6}{1}=6$だから，$\frac{b}{a}$の値が奇数となるのは，$\frac{b}{a}=1$，3，5である。$\frac{b}{a}=1$のとき，$(a, b)=(1, 1)$，$(2, 2)$，$(3, 3)$，$(4, 4)$，$(5, 5)$，$(6, 6)$の６通りある。$\frac{b}{a}=3$のとき，$(a, b)=(1, 3)$，$(2, 6)$の２通りある。$\frac{b}{a}=5$のとき，$(a, b)=(1, 5)$の１通りある。よって，$\frac{b}{a}$が奇数となるa，bの組は$6+2$

$+1=9$(通り)あるので，求める確率は $\frac{9}{36}=\frac{1}{4}$ である。

(5)＜**標本調査—母集団の数**＞池にいる魚の数を x 匹とする。1時間後に捕獲した100匹の魚のうち，印がついていたのは15匹なので，池にいる魚のうち，印がついている魚の割合は $\frac{15}{100}$ と考えられる。印のついている魚は60匹だから，$\frac{60}{x}=\frac{15}{100}$ が成り立つ。これを解くと，$15x=60\times100$，$x=400$ となるので，池にいる魚の数はおよそ400匹であると推定できる。

2〔独立小問集合題〕

(1)＜**連立方程式—解の利用**＞$x-y=8$……①，$2x+3y=4a$……②とする。①，②の連立方程式の解の比が $x:y=3:1$ なので，$x=3y$ と表せる。$x=3y$ を①に代入すると，$3y-y=8$，$2y=8$　$\therefore y=4$　これを $x=3y$ に代入すると，$x=3\times4$　$\therefore x=12$　よって，①，②の連立方程式の解は $x=12$，$y=4$ であり，解を②に代入して，$2\times12+3\times4=4a$，$36=4a$，$a=9$ となる。

(2)＜**二次方程式の応用**＞もとの正方形の1辺の長さを x cmとする。正方形の縦の長さを5cm長くし，横の長さを3cm短くすると，縦の長さは $x+5$cm，横の長さは $x-3$cmとなる。この長方形の面積は，もとの正方形の面積の3倍より55cm²小さくなったので，$(x+5)(x-3)=x^2\times3-55$ が成り立つ。これを解くと，$x^2+2x-15=3x^2-55$，$-2x^2+2x+40=0$，$x^2-x-20=0$，$(x+4)(x-5)=0$ より，$x=-4$，5となる。$x>3$ より，$x=5$ だから，もとの正方形の1辺の長さは5cmである。

(3)＜**方程式の応用**＞受験者の人数を x 人，合格者の平均点を y 点とする。受験者数の65%が合格したので，合格者の人数は $x\times\frac{65}{100}=\frac{13}{20}x$(人)となり，不合格者の人数は $x-\frac{13}{20}x=\frac{7}{20}x$(人)となる。合格者の平均点は y 点より，合格者の点数の合計は $y\times\frac{13}{20}x=\frac{13}{20}xy$(点)となる。合格者の平均点は不合格者の平均点よりも20点高いので，不合格者の平均点は $y-20$ 点となり，不合格者の点数の合計は $(y-20)\times\frac{7}{20}x=\frac{7}{20}x(y-20)$ 点となる。また，受験生全体の平均点は200点より，受験生全体の点数の合計は $200\times x=200x$(点)である。以上より，$\frac{13}{20}xy+\frac{7}{20}x(y-20)=200x$ が成り立つ。$x>0$ だから，両辺を x でわって，$\frac{13}{20}y+\frac{7}{20}(y-20)=200$，$13y+7y-140=4000$，$20y=4140$，$y=207$ となる。よって，合格者の平均点は207点である。

3〔関数—関数 $y=ax^2$ と一次関数のグラフ〕

≪**基本方針の決定**≫(1)　y 軸について点Aと対称な点をとる。

図1

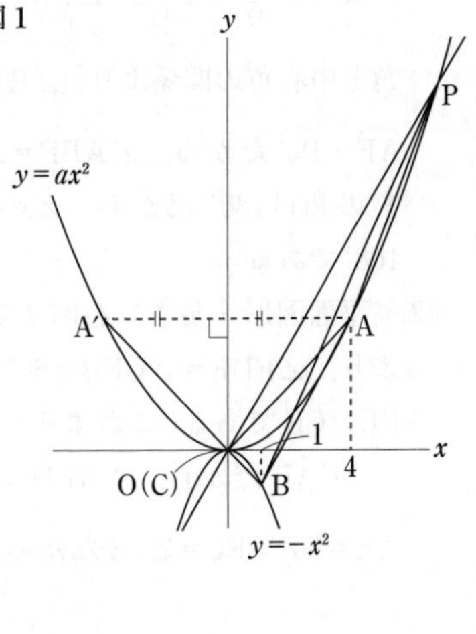

(1)＜**比例定数，x座標**＞右図1で，点Aは放物線 $y=ax^2$ 上にあり，x 座標が4だから，$y=a\times4^2=16a$ より，A(4，16a)となる。点Bは放物線 $y=-x^2$ 上にあり，x 座標が1だから，$y=-1^2=-1$ より，B(1，−1)となる。ここで，点Aと y 軸について対称な点をA′とすると，A′(−4，16a)となり，AC＝A′Cである。これより，AC＋BC＝A′C＋BCだから，AC＋BCが最小となるのは，A′C＋BCが最小になるときである。A′C＋BCが最小になるのは，3点A′，C，Bが一直線上に並ぶときだから，点Cは直線A′Bと y 軸との交点となる。点Cが原点にあるとき，B(1，−1)，C(0，0)より，直線A′B

の傾きは $\frac{-1-0}{1-0}=-1$ となり，直線A′Bの式は $y=-x$ となる。点A′は直線 $y=-x$ 上にあるので，$16a=-(-4)$ より，$a=\frac{1}{4}$ である。また，△ABC＝△ABPとなるとき，△ABCと△ABPの底辺をABと見ると，高さは等しいので，AB∥PCとなる。$16a=16\times\frac{1}{4}=4$ より，A(4, 4)だから，直線ABの傾きは $\frac{4-(-1)}{4-1}=\frac{5}{3}$ であり，直線PCの傾きも $\frac{5}{3}$ となる。したがって，直線PCの式は $y=\frac{5}{3}x$ だから，点Pは放物線 $y=\frac{1}{4}x^2$ と直線 $y=\frac{5}{3}x$ の交点となる。2式から y を消去して，$\frac{1}{4}x^2=\frac{5}{3}x$，$3x^2-20x=0$，$x(3x-20)=0$ より，$x=0$，$\frac{20}{3}$ となり，点Pの x 座標は $\frac{20}{3}$ である。

(2)＜**比例定数**＞右図2で，(1)と同様に点Cは線分A′Bと y 軸の交点である。直線AA′と，点Bを通り y 軸に平行な直線，y 軸との交点をそれぞれD，Eとすると，BD∥CEより，CB：A′B＝ED：A′Dである。また，AA′は x 軸に平行で，3点D，E，A′の x 座標はそれぞれ1，0，−4だから，ED＝1−0＝1，A′D＝1−(−4)＝5より，CB：A′B＝1：5となる。これより，△ABCと△ABA′は，底辺をそれぞれCB，A′Bと見ると，高さは等しいから，△ABC：△ABA′＝CB：A′B＝1：5である。AA′＝4−(−4)＝8，DB＝$16a-(-1)=16a+1$ より，△ABA′＝$\frac{1}{2}$×AA′×DB＝$\frac{1}{2}\times8\times(16a+1)=4(16a+1)$ となるから，△ABC＝$\frac{1}{5}$△ABA′＝$\frac{1}{5}\times4(16a+1)=\frac{4}{5}(16a+1)$ と表せる。したがって，△ABC＝20になるとき，$\frac{4}{5}(16a+1)=20$ が成り立つ。これを解くと，$16a+1=25$，$16a=24$ より，$a=\frac{3}{2}$ である。

図2

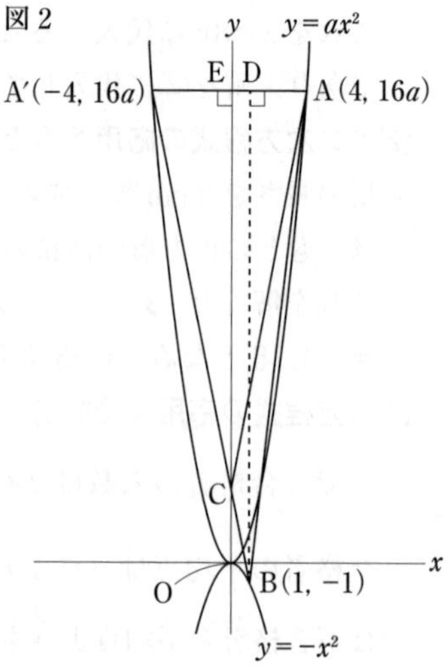

4 〔独立小問集合題〕

(1)＜**平面図形―角度**＞右図1で，円の中心をO，ACとBEの交点をFとし，点Oと2点B，C，点Aと点Bをそれぞれ結ぶ。$\overset{\frown}{BC}$ の長さは円Oの周の長さの $\frac{1}{5}$ だから，∠BOC＝$\frac{1}{5}\times360°=72°$ であり，$\overset{\frown}{BC}$ に対する円周角と中心角の関係より，∠BAF＝$\frac{1}{2}$∠BOC＝$\frac{1}{2}\times72°=36°$ となる。また，$\overset{\frown}{AE}=\overset{\frown}{BC}$ だから，∠ABF＝∠BAF＝36°となる。よって，△ABFの内角の和は180°だから，$\angle x=180°-\angle BAF-\angle ABF=180°-36°-36°=108°$ である。

図1

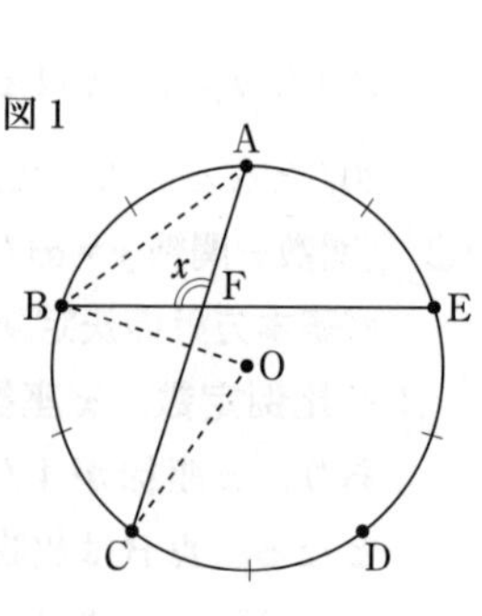

(2)＜**平面図形―長さ**＞右図2で，△DEFと△EBCは正三角形より，∠FDE＝∠CEB＝60°となり，同位角が等しいので，FD∥CEである。これより，∠AFD＝∠ACEとなり，∠FAD＝∠CAEだから，△AFD∽△ACEとなる。よって，AD：AE＝DF：EC＝2：3だから，AE＝$\frac{3}{2}$AD＝$\frac{3}{2}\times1=\frac{3}{2}$ となる。したがって，DF＝DE＝AE−AD

図2

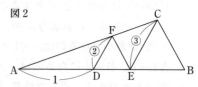

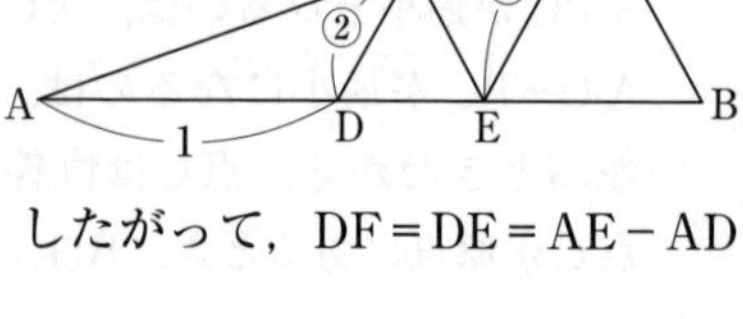

$=\frac{3}{2}-1=\frac{1}{2}$ となるので，$EC=\frac{3}{2}DF=\frac{3}{2}\times\frac{1}{2}=\frac{3}{4}$ である。

(3)＜平面図形―面積＞右図３のように，２点B，Dを結ぶ。$\angle BAD=90^\circ$ だから，△ABDで三平方の定理より，$BD^2=AB^2+AD^2=(2\sqrt{2})^2+10^2=108$ となる。また，$\angle BCD=90^\circ$ だから，△BCDで三平方の定理より，$BC=\sqrt{BD^2-DC^2}=\sqrt{108-6^2}=\sqrt{72}=6\sqrt{2}$ となる。よって，〔四角形ABCD〕＝△ABD＋△BCD＝$\frac{1}{2}\times AB\times AD+\frac{1}{2}\times BC\times DC=\frac{1}{2}\times 2\sqrt{2}\times 10+\frac{1}{2}\times 6\sqrt{2}\times 6=28\sqrt{2}$ である。

図３

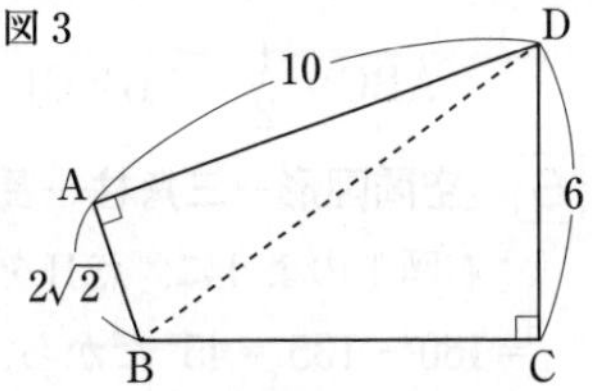

(4)＜平面図形―長さ＞右図４で，２点O，Dを結ぶと，四角形ABCDが正方形であり，DEが半円Oと点Pで接していることから，$\angle DAO=\angle DPO=90^\circ$ である。また，OA＝OP，DO＝DOだから△DAO≡△DPOとなり，DP＝DA＝6である。同様にして，２点O，Eを結ぶと，△OBE≡△OPEとなるから，EB＝EPとなる。EB＝EP＝x とおくと，ED＝EP＋DP＝$x+6$，EC＝BC－EB＝$6-x$ と表せる。$\angle ECD=90^\circ$ だから，△DCEで三平方の定理より，$ED^2=EC^2+DC^2$ であり，$(x+6)^2=(6-x)^2+6^2$ が成り立つ。これを解くと，$x^2+12x+36=36-12x+x^2+36$，$24x=36$ より，$x=\frac{3}{2}$ となる。次に，$\angle EPQ=\angle ECD=90^\circ$，$\angle PEQ=\angle CED$ より，△QPE∽△DCEである。よって，EQ：ED＝EP：ECである。$ED=x+6=\frac{3}{2}+6=\frac{15}{2}$，$EP=x=\frac{3}{2}$，$EC=6-x=6-\frac{3}{2}=\frac{9}{2}$ だから，$EQ:\frac{15}{2}=\frac{3}{2}:\frac{9}{2}$ が成り立ち，$EQ\times\frac{9}{2}=\frac{15}{2}\times\frac{3}{2}$，$EQ=\frac{5}{2}$ となる。

図４

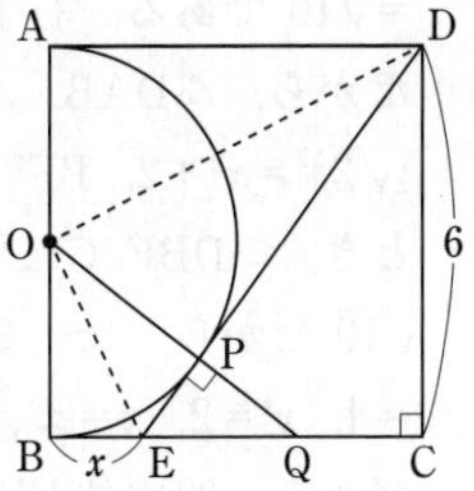

５〔平面図形―円〕

(1)＜長さ＞右図のように，４つの円の接点をD～Iと定める。３点D，H，Eは直線AB上にあるので，AO＝7，OD＝21より，円Aの半径はAD＝OD－AO＝21－7＝14である。また，DH＝2AD＝2×14＝28，DE＝2OD＝2×21＝42となるので，円Bの直径はHE＝DE－DH＝42－28＝14となり，円Bの半径は$BE=\frac{1}{2}HE=\frac{1}{2}\times 14=7$ である。

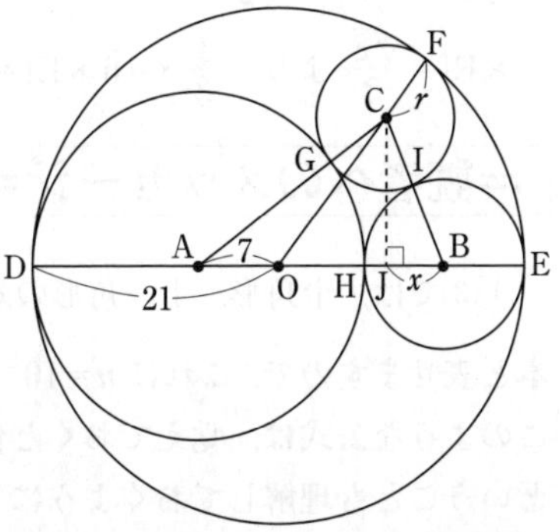

(2)＜長さ＞右図で，２点A，C，２点B，C，２点O，Cをそれぞれ結ぶ。このとき，点G，点Iはそれぞれ線分AC，線分BC上にあり，点Fは線分OCの延長上の点となる。円Cの半径を r とすると，CG＝CI＝CF＝r となり，AH＝AG＝AD＝14，BI＝BH＝BE＝7，OF＝21より，AB＝AH＋BH＝14＋7＝21，AC＝AG＋CG＝$14+r$，BC＝BI＋CI＝$7+r$，OC＝OF－CF＝$21-r$ と表せる。点CからABに垂線CJを引き，BJ＝x とすると，AJ＝AB－BJ＝$21-x$，OJ＝AJ－AO＝$21-x-7=14-x$ と表せる。△CBJ，△COJ，△CAJでそれぞれ三平方の定理を用いると，$CJ^2=BC^2-BJ^2=(7+r)^2-x^2$……①，$CJ^2=OC^2-OJ^2=(21-r)^2-(14-x)^2$……②，$CJ^2=AC^2-AJ^2=(14+r)^2-(21-x)^2$……③となる。よって，①，②より，$(7+r)^2-x^2=(21-r)^2-(14-x)^2$ が成り立ち，$56r-28x=196$，$2r-x=7$……④となる。また，②，③より，$(21-r)^2-(14-x)^2=(14+r)^2-(21-x)^2$ が成り立ち，$70r+14x=490$，$5r+x=35$……⑤となる。よって，④＋⑤で x を消去すると，$2r+5r=7+35$，$7r=42$ より，$r=6$ である。

(3)＜面積＞前ページの図で，(2)より $r=6$ だから，$\mathrm{BC}=7+r=7+6=13$ である。また，(2)の④より，$2\times6-x=7$，$x=5$ となるから，$\mathrm{BJ}=5$ である。$\mathrm{CJ}=\sqrt{\mathrm{BC}^2-\mathrm{BJ}^2}=\sqrt{13^2-5^2}=\sqrt{144}=12$ となるから，$\triangle\mathrm{ABC}=\dfrac{1}{2}\times\mathrm{AB}\times\mathrm{CJ}=\dfrac{1}{2}\times21\times12=126$ である。

6〔空間図形―三角柱―長さ，体積〕

図1

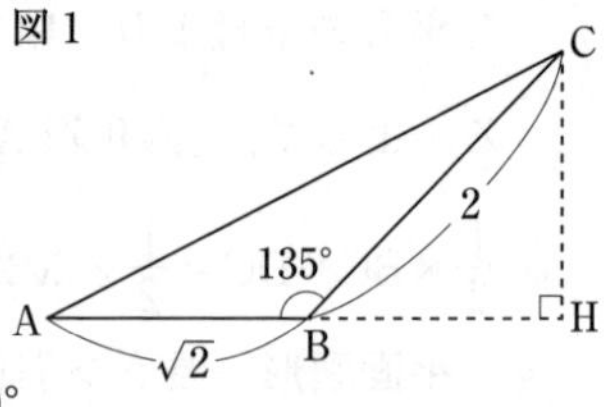

図2

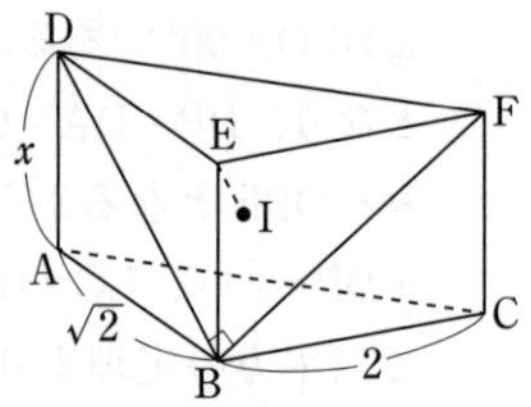

右図1のように，点Hを定める。$\angle\mathrm{BHC}=90^\circ$，$\angle\mathrm{CBH}=180^\circ-\angle\mathrm{ABC}=180^\circ-135^\circ=45^\circ$ だから，$\triangle\mathrm{CBH}$ は直角二等辺三角形であり，$\mathrm{BH}=\mathrm{CH}=\dfrac{1}{\sqrt{2}}\mathrm{BC}=\dfrac{1}{\sqrt{2}}\times2=\sqrt{2}$ となる。$\mathrm{AH}=\mathrm{AB}+\mathrm{BH}=\sqrt{2}+\sqrt{2}=2\sqrt{2}$ だから，$\triangle\mathrm{AHC}$ で三平方の定理より，$\mathrm{AC}=\sqrt{\mathrm{AH}^2+\mathrm{CH}^2}=\sqrt{(2\sqrt{2})^2+(\sqrt{2})^2}=\sqrt{10}$ である。右下図2で，$\mathrm{AD}=\mathrm{CF}=x$ とする。$\angle\mathrm{DAB}=\angle\mathrm{FCB}=90^\circ$ だから，$\triangle\mathrm{DAB}$，$\triangle\mathrm{FCB}$ で三平方の定理より，$\mathrm{BD}^2=\mathrm{AD}^2+\mathrm{AB}^2=x^2+(\sqrt{2})^2=x^2+2$，$\mathrm{BF}^2=\mathrm{CF}^2+\mathrm{BC}^2=x^2+2^2=x^2+4$ と表せる。$\angle\mathrm{DBF}=90^\circ$ のとき，$\triangle\mathrm{DBF}$ で三平方の定理より，$\mathrm{BD}^2+\mathrm{BF}^2=\mathrm{DF}^2$ となり，$\mathrm{DF}=\mathrm{AC}=\sqrt{10}$ だから，$(x^2+2)+(x^2+4)=(\sqrt{10})^2$ が成り立つ。これを解くと，$2x^2=4$，$x^2=2$，$x=\pm\sqrt{2}$ となり，$x>0$ より，$x=\sqrt{2}$ となる。$\mathrm{BE}\perp$〔面 DEF〕だから，四面体 EDBF は，底面を $\triangle\mathrm{DEF}$，高さを $\mathrm{BE}=\mathrm{AD}=\sqrt{2}$ とする三角錐となる。図1で，$\triangle\mathrm{ABC}=\dfrac{1}{2}\times\mathrm{AB}\times\mathrm{CH}=\dfrac{1}{2}\times\sqrt{2}\times\sqrt{2}=1$ だから，図2で，$\triangle\mathrm{DEF}=\triangle\mathrm{ABC}=1$ となり，〔四面体 EDBF〕$=\dfrac{1}{3}\times\triangle\mathrm{DEF}\times\mathrm{BE}=\dfrac{1}{3}\times1\times\sqrt{2}=\dfrac{\sqrt{2}}{3}$ である。次に，図2のように，点Eから平面 DBF に引いた垂線を EI とする。線分 EI は，四面体 EDBF の底面を $\triangle\mathrm{DBF}$ と見たときの高さである。$\mathrm{BD}=\sqrt{x^2+2}=\sqrt{(\sqrt{2})^2+2}=\sqrt{4}=2$，$\mathrm{BF}=\sqrt{x^2+4}=\sqrt{(\sqrt{2})^2+4}=\sqrt{6}$ より，$\triangle\mathrm{DBF}=\dfrac{1}{2}\times\mathrm{BD}\times\mathrm{BF}=\dfrac{1}{2}\times2\times\sqrt{6}=\sqrt{6}$ である。四面体 EDBF は三角錐だから，体積について，$\dfrac{1}{3}\times\triangle\mathrm{DBF}\times\mathrm{EI}=\dfrac{\sqrt{2}}{3}$ より，$\dfrac{1}{3}\times\sqrt{6}\times\mathrm{EI}=\dfrac{\sqrt{2}}{3}$ が成り立ち，$\mathrm{EI}=\dfrac{\sqrt{3}}{3}$ である。

＝読者へのメッセージ＝

1(3)では，十角形，十一角形の対角線の本数について考えました。n 角形の対角線の本数は $\dfrac{n(n-3)}{2}$ 本と表せますので，これに $n=10$，$n=11$ を代入しても十角形，十一角形の対角線の本数は求められます。このような公式は，覚えておくと便利ですが，覚えるだけでなく，どうしてこのような式で表せるのかということも理解しておくようにしましょう。

2023年度／淑徳与野高等学校（第１回）

国語解答

一	問① ウ	問② ア	問③ ウ	四	問㉒ エ		
	問④ イ	問⑤ ウ	問⑥ ア	五	問㉓ イ	問㉔ ウ	問㉕ エ
	問⑦ エ	問⑧ イ	問⑨ イ		問㉖ ウ	問㉗ イ	問㉘ イ
二	問⑩ イ	問⑪ エ	問⑫ イ		問㉙ イ	問㉚ イ	問㉛ エ
	問⑬ ウ	問⑭ ア	問⑮ イ		問㉜ ウ	問㉝ イ	問㉞ エ
	問⑯ ア	問⑰ ウ	問⑱ エ		問㉟ イ	問㊱ ア	問㊲ ウ
三	問⑲ エ	問⑳ ウ	問㉑ イ				

一〔小説の読解〕出典；横光利一『夜の靴』。

問①・②＜語句＞①「皆目」は，下に「ない」などの打ち消しの意味を持つ語を伴って，全く～ない，という意味になる。　②「起居」は，日常生活のこと。

問③＜文章内容＞「私」は，「六畳一室に四人暮しで，電燈がないとすると，相当困るね」と妻には言ったものの，「ようやく独力で探しあてた一室」であるし，自分では「一新した生活」を送れることを「何より好都合」だと思っていた。

問④＜文章内容＞参右衛門は，食べ物のことはいっさい言わないでもらいたいが，「薪と柴」については心配させないと言いきった。面識のない「私」たち家族に対して，できることとできないことを明確に伝え，率直な態度で向き合っている人物である。

問⑤＜心情＞妻は，明かりもなく，水をくむことにさえ苦労する新たな生活に対して，「どうしたら良いかしら」と途方に暮れてしまい，東京に「帰りたい」と言って泣いた。

問⑥＜文章内容＞妻は「私の座布団姿のこと」を「おかしかった」と思い出して言ったが，私は，「危険の迫るたびに，のこのこ壕の中から出て来た子供のこと」を「おかしかった」と回想した。

問⑦＜文章内容＞「私」は，空襲下においては，家族が近くにいるより「一人身」の方が「安らかさ」を取り戻せると考え，東京に残った。また，友人が来てからは，「長らく自分を守ってくれた家」に「家情」も覚えるようになり，のどかな友人との生活に「またと得られそうもない幸福」を感じることもあった。

問⑧＜文章内容＞「私」は，「空襲の恐怖や戦火の惨状」を全く知らない疎開先の村の人たちとの間に，個々人の性格といったものを超えたはっきりとした「心の距離」を感じ，「共通の想い」を持つことはできないと思った。

問⑨＜表現＞「私」は，空襲の夜の出来事を「おかしかった」と回想し，家族と別れて東京に残った生活には「幸福」も感じたが，その反面，戦火から逃れられた現在の生活には「絶望」を感じていた。状況からすれば矛盾した心情のようにも感じられるが，その折々の「私」の率直な思いをつづった文章であるといえる。

二〔論説文の読解―社会学的分野―現代社会〕出典；隠岐さや香『文系と理系はなぜ分かれたのか』。

≪本文の概要≫男女の脳は，脳の古い部分では性分化による性差はあるが，人間の知的な機能をつかさどる脳については，環境刺激の影響が大きいため，不明な部分が多い。一般に女性は言語的課題に優れ，男性は数量的課題に優れているといわれるが，近年の研究では，両性は予想以上によく似ているということもわかってきた。例えば，空間認知能力における男女差が何に由来するかということについて，胎児期におけるアンドロゲンの量が影響を与えると考えられているが，ホルモンで全てが決まるわけではなく，成長の過程を過ごす環境も重要だとわかってきたのである。現在，科学技術人材育成におけるジェンダー格差を減らすことが国際的なレベルで奨励されており，その論点の一つに多様性の推進が挙げられている。今までは理工系に男性が多かったことによる視点の欠落があったことも，その理由の一つである。つまり，研究の現場に多様な人々を増やすことで，斬新な発想を呼び込み，新たなイノベーションの創出につなげられると考えられているのである。

問⑩～⑪．⑩**＜語句＞**「割り切れない」は，すっきりと解決できない，という意味。　⑪**＜四字熟語＞**「同床異夢」は，同じ立場でありながら違う考えを持つこと。

問⑫＜文章内容＞一般に「女性は言語的課題に優れ，男性は数量的課題に優れている」といわれるが，近年の研究では，女性は「ある種の計算に秀で」ており，男性は「ある種の社会的体験が関わる言語学習に秀で」ていることがわかったので，性別によって能力の優劣があるとは断定できない。

問⑬＜文章内容＞アンドロゲンのレベルの高い女児は，運動刺激を好み「男児と似た行動パターンを示すことが多い」が，一方で，レベルが高い女性でも，男性よりは女性の方に似ているということがわかってきた。つまり，「生理学的条件」だけではなく，「成長の過程をどのような環境で過ごすか」といった「社会的な背景」も，個人の能力に影響を与えるということが，わかってきたのである。

問⑭＜文章内容＞あるグーグルの社員は「女性はエンジニアに向いていない」と主張したが，エンジニアには「コーディングの才能」などが必要だという意見がある一方で，「他者を理解し，協調していける社会性の方が必要になる」といった意見もある。つまり，エンジニアにはさまざまな能力が求められるのに，性別で適性を決めてしまうような発言をした点に問題があるといえる。

問⑮＜文章内容＞バレスは，自分のことをトランスジェンダーだと知らない人が，敬意を持って自分に接してくれるようになったことが「最も大きな変化」だと述べている。周囲の環境の変化が，「医療措置」以上に，バレスの生き方に大きな影響を与えたのである。

問⑯＜文章内容＞「多様性」の推進がなぜ「科学技術人材育成」に必要なのかというと，研究の現場に「多様な人々を増やす」と，「従来にない発想」を呼び込むことができ，「新たなイノベーションの創出」につながるからである。

問⑰＜文章内容＞理工系の研究者に「先進国の男性が多かった」ために，「医学の分野」においては，「男性の身体が長い間，モデルとして使われて」いて，「男性と同じ量の化学物質に女性の身体が違う反応をする危険性」などが見落とされていた。

問⑱＜表現＞筆者は，男女の「脳の性分化」など，まだ解き明かされていないことについては「よく分からない部分が多い」などと断定を避けながらも，研究の結果などを説明して，男女の性差によって能力を決めつけることに問題を提起している。

三〔**古文の読解―物語**〕出典；『大鏡』。

≪現代語訳≫この九条殿は，百鬼夜行にお遭いになった。たいそう夜が更けてから，内裏を退出なさったとき，大宮通りを南の方向へいらっしゃいますと，あわわの辻の辺りで，牛車の簾を下ろしなさって，「牛を車からはずせ，はずせ」と，急におっしゃったので，(供の者は)「不思議だ」と思うものの，(牛を車から)はずした。御随身や御前たちも，「どうかなさいましたか」と言って，車の近くに参上したところ，(九条殿は)簾をきちんと引き下ろして，(手には)笏を持って，うつ伏していらっしゃる様子で，ひたすら誰かにかしこまって(何かを)申し上げなさっている様子でいらっしゃった。「車は榻に乗せてはならない。ただ随身どもは，(牛車の)轅の左右の軛の辺りにできるだけ近く控えて，大きな声で先払いをしろ。雑色どもも(先払いして)声を絶えさせてはならない。御前どもは近くにいろ」とおっしゃって，尊勝陀羅尼を激しくお読み申し上げなさった。それから，一時間ほどたってから，簾をお上げになって，「もう(よい)，車に牛をかけて進ませなさい」とおっしゃったが，お供の者たちには(どういうことだか)全く理解できなかった。

元方民部卿のお孫が，次の天皇の候補でいらっしゃるとき，帝が御庚申待ちをなさった折に，この民部卿が参上なさった。言うまでもなく，九条殿もお仕え申し上げなさり，(他の)人々もたくさんお仕え申し上げなさって，攤を打ちなさるちょうどそのときは，冷泉院が(胎児として)身籠られなさっている時期で，ただでさえ周囲が(生まれてくる子が男女)どちらかと関心を持っていたのに，九条殿は，「さあ，今夜の攤を致そう」とおっしゃりながら，「この身籠られていらっしゃるお子が，もし男でいらっしゃるなら，二つのさいころの目がどちらも六が出よ」と言って，振りなさったところ，たった一回でその目が出たではないか。その場にいる全ての人は，目を見合わせて，すばらしいと感心して盛んにはやし立てなさり，(九条殿は)ご自身でもすごいことだとお思いになっていたが，この民部卿の顔色がとても悪くなり，真っ青になった。そうして後に，(死んだ民部卿が)霊となって現れて，「あの夜はすぐに，(九条殿のわら人形の)胸に釘を打った」とおっしゃった。

問⑲＜古文の内容理解＞百鬼夜行に遭遇した九条殿は，尊勝陀羅尼を激しく読むことによって災難を免れ，その後再び牛車を出発させた。

問⑳＜古文の内容理解＞六の目が二つそろって男子が生まれると，次の天皇の候補であった元方民部卿の孫が天皇になれなくなってしまうので，元方民部卿は取り乱して青ざめてしまった。

問㉑＜古文の内容理解＞御随身や御前など，「御供の人」は，百鬼夜行に遭遇したときにとった九条殿の行動を全く理解できなかった。

四〔論説文の読解─社会学的分野─コミュニケーション〕出典；伊藤亜紗『手の倫理』。

問㉒＜要旨＞ａが「知り合いが作っている製品がいかに精密か」といったことや「会社経営は大変だ」といったことなどを話したのに対し，ｂは「日本のものづくりはすぐれている」という一般論として理解したために，話は，「同じ職種の外資系企業と日系企業を比べるゲーム」のようになってしまい，当初のａの意図したものから離れていったが，日常会話では流れの中で話題が移り変わっていくことがある。このように，やりとりの中でメッセージの持つ意味やメッセージそのものが生み出されていく「生成モード」といわれるコミュニケーションでは，その中に生じた「ズレ」こそが，次のコミュニケーションを生み出していく促進要因になる。

五〔国語の知識〕

問㉓～㉗＜漢字＞㉓「委嘱」は「いしょく」と読む。「在宅」は「ざいたく」，「就職」は「しゅうしょく」，「遺族」は「いぞく」，「即位」は「そくい」。　㉔「解熱」は「げねつ」と読む。「塗装」は「とそう」，「仲介」は「ちゅうかい」，「夏至」は「げし」，「降下」は「こうか」。　㉕「搾取」は「さくしゅ」と読む。「接待」は「せったい」，「脱走」は「だっそう」，「選手」は「せんしゅ」，「作戦」は「さくせん」。　㉖「境内」は「けいだい」と読む。「休息」は「きゅうそく」，「興味」は「きょうみ」，「警告」は「けいこく」，「脚本」は「きゃくほん」。　㉗「精進」は「しょうじん」と読む。「生活」は「せいかつ」，「消費」は「しょうひ」，「完遂」は「かんすい」，「選挙」は「せんきょ」。

問㉘～㉜＜漢字＞㉘「概略」は，細部を省略したあらましのこと。　㉙音読みは「鎮火」などの「チン」。　㉚「奉公」は，身をささげて主君や主人に仕えること。　㉛「旋律」は，メロディーのこと。　㉜「無謀」は，結果について深い考えのないこと。

問㉝～㊲．㉝**＜四字熟語＞**「手練手管」は，いろいろな手段で人を思うままに操ること。　㉞**＜四字熟語＞**「大器晩成」は，偉大な人物は大成するのが遅いということ。　㉟**＜四字熟語＞**「勧善懲悪」は，善良な行いを奨励して悪い行いを懲らしめること。　㊱**＜四字熟語＞**「温厚篤実」は，情が厚くて誠実なこと。　㊲**＜慣用句＞**「舌を巻く」は，ひどく驚いたり感嘆したりして言葉も出ない，という意味。

2022年度 淑徳与野高等学校(第1回)

【英　語】(50分)〈満点：100点〉

＜英語リスニング・テストについて＞

1．リスニング・テストは英語の試験の最初に行います。開始の合図の約30秒後に放送が流れます。

2．問題は全部で6問で，英文を聞き，答えとして最も適当なものを選択肢から選ぶ問題です。なお，英文は[Part A]は1回のみ，[Part B]は2回放送されます。放送を聞きながらメモを取ってもかまいません。

リスニングテストの音声は，当社ホームページで聴くことができます。(実際の入試で使用された音声です)

再生に必要なユーザー名とアクセスコードは「収録内容一覧」のページに掲載しています。

1　リスニングテスト

[Part A]　問①～③の図または写真について，4つの英文ア～エが読まれます。図または写真と合っている英文をア～エから1つずつ選び，記号で答えなさい。英文は1度だけ読まれます。

問①　Sales at the hamburger shop in 2020

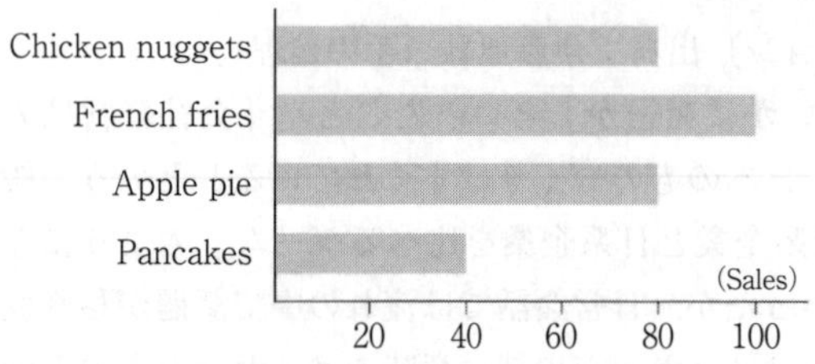

㋐　㋑　㋒　㋓

問②

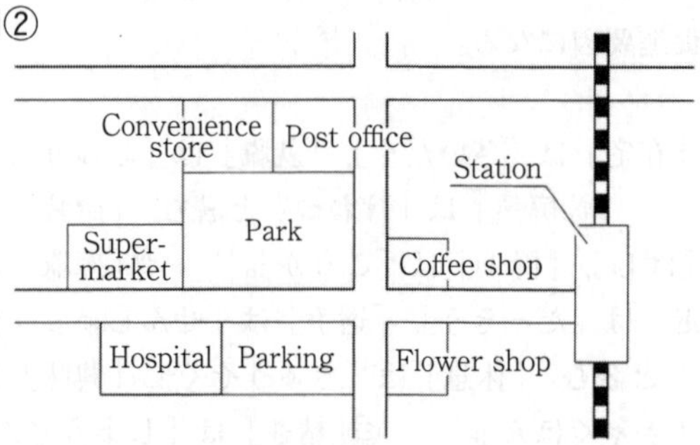

㋐　㋑　㋒　㋓

問③

㋐　㋑　㋒　㋓

[Part B]　ライオンのChristianと2人の男性JohnとAceの実話を聞いて，問④～問⑥の答えとして適当なものを1つ選び，記号で答えなさい。英文は2度読まれます。

問④　Where was Christian's home in London?

ア　In an apartment with two men.　　イ　In a department store.

ウ　In a furniture shop.　　エ　In a pet shop.

問⑤　Why did John and Ace take Christian to Kenya?　Choose the one that is NOT true.

ア　Christian was in trouble with his neighbors.

イ　John and Ace couldn't feed Christian.

ウ　John and Ace thought lions are not pets.

エ　Christian became too big to keep.

問⑥　Which is true?

ア　Christian was returned to the wild, so John and Ace didn't see Christian again.

イ　Christian became a group leader and even a father in Kenya.

ウ　It is said that wild animals remember humans.

エ　John and Ace missed Christian so much that they went to Africa to take him back.

※**＜リスニング・テスト放送原稿＞**は英語の問題の終わりに付けてあります。

2　次の英文を読み，各問に答えなさい。(＊印の語(句)は注を参考にすること)

〔編集部注…課題文は著作権上の問題により掲載しておりません〕

BBC Learning English「Stories for Children/Little Monsters」

出典：https://www.bbc.co.uk/learningenglish/english/features/childrens-stories/little_monsters

(注)　straw：わら　　sown：sow「種をまく」の過去分詞形

問⑦～⑩　下線部⑦～⑩が表すものとして適当なものを選び，記号で答えなさい。同じ選択肢を繰り返し使うことができます。

ア　the scarecrow　　イ　the farmer　　ウ　the crow　　エ　the mouse

問⑪　空欄⑪Aと⑪Bに当てはまる単語の組み合わせとして適当なものを選び，記号で答えなさい。

ア　(A)　fool　―(B)　anything　　イ　(A)　fool　―(B)　nothing

ウ　(A)　clever―(B)　anything　　エ　(A)　clever―(B)　nothing

問⑫　下線部⑫の単語の意味を示す文として適当なものを選び，記号で答えなさい。

ア　the parts of a bird's body that it uses for flying

イ　the place made or chosen by an animal to lay its eggs in and to live in

ウ　the room in which you prepare and cook food

エ　the area of land next to a house with flowers, grass, and other plants

問⑬　下線部⑬が表す意味として最も適当なものを選び，記号で答えなさい。

ア　彼はカラスを追いかけられなかった。

イ　彼はカラスから逃げられなかった。

ウ　彼はカラスを好きになることができなかった。

エ　彼はカラスのせいで速く走れなくなった。

問⑭　(⑭)に入る適当な単語を選び，記号で答えなさい。

ア　thin　　イ　fresh　　ウ　fat　　エ　new

問⑮　(⑮)に当てはまるものとして最も適当なものを選び，記号で答えなさい。

ア　I think they would be scared

イ I think they would be pleased
ウ I don't think they would be scared
エ I don't think they would be pleased

問⑯ 下線部⑯の内容と推測されるものとして，適当でないものを選び，記号で答えなさい。
ア We will add more fresh straw to you.
イ We will work together and protect you.
ウ We will make you a big monster.
エ We will move your arms.

問⑰ 以下の英文が本文と合っているものを**2つ**選び，記号で答えなさい。解答シートの問⑰の欄に**2つとも**マークしなさい。
ア The farmer bought the new hat and gave it to the scarecrow.
イ It was easy for the scarecrow to move around on the land.
ウ The scarecrow loved his job because the farmer filled him with new straw.
エ The big problem was that crows weren't afraid of the scarecrow.
オ One crow picked some straw from the scarecrow and brought it back.
カ The scarecrow didn't follow the small mouse's idea.

3 次の英文は，森林伐採(deforestation)が地球環境に与える影響に関してのレポートです。英文を読み，各問に答えなさい。(＊印の語(句)は注を参考にすること)

*The World Resources Institute (WRI) says the world lost 4.2 million hectares of forest land in 2020. The total area *affected was about the size of The Netherlands. The loss of forest in 2020 was a 12 percent increase over 2019.

How does deforestation affect climate? Climate change both causes forest loss, or deforestation, and is caused by deforestation. Scientists warn that climate change creates hotter and drier climates. (⑱) a result, forests are more *vulnerable to fire and damaging insects. Plants are also important because ㉓they take in CO2 that causes climate change.

Rod Taylor is head of WRI's forest program. He said forests hold large amounts of CO2 and that losing ㉔them has serious effects (⑲) *biodiversity and the climate.

*The International Monetary Fund says that the world economy dropped by about 3.5 percent in 2020 because of the COVID-19 pandemic. But deforestation continued to increase. The WRI says ㉕this was possible because lockdowns limited governments' ability to create laws (⑳) forest loss. People may have also moved out of cities into local areas. However, the strongest effects of COVID-19 (⑲) forest loss are probably still to come. WRI researcher Frances Seymour said : "It's possible that governments will try to restart their economies on the backs of forests." Areas near *the Earth's equator lost a total of 12.2 million hectares of forest in 2020. This loss released the amount of gas equal (㉑) 570 million cars. That is more than two times the number of cars on the roads in the United States. Brazil saw the largest decrease in forests. The 1.7 million hectares lost was a 25 percent increase from the previous year.

There was some good news. Indonesia slowed its rate of deforestation by 17 percent in 2020. ㉖Palm oil, a vegetable oil, is a leading driver of deforestation. Last year, the price of palm oil decreased, possibly affecting deforestation in Indonesia. (㉒) addition, experts say the Indonesian government passed laws that are stopping forest loss after damaging fires in 2015.

Those rules include *fire prevention measures, limitations on new palm oil farms and reforms aimed at reducing *poverty. But ㉚experts are worried now that the price of palm oil is starting to rise again.

WRI experts say that climate change is killing forests in many different ways. In Europe, hot, dry weather in 2019 and 2020 caused more insect damage in Germany and *the Czech Republic. Forest losses increased 200 percent in the two countries from 2018. In Russia, ㉗{and summer / in Siberia / fires / led to / forest / a hot spring}. Extreme heat and dry land in Australia caused damaging fires there in 2019 and 2020. ㉘The world is stuck in a "vicious circle," Seymour said. Global warming invites dry forests, forest fires and insect damage. Seymour added : "Nature has been whispering this risk to us for a long time. ㉙But now she is shouting."

出典：VOA April 2, 2021 Forest Losses Increased Again in 2020 一部改変

（注） The World Resources Institute (WRI)：地球環境と開発の問題に関する政策研究・技術開発を行う，独立した非営利団体
affect：影響する　vulnerable to fire：火事になりやすい　biodiversity：生物多様性
The International Monetary Fund：国際通貨基金　the Earth's equator：赤道
fire prevention measures：火災防止策　poverty：貧困
the Czech Republic：チェコ共和国

問⑱～㉒　(⑱)～(㉒)に入る適当な前置詞を選び，記号で答えなさい。各語は１度しか使えません。文頭に来るものも小文字になっています。同じ番号には同じ語が入ります。
ア as　イ to　ウ on　エ in　オ against

問㉓㉔　下線部㉓㉔の指すものとして適当なものを選び，それぞれ記号で答えなさい。
ア scientists　イ insects　ウ climates
エ plants　オ forests　カ amounts of CO2

問㉕　下線部㉕の指す内容として適当なものを選び，記号で答えなさい。
ア 世界経済が縮小すること。
イ コロナウイルスが大流行すること。
ウ 森林伐採が増加していくこと。
エ ロックダウンが起こること。

問㉖　下線部㉖の英文と同じ内容のものを選び，記号で答えなさい。
ア Drivers take palm oil from forests to various places.
イ The main reason for the loss of trees is that people want to get palm oil, or a vegetable oil.
ウ Palm oil or vegetable oil is made by cutting down trees.
エ Drivers cut down trees to make palm oil and vegetable oil.

問㉗　下線部㉗を「暑い春や夏がシベリア(Siberia)森林火災の原因となった。」という意味になるように{　}の語を並べかえたとき３番目に来るものを選び，記号で答えなさい。
ア and summer　イ in Siberia　ウ fires
エ led to　オ forest　カ a hot spring

問㉘　下線部㉘の「世界は悪循環(vicious circle)に陥っている。」とは具体的にどのようなことですか。適当なものを選び，記号で答えなさい。
ア 森林伐採が進み地球温暖化が進む。
イ 地球温暖化で木々が乾燥して山火事や虫害が発生する。

ウ　森林伐採で虫害が発生し，山火事が発生する。
エ　地球温暖化で虫害が発生することで山火事が起きやすくなる。
問㉙　下線部㉙の指す内容として適当なものを選び，記号で答えなさい。
ア　しかし，今日，人類は自然災害が解決することを望んでいる。
イ　しかし，今では，自然は自然災害に関して人類に警鐘を鳴らしている。
ウ　しかし，今日，人類は自然災害による損失を訴え続けている。
エ　しかし，今では，自然環境は我々人類の助けを必要としている。
問㉚　下線部㉚について次の質問に対して最も適切なものを選び，記号で答えなさい。

Why are experts worried that palm oil's price is rising again?

ア　If the price of palm oil is low, people will be more interested in it.
イ　If the price of palm oil is high, there will be more deforestation.
ウ　If the price of palm oil is low, palm oil will be the only way to escape from poverty.
エ　If the price of palm oil is high, it will help people to be interested in poverty.

4　誤りのある文を**3つ**選び，記号で答えなさい。解答シートの問㉛の欄に**3つとも**マークしなさい。

問㉛　ア　I told him doing his homework as soon as possible.
イ　What do you call these fish in English?
ウ　My sister looked at herself in the mirror on the wall.
エ　Do you know when Susan will come back? — Maybe she'll be back in an hour.
オ　My brother has been to London on December 9 last year.
カ　The boy is the fastest runner of all my classmates.
キ　What did you cook dinner last night?
ク　The woman who lives next door has three cats.
ケ　It's time you cleaned your room.
コ　These video games were bought for my brother.

5　選択肢の語(句)を並べかえて会話が成り立つようにするとき，㉜～㊴に入るものを選び，記号で答えなさい。ただし，文頭にくるものも小文字になっています。

1　A：What does this word mean, Dad?
B：Don't be lazy, Chris.　You should always (　　) (㉜) (　　) you (　　) (　　) (㉝) (　　).
ア　don't　イ　a dictionary　ウ　words　エ　know　オ　look　カ　in　キ　up

2　A：Excuse me, (　　) (㉞) (　　) (　　) (　　) (㉟) (　　) this restaurant?
B：We start at eight on weekends.
ア　breakfast　イ　time　ウ　do　エ　serve　オ　in　カ　you　キ　what

3　A：(　　) (　　) (　　) (　　) (㊱) (　　) (㊲).　What can I do for you in return?
B：Nothing at all.　I'm just glad I could help.
ア　me　イ　you　ウ　thank　エ　with　オ　for　カ　the report　キ　helping

4　A：Good morning, Jack.　You look sleepy.
B：I am.　I can't (　　) (㊳) (　　) of (　　) (㊴) (　　).

ア staying　イ out of　ウ up　エ late　オ get　カ the habit

＜リスニング・テスト放送原稿＞

Hello, everyone.

This is the listening part of the test.

The listening comprehension test has two parts, Part A and Part B.

[Part A]　You will hear 4 sentences about each figure or picture. Which sentence is true? Each sentence will be read one time only. Let's get started.

問①　ア　Chicken nuggets were more popular than French fries.
　　イ　French fries sold the least.
　　ウ　Apple pie sold as much as Chicken nuggets.
　　エ　Pancakes were more popular than any other meal.

問②　ア　You can park your car in the parking lot across from the hospital.
　　イ　There is a convenience store between the park and the post office.
　　ウ　You can buy some fresh fruits at the supermarket next to the park.
　　エ　If you walk straight from the station, you'll see a park on your left.

問③　ア　The man is walking around and drinking coffee in the room.
　　イ　The man has just woken up.
　　ウ　The man is working over a cup of coffee.
　　エ　The man is worried about his health.

[Part B]　Part B will be repeated twice. Let's begin.

This is a true story. In 1969, two young men, John and Ace, saw a male baby lion in a very small cage in a department store. They bought the little lion because they felt sorry for him. John and Ace were living in a small apartment and working in a furniture shop in London. They made a home for him in the shop. They named him Christian and treated him as part of the family.

One year later, there was some trouble. Christian was much larger. There was not enough space for a big lion. Also, his food was getting very expensive. The men loved him but they realized that Christian wouldn't be able to stay in London.

In 1970 the men decided to release Christian in Kenya. It was a success! Christian became the leader of a group of lions. He had several baby lions.

Of course, John and Ace missed Christian. So, in 1971, they returned to Kenya to visit him. Experts said that wild animals do not remember humans. The men waited anxiously.

A few days later Christian appeared. Christian took a long look at the men. He slowly walked toward them. Then, he ran and jumped into their arms! He licked their faces and looked very excited to see them again. He remembered John and Ace! The men were delighted!

"Listen again".

This is the end of the listening test.

【数　学】（50分）〈満点：100点〉

（注意）　1．定規，コンパス，分度器は使用しないでください。

2．問題の文中の $\boxed{\text{ア}}$，$\boxed{\text{イウ}}$ などの $\boxed{}$ にはそれぞれ数値が入ります。

(i)　ア，イ，ウ，……の1つ1つにはそれぞれ0から9までの数字1つが対応します。それぞれの欄の数字をマークしてください。

(ii)　分数形で解答が求められているときは，既約分数で答えてください。

(iii)　比の形で解答が求められているときは，最小の整数の比で答えてください。

(iv)　円周率は π とします。

1　(1)　$\dfrac{6x+2y-5}{14}-\dfrac{3x-13y+1}{7}+\dfrac{4x-y-1}{2}=\dfrac{\boxed{\text{ア}}x+\boxed{\text{イ}}y-\boxed{\text{ウ}}}{\boxed{\text{エ}}}$ である。

(2)　$4+\sqrt{22}$ の整数部分を a，小数部分を b とするとき，$a^2+4ab+4b^2=\boxed{\text{オカ}}$ である。

(3)　2つのサイコロA，Bを同時に投げたとき，Aの出た目の数を x，Bの出た目の数を y とする。

$10x+y$ で表される2けたの数が3の倍数となる確率は $\dfrac{\boxed{\text{キ}}}{\boxed{\text{ク}}}$ である。

(4)　$\sqrt{2022-6n}$ が正の整数となる自然数 n の個数は $\boxed{\text{ケ}}$ 個である。

(5)　次の図は，グループ1とグループ2の小テストの得点のデータを箱ひげ図で表したものである。各グループに含まれる人数はそれぞれ11人とし，小テストの得点のデータは整数とする。

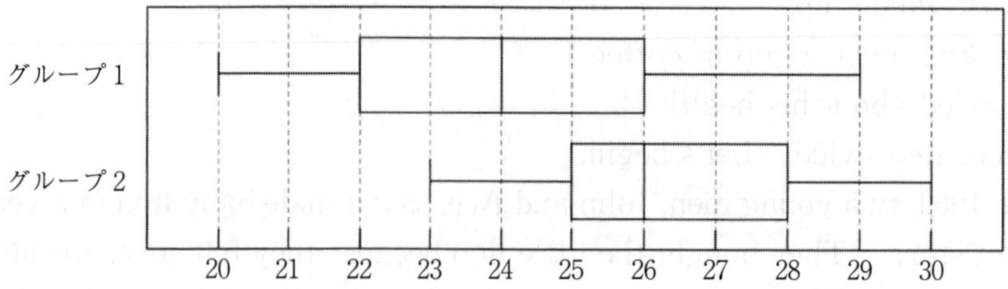

(i)　グループ1の四分位範囲は $\boxed{\text{コ}}$ である。

(ii)　グループ1で得点が26点以上の人は，最大で $\boxed{\text{サ}}$ 人いる。

(iii)　グループ2で得点が26点以下の人は，最小で $\boxed{\text{シ}}$ 人いる。

2　(1)　$\begin{cases} 4x+2y-(x+2y)=4 \\ 2x+y+2(x+2y)=7 \end{cases}$ のとき，$x+2y=\boxed{\text{ア}}$ である。

(2)　x の2次方程式 $x^2-6x+2k-80=0$ の2つの解が，正の数 m を用いて $4m$，$-2m$ となるような k の値は $\boxed{\text{イ}}$ である。

(3)　SY高校の2019年度の入学者数は400名であった。2020年度の入学者数は2019年度より x％減少し，2021年度の入学者数は2020年度より $2x$％増加した。2019年度から2021年度の入学者数の合計が1192名のとき，$x=\boxed{\text{ウエ}}$ である。ただし，$x>0$ とする。

3 下の図のように，関数 $y=\frac{1}{2}x^2$ のグラフがある。点Aはグラフ上の点で，x 座標は -2 である。また，2点P，Qはグラフ上にあるものとする。

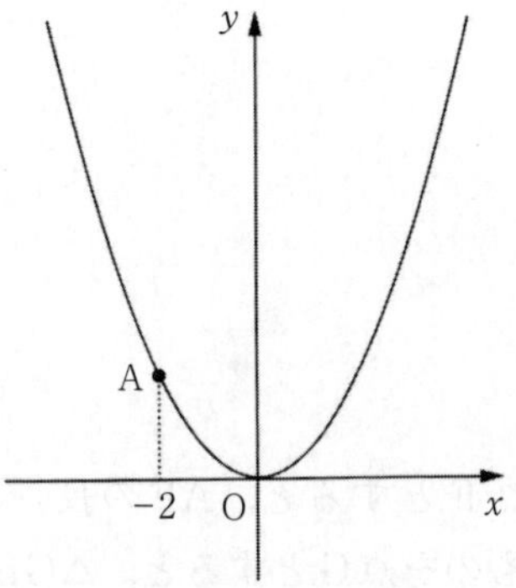

(1) 2点P，Qの x 座標をそれぞれ0，4とする。

(i) 直線AQと y 軸との交点の y 座標は［ア］である。

(ii) △APQの面積は［イウ］である。

(iii) △APQを，点Pを中心に点Aがはじめて x 軸と重なるまで反時計回りに回転移動させる。この移動によって点Qが移った点をQ′とするとき，Q′の座標は（$-$［エ］$\sqrt{［オ］}$，［カ］$\sqrt{［キ］}$）である。

(2) 2点P，Qの x 座標をそれぞれ2，6とする。△APQを点Oを中心に反時計回りに360°回転移動させる。この移動によって△APQが通過した部分の面積は［クケコ］π である。

4 (1) 右の図1において，2点A，Bは円Oの円周上の点であり，点Cは点Aにおける円Oの接線と直線BOとの交点である。∠ABC＝26°のとき，∠ACB＝［アイ］°である。

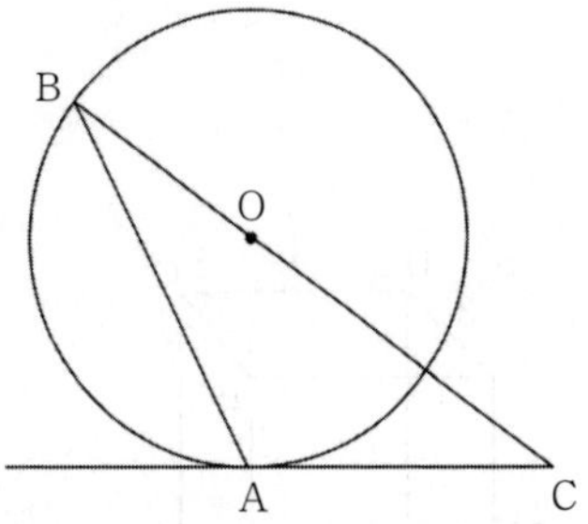

図1

(2) 下の図2において，∠BACの二等分線と辺BCとの交点をDとする。AC＝2，CD＝1のとき，△ABDの面積は $\frac{［ウ］}{［エ］}$ である。

(3) 下の図3のように，半径 a の円と半径 b の円6個が接するとき，$a：b$＝［オ］：［カ］である。さらに $a=6$ のとき，斜線部分の面積は［キク］$\sqrt{［ケ］}$－［コ］π である。

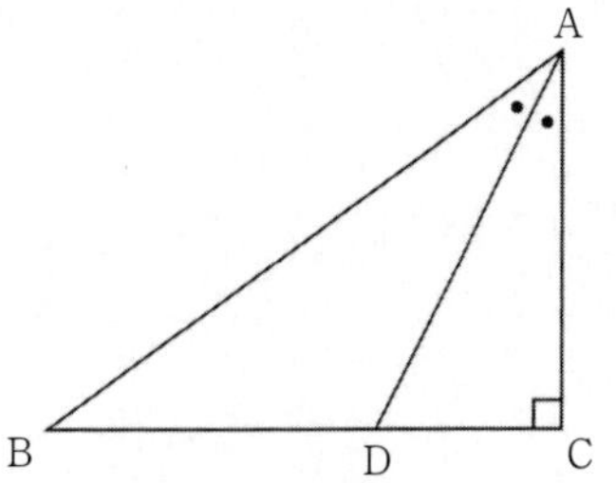

図2

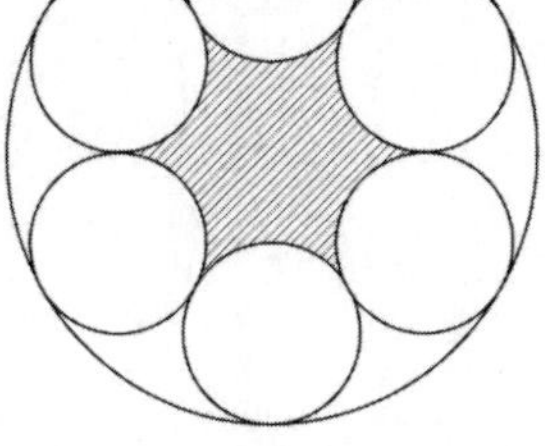

図3

5　下の図において，四角形ABCDは１辺の長さが12の正方形であり，△BCEは正三角形である。

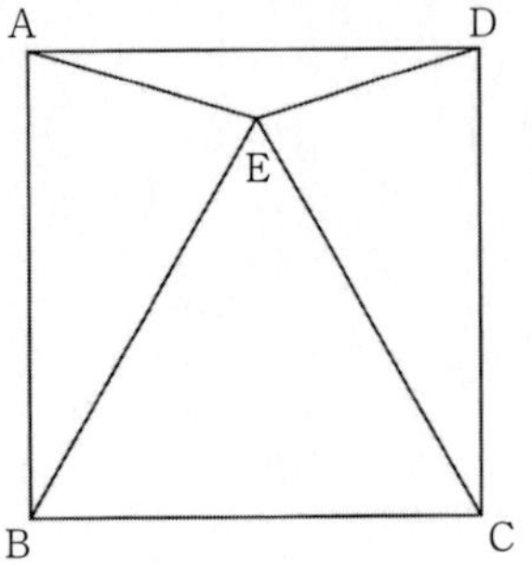

(1)　△ABEの面積は $\boxed{\text{アイ}}$ である。

(2)　辺AEを直径とする円と辺BEの交点のうち，点Eでないものを点Fとすると，AFの長さは $\boxed{\text{ウ}}$ である。さらに，その円と辺ABの交点のうち，点Aでないものを点Gとすると，△GBFの面積は $\boxed{\text{エオ}}$ である。

6　図１のような直方体の，すべての頂点を通る球の半径は $\dfrac{\boxed{\text{ア}}\sqrt{\boxed{\text{イ}}}}{\boxed{\text{ウ}}}$ である。また，直方体の４つの頂点A，B，C，Dが図２の円すいの側面に接しており，面EFGHがその円すいの底面上にあるとき，この円すいの体積は $\dfrac{\boxed{\text{エオカ}}}{\boxed{\text{キ}}}\pi$ である。

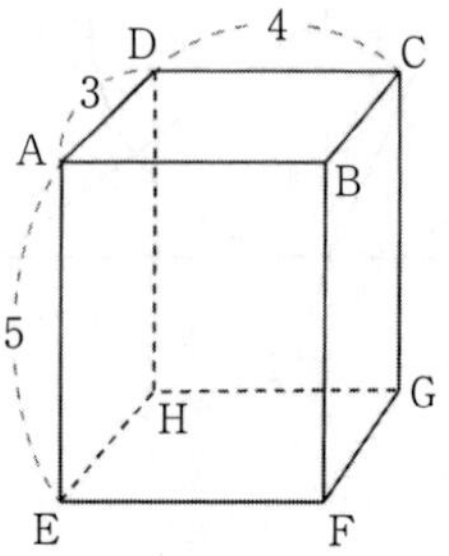

図１

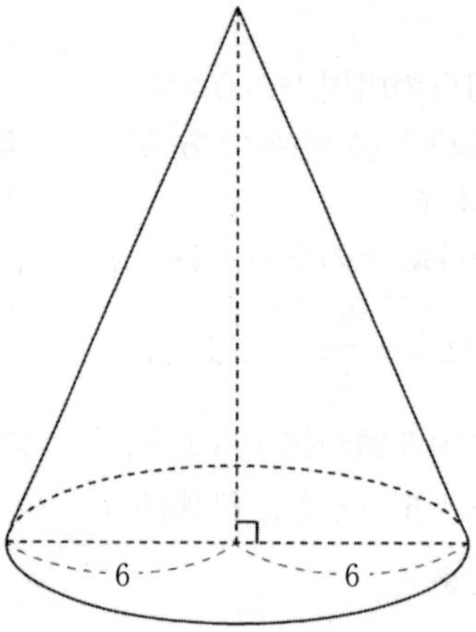

図２

㉗ 扇動

ア 認可　イ 専攻　ウ 縦横　エ 振幅

㉘ 警鐘

ア 汽笛　イ 洞窟　ウ 応報　エ 参照

問㉙〜㉝ 次の――部を漢字に直すとき、それと同じ漢字を含む語を、後のア〜エから一つずつ選びなさい。

㉙ 美味しい匂いにサソわれる。

ア 募集　イ 誘致　ウ 示唆　エ 招待

㉚ ムナしい気持ちになる。

ア 悲哀　イ 貧乏　ウ 虚構　エ 閑寂

㉛ 他社と提ケイを結ぶ。

ア 系列　イ 携帯　ウ 計画　エ 契約

㉜ 過去をカエリみる。

ア 顧問　イ 還元　ウ 代替　エ 反復

㉝ シ雄を決する。

ア 志願　イ 紛争　ウ 死闘　エ 雌花

問㉞〜㊳ 次の語句の□に補う漢字を、後のア〜エから一つずつ選びなさい。

㉞ 金科□条

ア 玉　イ 銀　ウ 宝　エ 約

㉟ 一網打□

ア 投　イ 倒　ウ 尽　エ 開

㊱ 朝□暮改

ア 三　イ 作　ウ 令　エ 転

㊲ 前途□洋

ア 揚　イ 陽　ウ 容　エ 洋

㊳ 後ろ□を引かれる

ア 手　イ 袖　ウ 髪　エ 足

ところが、十二世紀頃から音読の習慣が変わり始めます。ポール・サンガー（「中世後期の読書」）によれば、「十四、五世紀には個人の黙読が普及した」とされますが、もちろん、それよりも早く黙読していた人はいます。それでも、黙読が一般にも行われるようになったのは、大学に人々が集い、そこでたくさんの書物を読み、情報を整理する必要に迫られたからです。

一冊の本をじっくり読むという旧来のスタイルでは、音読するのが有効でしょう。ところが、数多くの書物を短時間で読むことになれば、「飛ばし読み」も含めて、黙読するほかないのです。

この読書法の変化に関して、見逃すことができないのは書記法という技術上の変化です。以前は、「連続記法」と呼ばれる書き方をしていました。たとえば、文字で書くとき、thisisapenonthetableのように書かれていました。これは一度声に出して読むことによって、はじめて言葉が分節化され、意味が分かるようになります。しかし、文字を見ただけでは、即座に意味を理解できないのです。

ところが、しだいに分節化して書くようになっていったのです。つまり、「This is a pen on the table.」のようにです。こうして、黙読でもすぐに理解できるようになりました。これを「分かち書き」というのですが、これが定着したのが十二世紀と言われています。

こうした黙読の発達には、大学における教育システムも大いに影響しています。たとえば、当時の本には、一つの問題に対して、賛否両論と、その根拠や反論を掲載することが、しばしば行われています。ところが、たくさんの意見を収集するためには、従来のように書物を音読によって繰り返し読むことができなくなります。

むしろ、さっと黙読することで、たくさんの資料にあたる、というスタイルを形成しなくてはなりません。そして、この方向へと舵を切ったのが、スコラ哲学だったのです。

スコラ哲学では、問題を考察するとき、それに関連する議論や論点を数多く集めて、それぞれの問題点を確認しながら、話を進めていきます。しかし、このためには膨大な資料にあたり、それを読みこなして議論を作っていかなくてはなりません。このやり方は「討論（disputatio）」と呼ばれますが、これを可能にしたのが黙読なのです。

（岡本裕一朗『哲学と人類　ソクラテスからカント、21世紀の思想家まで』より）

問㉓ 右の文章の内容としてふさわしいものを、次のア～エから一つ選びなさい。

ア　スコラ哲学によってたくさんの資料に当たる必要が生じ、便宜上生み出されたのが黙読であるが、当時この新たな読書法は音読の優位性を揺るがすものとして批判の対象となった。

イ　音読中心だった読み方が十二世紀頃から変わり、大学で議論をする必要から十五世紀には黙読が一般化したが、中世以前にも黙読する人はおり奇異に見られることもあった。

ウ　音読中心の時代は、すき間なく文字を並べる「連続記法」が用いられていたが、黙読という読み方が主流になると、それに対応して「分かち書き」という書記法が生み出された。

エ　黙読とはページの上に意識を集中させることで外界との接続を断つ個人作業であるが、一方で繰り返し読むことを念頭に置いている音読は皆で議論する共同作業を可能にした。

五

次の各問いに答えなさい。

問㉔～㉘ 次の――部の読みと同じ読み方をする漢字を含む語を、後のア～エから一つずつ選びなさい。

㉔ 赴任
ア 民衆　イ 吐露　ウ 浮動　エ 帰着

㉕ 折衝
ア 装飾　イ 交付　ウ 卑近　エ 焦点

㉖ 緩急
ア 救護　イ 気管　ウ 団塊　エ 平穏

もの多くて、物も乞《こ》ひ得で侘び歩きけるを見て、彼らを助けむために、かくしつつ（このようにして）歩きけるなりけり。

げに、ありがたきあはれみの心なるべし。人のならひは、我よくなりて（自分の生活が良くなってから人を憐れもうと思うものだが）侘び人をあはれまむとこそ、あらましにもすめるを、これは、まことに深き悲しみのあまりと覚えて、(2)いといと尊く侍り。今、いづくの国にか生まれておはすらむ（どこの国に生まれ変わっていらっしゃるのか）。

（『閑居友《かんきょのとも》』より）

（注1）唐土…日本から中国をさして呼んだ古称。
（注2）宣旨…朝廷が出す文書。この場合は后の命令の意。
（注3）像…肖像。

問⑳ ――(1)の意味としてふさわしいものを、次のア～エから一つ選びなさい。

ア 願いを聞き入れてくれない兄を説き伏せるのは難しいと思って
イ 平気で嘘をつくような兄を立ち直らせるのは無理だと思って
ウ 今後は兄の生活の面倒を見ることはできないと思って
エ 兄のだらしなさのせいで民に示しがつかなくなると思って

問㉑ ――(2)とあるが、作者はなぜ「尊い」と言っているのか。ふさわしいものを、次のア～エから一つ選びなさい。

ア 后が自ら貧しい暮らしをしてまで国の民を救おうとするほど慈悲深く、王族としての資質をもっていたから。
イ 宋の高僧が、自らも貧しい暮らしをしているにも関わらず、生活困窮者たちを救済するよう行動したから。
ウ 后の兄が自らみすぼらしい姿で歩き回ることで、すべての貧民に施しをするような政策を実現させたから。
エ 貧しい平民たちが一致団結して后に救済を懇願したことによって、国中の村の窮状が解消されたから。

問㉒ 本文の内容と合致するものを、次のア～エから一つ選びなさい。

ア 后の兄は正体を隠したまま国中を歩き回って貧しい民の肖像画を描き、多くの人に与えたことで喜ばれた。
イ 后は兄の行動の意図がわかってからは、自身も身分が低い民と同じ格好をして兄とともに貧しい人々を救った。
ウ 后の兄は王宮を飛び出しさまざまな場所で苦労の多い生活を送っていたが、実はその行為には目的があった。
エ 作者は后の兄の逸話に感動し、僧である自分もこの兄のように憐みの心をもって生きていこうと決心している。

四

次の文章を読んで、後の問いに答えなさい。

現代人は、本を読むときふつうは声を出さず黙読します。ところが、この習慣は中世の初めの頃はまだ確立されていなかったのです。たとえば、アウグスティヌスは『告白』のなかで、アンブロシウスを訪ねたときの体験を興味深く語っています。

読書をしているとき、その目はページを素早く追い、精神はその意義を鋭く探究しているのだが、舌は止まったままで声を出すことはなかった。誰でも彼に自由に近づくことができ、来客だと彼に知らせる者もいなかったので、われわれが彼を訪ねたときにも、しばしば彼がこんな姿で黙読している光景に出くわすこととなった。彼は決して声を出して読書することがなかったのである。（アウグスティヌス『告白』）

これだけを読めば、取り立てて不思議なことはなさそうですが、アウグスティヌスは逆に異常な光景として描いているのです。というのも、聖書にしても、プラトンやアリストテレスの著作にしても、一般には音読していたからです。

出来事がどのように進展し収束するかを予測して生きているが、筆者はその予測がうまくできず、ありえない「妄想」ばかりをふくらませてしまっていたから。

イ　人間は世界をストーリーとして認識しようとするが、筆者が作り上げるストーリーは実現しないことが多く、そのたびにがっかりすることが続いたため、もう人生に期待することをやめてしまっていたから。

ウ　筆者は、現実のさまざまな事態が進展して収束していく過程をシミュレーションしてストーリーを作り上げていたが、そのストーリーは「妄想」にすぎないにせものだということに、徐々に気づいてしまったから。

エ　筆者は自分の人生についてのストーリーを作り上げ、それをあるべき姿だと見なしていたので、ストーリーから外れるような出来事が起きる現実は、すべて不本意なものとなってしまい、失望が続いていたから。

問⑲　――(6)の説明としてふさわしいものを、次のア～エから一つ選びなさい。

ア　人間は、自分の身に起きた出来事について、人に語らずにはいられない。

イ　人間は、自分の生きる意味を理解するために、物語を読まずにはいられない。

ウ　人間は、物語の形にあてはめることで、出来事を説明せずにはいられない。

エ　人間は、自分自身について物語ることで、他者の共感を求めずにはいられない。

三　次の文章は、鎌倉時代の僧である作者が宋に渡った際に見聞したことを記したものである。これを読んで、後の問いに答えなさい。

(注1)唐土《もろこし》に侍《はべ》りし(おりました)時、人の語り侍りしは、昔、この国の王の后の兄にてある人ありけり。にはかに走り出でて、ここかしこ跡も定めずぞありける(あちらこちら行くあても決めずさまよっていた)。貧しく賤《あや》しき姿にてあれば、人も、何のあや目もなし(誰か分からない)。遠きほどにては(都から離れたあたりでは)、折にふれつつわびしく、煩《わずら》はしき事のみありけり。

妹の后、からうじて呼び寄せて、さまざまに口説きて、「今よりは、のどまりておはすべし(落ち着いてください)。さるべき事も、はからひ宛て申さむ(それ相応の生活が送れるよう取り計らい申し上げましょう)」と聞こゑさせければ、「さにこそは侍らめ(そうしましょう)」とて居《い》たるほどに、また、人目をはかりて、逃げ出でにけり。かくする事たびたびになりにければ、后も、(1)この事叶《かな》はじとて、国々に(注2)宣旨《せんじ》申しくだして、「賤しの侘《わ》び人のさすらひ行かむに、必ず宿を貸し、食ひ物を用意して、ねんごろに当るべし」とぞ侍りける。

さて、その人ひとりの故に、多くの侘び人みなその蔭《かげ》に隠れて、煩ひなくて、悦《よろこ》び合ひたりけりとなん。

さて、その(注3)像《かたしろ》を絵に描きて、あはれみ、尊みて、人みな持ちたり。侘び人の姿にて、頭には木の皮をかぶりにして、竹の杖突きて、藁沓《わらぐつ》履きたる姿とぞ。これは、その時、世の中に侘び人ど界に何ひとつ期待できなくなってしまったから。

イ　強制収容所で人間としての尊厳と自由を奪われ、彼らは生きていく気力と正常な判断力を失ったから。

ウ　彼らは人生に期待をもっていたため、強制収容所の過酷な生活を不本意な苦しみとして受けとめたから。

エ　彼らは本来充実した仕事や温かい家族をもっていただけに、強制収容所が一層つらく感じられたから。

問⑮　――(2)の説明としてふさわしいものを、次のア〜エから一つ選びなさい。

ア　筆者も枡野さんも、「がっかり」が絶望ではないとする点では一致しているが、枡野さんは「がっかり」という言葉が「希望まみれ」だと表現するのに対して、筆者は「がっかり」は期待まみれの言葉だと感じている。

イ　筆者は、絶望は期待の対義語だと思っていたが、枡野さんは短歌で「期待するからこそ絶望するのだ」と詠っており、発想が短絡的な筆者に対して、枡野さんの洞察力は非常に深いと痛感している。

ウ　筆者も、枡野さんと同じように「がっかり」という言葉は期待感と表裏一体だと思っているが、枡野さんが期待は希望とつながっているとするのに対し、筆者は、期待は絶望とつながっているとしている。

エ　枡野さんは、期待しているからこそ「がっかり」するのだとし、「がっかり」という言葉の中に希望を読み取っているのに対して、筆者は、「がっかり」という絶望感にまみれてこそ、次の希望が湧いてくるのだと思っている。

問⑯　――(3)の説明としてふさわしいものを、次のア〜エから一つ選びなさい。

ア　一度は自死しようとしたふたりの被収容者は、家族や仕事を取り戻すために生き延びようとポジティブに決意したのだから、その姿勢は、一つのことにこだわり続けるネガティブな「執着」とはかなり違うと言い切れる。

イ　「執着」とは、あるべき姿と食い違っている自分を何とかして補完したいという感情だが、ふたりの被収容者が生きようとした気持ちは、人生における自分の責務を果たそうという覚悟なので、「執着」とは異質だと感じられる。

ウ　ふたりの被収容者は自分の人生の目的を論理的に考えた上で生き抜く決断をし、その意志は感情的な「執着」とは違う面もあるが、大きな苦悩を抱え続けるという点では、ふたりの「意志」も「執着」も根っこは同じだといえる。

エ　「執着」とは自分が本来もっているべきものに心をとらわれることであり、ふたりの被収容者はまさに失われた家族や仕事のために生き抜こうとしたのだから、ふたりの「目的」は「執着」とほとんど違いがないといえる。

問⑰　――(4)の説明としてふさわしいものを、次のア〜エから一つ選びなさい。

ア　人生で実現することを待ち受けるのではなく、自分を待っている何かに対して責任を果たそうとし、それが自分の存在理由になること。

イ　望ましいことが起きる人生を期待するのではなく、自分の主体的努力によって望ましい人生を実現することが、生きる目的となること。

ウ　自分を待っている人に応えようとするだけでなく、自分を必要とする仕事に対しても責務を果たそうとし、その苦難に堪えること。

エ　なぜ私がこんな目にあうのだろうと考えるのではなく、「こんな目にあう」理由を問わないことによって、自分の運命に気がつくこと。

問⑱　――(5)について、筆者が苦しんだ理由としてふさわしいものを、次のア〜エから一つ選びなさい。

ア　人間はみな、日々起きる出来事をストーリーとして把握し、どまらせた「目的」「責任」の意識は、覚悟を含む知的な理解の問題に見えるのです。

「なぜ私が？」と問うストーリー形式から、「人生が私になにを期待しているか？」と問うストーリー形式へと〈転換する〉ことで、その後の人生がそのままその問への答になってしまう。(4)これは恐るべき発想の転換です。

人間は世界をストーリー形式で把握し、新たな(注)平衡状態に向けての事態進展・収束の弾道をシミュレーションする作業を、自覚せぬままおこなっています。無自覚なストーリー作りのことを「妄想」と呼びます。

人生に期待するということの大部分は、この弾道予測への期待です。「がっかりする」とは、この無自覚な妄想的シミュレーションでしかないストーリーを「ほんとうの人生」と見なし、それと比較して現状を「贋《にせ》の人生」にしてしまうことにほかなりません。

僕がかつて人生に期待し、たびたびがっかりしていたとき、「人生に期待することをやめる」という選択肢が存在することを知りませんでした。物語論《ナラトロジー》を研究していて、教えられたことのひとつは、「人生に期待することをやめる」という選択肢が存在する、ということです。

言われてみれば自分は、自覚せぬまま人生や他人にこちらのB皮算用的ストーリーを期待し、要求し、期待したストーリーを世界がどれくらい満たしてくれるのか、C一喜一憂、いや一喜百憂くらいのペースで採点してきたともいえるなあ、と思ったわけです。(5)自分が苦しいのは無自覚なストーリー作りのせいだったのか。なるほどね、と。

もちろん、期待と採点の繰り返しで生きていくのが、自分に合っていればよかったのでしょう。それが自分の体質に合っている人も、きっといることでしょう。どうやら僕には合っていなかった。それだけのことだったのです。

それ以来、「(6)人間は物語る動物である」と自覚することで、ストーリーのフォーマットが悪く働いて自分が苦しい状況に陥る危険を減らし、あわよくば「ストーリー」のいいとこだけを取って生きていきたいという、虫のいいことを考えています。そして、この虫のいいことを考えれば考えるほど、いろんなことがラクになってしまいました。

もちろん、「虫のいいことを考えたからいろんなことがラクになった」というのも、僕の物語的因果づけにほかなりません。

（千野帽子《ぼうし》『人はなぜ物語を求めるのか』より）

(注) 平衡状態…バランスがとれている様子。

問⑪～⑬ ＝線A～Cの語の意味としてふさわしいものを、後のア～エからそれぞれ一つずつ選びなさい。

⑪ A「意表を突かれ」

ア 相手の意見に感心させられ

イ 予期せぬことに驚かされ

ウ 現実を突きつけられ

エ 自分の考えを否定され

⑫ B「皮算用的」

ア 自分にばかり利益のあるような

イ 表面だけを取りつくろうような

ウ 利害をつい計算するような

エ 実現する前からあてにするような

⑬ C「一喜一憂」

ア 状況の変化に振り回されること

イ 一つ良いことがあれば一つ心配事が生まれること

ウ 喜びと不安が同じくらいあること

エ 素直に喜びや悲しみを表現すること

問⑭ ――(1)について、筆者はなぜ「ふたりの被収容者が」「自殺願望を口にするようになった」と考えているか。ふさわしいものを次のア～エから一つ選びなさい。

ア 強制収容所の極限状況の中で過ごすうちに、彼らは今後の世

二　次の文章を読んで、後の問いに答えなさい。

ここで僕は、オーストリアの脳外科医で精神科医のヴィクトル・E・フランクルのことを思い出します。彼は『夜と霧』（一九四七／一九七七）で、ユダヤ人としてのナチス強制収容所体験を記述しました。彼によれば、あるとき、(1)ふたりの被収容者が絶望的な極限状況下、自殺願望を口にするようになったとき、〈生きていることにもうなんにも期待がもてない〉という言いかたをしていたそうです。

〈期待〉という言葉を見ると、僕はいつもつぎの短歌を思い出します。

「がっかり」は期待しているときにだけ出てくる希望まみれの言葉　枡野浩一《ますのこういち》

この短歌を思い出すたびに僕はいつも、驚きます。まず〈「がっかり」は期待しているときにだけ出てくる〉言葉である、という洞察の深さに驚きます。そのとおりとしか言いようがありません。枡野浩一さんの鋭さに驚き、教えられるばかりです。

そしてつぎに〈期待しているときに〉〈希望まみれの言葉〉が〈出てくる〉という考えかたにA意表を突かれ、(2)枡野さんと僕との体質の違いに驚きます。

というのも、僕は、他人や世界に期待していたあいだ、希望を持てなかったからです。そして、他人や世界に期待するのをやめたとたん、希望を持てるようになったからです。

ひょっとしたら、人は期待しているときには希望を持てないのではないでしょうか。

僕は「絶望」を「希望」の対義語としてではなく「期待」とセットの語としてとらえています。

「え？　期待と希望はそんなに違うの？」

とあなたは疑問に思いますか？　期待すると希望を持てない、というのは、『夜と霧』の重要な思想なのです。

『夜と霧』のふたりの被収容者はなぜ絶望していたのか。それは彼らが（知らずして）人生に期待していたからです。期待していたからこそ、極限状況が不本意（＝苦）としてたちあらわれてきたのです。

フランクルは彼らに、〈生きる意味についての問いを百八十度転換する〉という可能性を示唆しました。

〈わたしたちが生きることからなにを期待するかではなく、むしろひたすら、生きることがわたしたちからなにを期待しているかが問題なのだ〉（池田香代子《いけだかよこ》訳、みすず書房）

ドイツ語でも日本語でも、〈期待〉する（erwarten）の〈待〉は、待つ（warten）ということです。フランス語なんて、「期待する」も「待つ」も同じattendreです。

すると、ひとりの被収容者は外国で自分を待っている子どもがあることを思い出しました。もうひとりは研究者で、何冊か刊行した段階でまだ未完の仕事が自分を待っているということを思い出しました。

〈自分を待っている仕事や愛する人間にたいする責任を自覚した人間は、生きることから降りられない。まさに、自分が「なぜ」存在するかを知っているので、ほとんどあらゆる「どのように」にも耐えられるのだ〉

こういった人たちの、生き抜く「目的」とするものへの思いは、本質的には「執着」というネガティヴなものと同根なのかもしれません。しかしうまく言えないのですが、(3)違いがまったくないと言い切れる自信も僕にはないのです。

なにしろ、ふたりの被収容者は、自分が人生に期待することをやめたのですから。そして以後は逆に、人生が自分になにを期待しているか、なに（だれ）が自分を待っているかを考えるようになったのですから。「執着」が自分の欠如を埋めようとする感情、あるいは期待の問題であるのにたいして、ふたりの被収容者に自死を思いとち家族に感謝を伝えて戦地に去っていった彼らの短い人生を思うと、生き延びている自分を申し訳なく感じる。

ウ　最後に我が家を訪れた日、彼らは無口で、母が出征先を問うても何も答えず笑っていたが、それは軍事機密であるからだけでなく、自分たちの苛酷な運命を分かったうえで何も言わなかったのかもしれず、やるせなさを感じる。

エ　月に一度の外出日に我が家にやってきては、母の作った料理をたくさん食べてにぎやかに過ごしていたが、昭和十九年の暮を境に姿を見せなくなり、何の前触れもなかっただけに、出征する彼らを正式に送り出してやれなかったことが悔やまれる。

問⑧　――(6)の説明としてふさわしいものを、次のア～エから一つ選びなさい。

ア　自分たち家族と談笑して打ち解けながらも、最後の日には礼儀正しい挨拶をして去っていった予科練生たちの顔を思い出すことができない。

イ　戦時中の話を興味深げに聞く健康な若者たちの顔を見ていると、我が家を訪れていた予科練生たちが別れの日に見せた顔を思い出すことができない。

ウ　我が家で母の手料理を食べて笑いあう健やかな顔つきばかりが浮かび、最後の日の予科練生たちの緊張した顔つきを思い出すことができない。

エ　目の前の苦労知らずで幼げな学生たちの顔に邪魔されて、無事に還ると誓って旅立っていった予科練生たちの顔を思い出すことができない。

問⑨　――(7)のときの「私」の説明としてふさわしいものを、次のア～エから一つ選びなさい。

ア　目の前の零戦には、数十年前、体当たり攻撃を命じられた一人の若者が確かに乗っていたのに、展示されている零戦の機体の作りの弱々しさや全く傷のない状態からは、その重い事実が伝わってこず、強い違和感に襲われている。

イ　オリーブ色の機体に描かれた日の丸を見て、上海時代、中国の子供たちと空を仰いで指差し、興奮したことを思い出し、その零戦が今はアメリカの博物館に展示されていることから改めて日本の敗戦を思い知らされ、物悲しくなっている。

ウ　実物の零戦の薄っぺらい機体を目の当たりにして、半世紀前の特攻隊の若者たちが強いられた行動の悲惨さを改めて感じ、現代の平和な世の中で「零戦」が好きと平気で言う若者への反感から、彼を空想の中で零戦に座らせてみている。

エ　零戦を使った体当たり攻撃によって日本の若者が多く犠牲になっただけではなく、敵国であるアメリカでも犠牲が生まれただろうに、その零戦をきれいな状態に修復して展示するアメリカの博物館の無神経さに静かな怒りを覚えている。

問⑩　――(8)とあるが、「沈黙」に対する「私」の解釈の説明としてふさわしいものを、次のア～エから一つ選びなさい。

ア　自分自身の人生が十数年で絶たれることへの諦められなさはもちろん、この先数十年、生き残るであろう人々への愛着の念をも、遺書の沈黙は示している。

イ　長い年月苦しみ考え続けた私たち被爆者とは違い、死を宣告されてから短い時間しか与えられず、考える余裕のなかった特攻隊員たちの混乱を、遺書の沈黙は示している。

ウ　特攻の命令を受けて自分自身の人生があと数時間で絶たれることを知っても、それを当然として受け止める異常な心性を戦争が生み出したことを、遺書の沈黙は示している。

エ　あと数日で短い人生を終えること、ありえたはずの長い人生に思いを巡らしても、その思いは言葉では表せないものであったことを、遺書の沈黙は示している。

ウ　後先を考えず行った　　エ　習慣から行った

問③　――⑴とあるが、「私」の上海での少女時代の説明としてふさわしいものを、次のア～エから一つ選びなさい。

ア　路地に住む人々の中で日本人は自分たち家族だけだったので、「私」は誇らしげに上空を飛ぶ戦闘機の呼び名を教えてやり、中国人の子供たちを従えていた。

イ　広東訛の強い上海語を話す中国人の子供たちに囲まれ、弱い立場にあった日本人の「私」は生命力の弱いコーロギしか飼わせてもらえなかった。

ウ　路地に住む中国人の子供たちは、「私」の家族が日本人で裕福であることを知っており、「私」のもつキャラメル目当てに「私」に近づいてきた。

エ　路地の住人の中で自分たち家族だけが日本人で、「私」と中国人の子供たちは隔てなく過ごしていたものの、遊びに負けては珍しいお菓子を取られてもいた。

問④　――⑵とあるが、「私」が喫茶店に入ることになったきっかけとして**ふさわしくないもの**を、次のア～エから一つ選びなさい。

ア　喫茶店のある路地の雰囲気が、幼少期を過ごした路地を思い出させたから。

イ　喫茶店内で談笑する若者たちが、上海の家に遊びにきていた航空隊の若者たちと重なって見えたから。

ウ　喫茶店の窓に並べられた数鉢のほおずきの、実のあざやかな色合いに心が惹かれたから。

エ　喫茶店の主人らしい中年の女性が笑ったときの表情が、若かった頃の母親に似ていたから。

問⑤　――⑶「泣いて母に訴える――。」の、記号「――」の効果の説明としてふさわしいものを、次のア～エから一つ選びなさい。

ア　喫茶店で女と会話する現実世界から、女に投影した母と幼少期の「私」が会話する空想の世界へと移行していることを表している。

イ　ほおずきの実を揉んでは何度も失敗して潰してしまった幼少期から、五十数年もの時が経過したことを暗示している。

ウ　子供の頃、ほおずきの実が潰れてしまったときに本当は母に甘えたかったが、厳しい母にそれを言い出せなかったとの思いがほのめかされている。

エ　興奮した「私」の様子を見た女が、子供時代に戻りたがっている「私」の願望に気づき、話を合わせてあげようと決心するのにかかった時間を示している。

問⑥　――⑷のときの「私」の説明としてふさわしいものを、次のア～エから一つ選びなさい。

ア　戦争を体験し年を重ねてきた「私」は、過去の記憶と現在の出来事の区別があいまいになり、無意識のうちにつじつまの合わないことを言っている。

イ　常軌を逸したことを言うことで、「私」が女に自分の母を重ねて見ているように、女も自分に特別な思いをもってくれているかを確かめようとしている。

ウ　あえて事実と異なる内容の発言をすることで、女を「私」の望む話の展開へと誘導し、自分の子供時代の回想へと入り込もうとしている。

エ　ほおずき提灯に照らされた若者たちを見るうちに幻想の世界に入ってしまい、現代の若者が上海航空隊の若者に見えている。

問⑦　――⑸とあるが、「航空隊の予科練生」に対する「私」の思いの説明としてふさわしいものを、次のア～エから一つ選びなさい。

ア　厳しい軍隊生活に耐えていた予科練生たちが我が家で少しでもくつろいだ時を過ごせたならば良かったと思うものの、二人の姉にばかり興味をもって自分を相手にしてくれなかったことを子供ながらにひがんでもいた。

イ　父に小遣いをもらい、母から手料理をふるまわれ、我が家で過ごす彼らは戦時中とは思えないほど気楽に見えたが、自分た聞いた。彼らは南方に転戦する様子だった。激戦地の戦場を母は想像したのだろう、黙って料理をすすめた。

昭和十九年の暮には、予科練生たちは、誰も遊びにこなくなった。征ったのね、無事に還って欲しいけれど、と母はいった。学生たちに話しながら挙手の礼をして去っていった彼らの顔を、私は克明に思い出そうとした。しかし目の前のつややかな童顔に消されて、(6)一人として思い出せない。

おばさんたちのこと、忘れません、と彼らは母にいった。急なことで(注6)千人針も用意できない、そう、女学校の略章を差し上げたら、お守りに、と母が二人の姉にいった。

(7)アメリカに滞在していたとき私は、スミソニアン博物館に展示してあった、零戦の実物をみた。広い博物館の空間に浮遊している零戦の操縦席が、立っている私の場所からみえた。修復されたのか、機体にも座席にも弾痕はみられなかった。黒みがかったオリーブ色の機体に、白で縁取りされた日の丸が、描いてあった。路地の空を横切っていった、同じ日の丸だった。単葉の零戦は想像していた、また勇壮な体当りをB敢行した話題の主にしては、貧相だった。絹張りかと見紛う薄い機体に、細かいしわが寄っている。操縦していた特攻隊員の生死はどうなのか。無疵《むきず》で展示されている零戦の存在も、謎めいていた。いずれにしても、半世紀前には一人の若者が、そこに坐っていたのである。

私はレモネードを飲んでいる学生を、操縦席に坐らせてみた。死の案内人である零戦に、若者は健康でありすぎた。敵艦へ急降下していく特攻隊員の肉体も、死を拒む健康体であったはずだった。飛び立つ前に彼らは遺書を残している。両親に宛てた遺書が多いなかに、(8)名前のほかに一言もない、余白が重い沈黙の色紙もある。

被爆後、十四、五歳だった私たちも沈黙した。教室から、原爆症で去っていく友人を見送りながら、長い年月、私たちは沈黙を続けた。

彼らの沈黙は特攻の命令を受けて、敵艦に体当りする瞬間までの数日、あるいは数時間かもしれない。が、十七、八歳で絶たれる命への執着と、五十年六十年も生きながらえるはずの、残りの命への憧憬と愛着を凝縮した、沈黙なのである。

（林　京子『ほおずき提灯』より）

(注1) ほおずき…初秋、濃い橙色の袋状の萼《がく》に包まれた、球形の果実を結ぶ。また、その実から中の種子をもみ出し、鳴らして遊ぶ玩具にもなる。

(注2) 上海…中国の都市。一九四五年までの約百年間にわたって、イギリス、アメリカ、日本などの租界(外国人居留地)が設定され、そこでは中国政府の統治は及ばなかった。

(注3) わらすぼ…ハゼ科の魚。

(注4) 予科練(生)…海軍飛行隊の練習生。

(注5) 零戦…戦争当時の日本海軍の主力戦闘機。

(注6) 千人針…一枚の布に千人の女性が赤糸で一針ずつ縫って作る。出征兵士の武運を祈って贈った。

問①・② ═A、Bの意味としてふさわしいものを、後のア～エからそれぞれ一つずつ選びなさい。

① A「肩身を狭くしていた」

ア 自信がなさそうに肩を落としていた

イ 国家への責務を果たしていなかった

ウ 見つからないように身を縮めていた

エ 世間に対して恥ずかしいと感じていた

② B「敢行した」

ア 困難をおしきって行った　　イ 自信に満ちて行った

くるといいますね、と女がいった。母もいっていました、と私はいい、母に似ていらっしゃる、といった。
　白い花でしょう、ほおずき、それが実になると真紅に変身するのね、小気味よくって好きですよ、指で揉んでいると柔らかくなるでしょう、あの弾力いらいらしない？　潰したくなるの、と女がいった。しょっちゅう潰しました、鳴らしたいのでそっと、芯を抜くんです、でも駄目、固いまるい口が破れて、(3)泣いて母に訴える――。また潰れちゃった、女は母と同じ言葉で私に聞いた。私は五十数年も前の路地の子供に還って、かあさんが上手に作って、といった。鉢から一粒、女は実をちぎると、鬼灯《ほおずき》、ほおずき、無邪気な子供のおもちゃじゃないのね、怖い漢字じゃない。首に水白粉をたっぷり刷いた女郎の怨念がこめられているみたいでしょう、といった。でも、あそこにもここにも、カウンターにも熟れた実が、なぜ飾るのです、私は聞いた。
　お店のお客さんは気楽な方ばかりじゃないの、魔除けかしら、と女はいった。
　ほおずき提灯の明りに揺れている若者たちをみているうちに、私は、錯覚の世界に入りこんでいった。うまく女が話をあわせてくれるなら、願望の、子供のころに戻れそうだった。
　(4)若い方たち、路地の家に遊びにきていた上海航空隊の（注4）予科練さんでしょう、と私はいった。
　上海航空隊、いいえ、専門学校の学生さん、合宿の帰りで、自動車の整備を勉強しているの、ね、と女が学生たちにいった。テーブルの端に坐っていた五分刈りの学生が頷いて、航空隊って、いつの話ですか、といった。敗戦以前のお話、私はいった。太平洋戦争の体験者は、隅のテーブルに坐って一人でコーヒーを飲んでいる、ロマンスグレーの紳士と私ぐらいである。女主人も、戦後の生まれだろう。上海にいらしたの、と女が聞いた。ここの雰囲気、育った路地の匂いがするのです、そして目許が母にそっくり、母と錯覚しました、と私はいった。女はにっこり笑って、五十歳近くなると女の顔って似てくるのね、年の功ってわけね、といった。
　お掛けになりませんか、と学生の一人が私にいった。一つ空いている椅子に、私は腰かけた。
　(5)航空隊の予科練生は僕らと同じ年ごろでしたか、と離れた席の学生が声を張って聞いた。
　戦闘帽のような灰色の帽子に、同じ色のズボンと上着を着て、三人か四人で遊びにきていました、月に一回の外出日に、年長の予科練さんが二十歳ぐらいでした、と私はいった。
　特攻隊ですね、席に誘ってくれた学生がいった。最終的には特攻隊、特別攻撃隊に編成されたようです、私たちが日本に引き揚げてくる四、五ヵ月前に彼らも去っていきましたけれど、昭和十九年の秋ごろ、今日が最後です、と別れの挨拶にきて。
　学生たちは静かになった。出撃ですか、と学生がいった。特攻隊ってご存知なんですか、と私は改めて聞いた。「（注5）零戦《ぜろせん》」好きなんです、その学生がいった。
　正確なことは判りませんが多分、軍の秘密ですし彼らの口は固い、それに上海は国際都市、〝壁に耳あり〟古い標語を私はいった。
　個人の家庭に、自由に遊びにきていたのですか、学生が聞いた。
　父の勤めの関係から、私の家には憲兵や彼らのような若い兵隊が、遊びにきていた。小遣い銭も不足していたのだろう。母の手料理を楽しみに、よく食べた。娘ばかりでお国の役に立てない、と父も母もA肩身を狭くしていたのだ。男の子が欲しかった父は殊に、彼らを歓迎した。しかし彼らの目的は、女学生だった二人の姉にも、あったようだ。姉たちも彼らがくる日は、いつもより早く帰ってきて、台所で母の手伝いをする。テーブルいっぱいの料理をつつく彼らを、小学生の私も胸ときめかせて眺めていたが、最後の夜は、いつも闊《かっ》達《たつ》な彼らも無口だった。
　上海からどちらに、と母がいった。彼らは答えないで笑っている。甥が二人南の方に征っています、陸軍ですけれど、と母がいった。南はどこですか、と一番美男子だと姉たちが騒いでいる予科練生が、

二〇二二年度　淑徳与野高等学校（第一回）

【国語】（五〇分）〈満点：一〇〇点〉

一　平和を訴える活動に誘われ、はじめて参加することにした「私」は、予定時間より早く活動場所の駅前に着いたため、時間つぶしに近くの路地を歩いている。次の文章を読んで、後の問いに答えなさい。

路地の内にはひと足早く、夕闇がこめていた。喫茶店や小物を売る店が多く、店先に草花の鉢が並べてある。そのなかの一軒、白熱灯があかるい喫茶店で、揃いのトレーニングウェアを着た若者たちが談笑している。ガラス張りの出窓に、（注1）ほおずきの鉢が数鉢並べてあった。まっ赤な実に見惚れていると、窓の内側で物が動く気配がする。みると鉢と鉢の間に灰色の仔猫がはさまって、脱けようともがいている。仕草が可愛らしく、外から私は、ガラス窓を叩いた。気付いて、若者の一人が仔猫と私をみて笑う。背中を向けて坐っていた若者が振り返った。どの顔も、まだ幼かった。なかの一人が、カウンターの奥に向かって、声をかけた。女が顔を出した。店の主人らしく、ゆかたの上に白い割烹着をつけている。若者たちはおばさんと呼んでいるようで、仔猫をみた女の顔に見覚えがあった。中年の女は、四十歳代のころの、私の母に似ていた。私は会釈をした。口許に笑いを作って、女も会釈する。笑うと小鼻に横じわが寄って、いっそう母に似ている。母であるはずもなく、（注2）上海の路地でもなかったが、夕闇と路地に漂う物悲しさが、子供のころに育った路地の様子を思い出させた。

(1)生まれてから少女になるまで、私は上海の路地で育った。路地には五十センチほどの、正方形の石が敷き詰めてあり、人に踏まれて、鉄錆色の鈍い光を放っていた。路地に住む日本人は私たちの家族だけで、広東訛《なまり》の強い上海語が、賑かに飛び交っていた。

夏になると打水をした家の前に、母は籐椅子を出した。私たちは好きな椅子に坐って、夕涼をする。矩形に区切られた空の端から爆音が聞こえてくる。複葉のプロペラ機が、路地の空をゆっくり横切っていく。近所の子供が飛び出してきて、胴体に描かれた日の丸をさし、ヒノマル、と私が教えた日本語で叫ぶ。

それを機会に私と中国人の子供たちは、コーロギを鳴かせる遊びに熱中した。子供たちは、ねこじゃらしの穂で鍛えた自慢のコーロギを、素焼きの壺に飼っていた。鳴き声の優劣を競う遊びで、穂先でひげやお尻をくすぐると、力をこめて鳴くのである。路地の隅でつかまえた親指にも満たないコーロギが、飼主の能力で、驚くばかりの強い声で鳴くのである。声量が豊かなコーロギは、背中も脚も黒光りしており、目の玉は黒曜石のように輝いて飛び出していた。

私も一匹、飼っていた。石畳みの割れ目で鳴いていたコーロギである。赤茶の貧相な体は、（注3）わらすぼのように干涸《ひか》びていた。鼻の頭やお尻をくすぐると、くすぐったいのだろう。壺の壁をはい上って逃げ廻る。鳴きも笑いもしないのだ。そして路地の子供たちが飼っているどのコーロギにも、負けた。

負けることで、私のコーロギは人気があった。負けると、キャラメルでも西瓜の種（シーコツ）何でもいい、代償を支払わなければならない。キャラメルなら一粒。シーコツなら手のひらの窪み一杯。キャラメルをもっている私を、彼らは見逃さない。森永のミルクキャラメルを、名ざしで要求する子供もいた。子供たちの顔の見分けがつかなくなったころ、路地の入口の街灯がついた。

(2)喫茶店のドアが開いて、いらっしゃい、と女が招いた。

店の内は、路地に洩れている白熱灯のあかるさはなく、まるい小さい提灯《ちょうちん》が天井からさがっている。夏祭りの屋台や商店街の軒にさげられる飾り提灯だが、まっかな提灯に火を入れるとジャバラの骨が血の色に淀む。不吉な思いに誘われる、色なのである。

ほおずきお好きですか、と私は女に聞いた。夜鳴らすと蛇が出て

英語解答

1	問① ㋒	問② ㋒	問③ ㋒		
	問④ ウ	問⑤ ア	問⑥ イ		
2	問⑦ ア	問⑧ ア	問⑨ ウ		
	問⑩ エ	問⑪ エ	問⑫ イ		
	問⑬ ア	問⑭ ア	問⑮ ウ		
	問⑯ ア	問⑰ エ，オ			
3	問⑱ ア	問⑲ ウ	問⑳ オ		
	問㉑ イ	問㉒ エ	問㉓ エ		
	問㉔ オ	問㉕ ウ	問㉖ イ		
	問㉗ エ	問㉘ イ	問㉙ イ		
	問㉚ イ				
4	問㉛ ア，オ，キ				
5	1	㉜…キ	㉝…カ		
	2	㉞…イ	㉟…ア		
	3	㊱…ア	㊲…カ		
	4	㊳…イ	㊴…ウ		

1〔放送問題〕解説省略

2〔長文読解総合―物語〕

≪全訳≫❶昔，イングランドに１体のかかしがあった。彼は畑に立っていて，人間のように見えた。しかし，彼は本物の人間ではなかった。かかしはわらでできていた。❷かかしの頭は古いサッカーボールだった。彼の顔には２つの目，１つの鼻と笑っている口が描かれていた。彼には髪がなかったが，帽子はかぶっていた。それは茶色くてフェルトでできていた。ずっと以前にある農夫がそれをかぶっていたのだ。❸彼の服ももともとはその農夫のものだった。ポケットのたくさんついた長い茶色の上着，脚に穴の開いた古いジーンズ，革のベルト，白いしま模様の赤いスカーフ。❹かかしは靴を履いていなかった，なぜなら足がなかったからだ。彼は１本の木の棒で地面に立っていた。彼は決して動かなかった。❺かかしは畑にいるのが気に入っていた。毎朝，彼は太陽が昇ってくるのを見た。彼は雲が空を流れていくのを目で追った。夜には月を見つめ，星を数えた。❻彼は自分の仕事を楽しんだ。彼はカラスたち――農場に悪さをする大きくて賢い，黒い鳥――を脅かして追い払った。種がまかれると彼らはそれを盗んだ。野菜の葉が伸び始めると彼らはそれをつついた。自分がいなくては何も育たないことをかかしは知っていた。❼しかし今年，かかしに問題が起こった。❽農夫が彼に新しいわらをいっぱいに詰めた。清潔で黄色いわらだ。おかげで体が立派になった。かかしはとても喜んだ。上着がずっと似合うようになり，彼は自分がかっこいいと感じた。❾問題はカラスたちだった。春だったので，彼らは巣づくりをしていた。彼らは使えるものを探していた――そして新しいわらに目をつけた。それは完璧だった。❿３羽のカラスが柵に止まってかかしを眺めた。⓫「カア，あいつを見ろよ！」と１羽が言った。「全部のポケットに新鮮なわらが入っている。うちのひなたちはきっとあの上で寝たいだろう。少し取ってこよう」⓬そのカラスは畑を横切って飛んできて，かかしに止まった。彼はわらを少し引っ張って抜いた。そして彼は飛び立ち，巣に戻っていった。⓭「あれを見ろよ」と次のカラスが言った。「簡単だ！　私もいくらか取ってこよう」⓮２羽目のカラスがかかしの所に飛んできた。彼はわらをいくらか取った。それから３羽目のカラスが飛んできて，また少しわらを取った。⓯一日中，カラスたちは巣からかかしの所に飛んできた。彼らはわらをどんどん取っていったが，かかしは彼らをやめさせることができなかった。彼は彼らを追いかけることができなかった。彼は腕を動かすことができなかった。叫んでも無駄だった。彼らはただ笑って，さらにわらを取った。⓰その日の終わりには，彼はやせてしまっていた。⓱「何てことだ」と彼は言った。「どうしたらいいんだ？　もしあいつらが明日もっと取っていったら，私には何も残らないだろう！」⓲「僕が助けてあげるよ」と小さな声がした。⓳かかしは下を見た。ベルトの留め金の上にネズミが座っていた。「僕がカラスを脅かして追い払ってあげる」とネズミは言った。⓴かかしはにっこりした。「それはご親切に，でもあいつらは怖がらないと思うよ。君はとても小さいからね」㉑「確かに」とネズミは言った。「でも僕にはたくさん友達がいる――そして考えがあるんだ！」　彼はかかしの耳まで上ってきて何かをささやいた。㉒かかしはまたにっこりした。「私の小さい友達」と彼は言った。「それはうまくいくかもしれないね！」

問⑦～⑩＜指示語＞⑦足がないのはthe scarecrow。　⑧かっこよく感じたのは，新しいわらを詰めてもらったthe scarecrow。　⑨かかしのわらを引き抜いたのはthe crow。　⑩下線部を含む文はネズミのセリフである。

問⑪＜適語選択＞A．空所Aを含む部分はthe crowsを説明する部分。次の2文から，カラスが「賢い(clever)」鳥であるとわかる。　B．かかしがいなければ，カラスが農作物を食べてしまうのだから，「何も育たないだろう」とする。nothing ～ at allで「全く(何も)～ない」。

問⑫＜単語の意味＞nestは「巣」という意味。これを表すのは，イ．「動物が卵を産んだり暮らしたりするためにつくったり選んだりする場所」。

問⑬＜英文解釈＞run after ～で「～を追いかける」。わらを取られても追いかけて取り返すことができなかったということ。

問⑭＜適語選択＞体に詰めたわらがカラスに取られた結果を考える。thin「やせた」

問⑮＜適文選択＞直前のbutと空所の後に続く言葉より，かかしは，ネズミにはカラスは追い払えないだろうと考えていることがわかる。なお，一般に日本語の「～ないと思う」を表す場合，英語ではI don't think ～「～と思わない」と表す。

問⑯＜要旨把握＞ネズミがかかしにささやいた内容である。ネズミはこの前で「たくさん友達がいる」と言っていることから，大勢のネズミたちでカラスを脅かして追い払うアイデアだと考えられる。ア．「君にもっと新鮮なわらを詰める」はこれに当てはまらない。　イ．「僕たちが協力して君を守ってあげる」　ウ．「僕たちが君を大きな怪物にしてあげる」　エ．「僕たちが君の腕を動かしてあげる」

問⑰＜内容真偽＞ア．「農夫は新しい帽子を買って，それをかかしに与えた」…×　第2段落後半参照。　イ．「かかしが地面を歩き回るのは簡単だった」…×　第4段落参照。　ウ．「農夫が新しいわらを詰めてくれたので，かかしは自分の仕事が気に入った」…×　第5段落参照。わらの詰め替え前から仕事が気に入っていた。　エ．「大きな問題はカラスたちがかかしを恐れないことだった」…○　第12～15段落参照。かかしがカラスに手を出せないことがわかり，何度も繰り返してわらを取った。　オ．「1羽のカラスがかかしからわらを少し取って巣に持ち帰った」…○　第12段落に一致する。　カ．「かかしは小さなネズミの考えに従わなかった」…×　最終段落参照。うまくいくかもしれないと言っているので，ネズミの考えを採用すると考えられる。

3〔長文読解総合―説明文〕

≪全訳≫❶世界資源研究所(WRI)は，2020年に世界で420万ヘクタールの森林が失われたと述べている。影響を受けた面積の合計はオランダの大きさにほぼ一致する。2020年の森林消失は2019年より12パーセント増加した。❷森林破壊は気候にどのように影響するのだろうか。気候変動は森林消失，すなわち森林破壊を引き起こすとともに，森林破壊によって引き起こされる。科学者たちは，気候変動によってより暑く乾燥した気候が生じると警告している。その結果，森林は火事と有害な昆虫に対して脆弱化する。植物はまた，気候変動を引き起こす二酸化炭素を吸収するという点でも重要である。❸ロッド・テイラーはWRI森林プログラムのトップである。彼は，森林は大量の二酸化炭素を保持し，森林を失うことは生物多様性や気候に深刻な影響を及ぼすと述べた。❹国際通貨基金は，2020年に世界経済が新型コロナウイルスの大流行により約3.5パーセント落ち込んだと述べている。しかし森林破壊は増加し続けた。これは政府の森林消失を取り締まる法律をつくる能力がロックダウンによって制限されたからかもしれないとWRIは述べている。人々も都市部から地方へと移動したかもしれない。しかし，新型コロナウイルスの森林消失への最大の影響はおそらくこれからだろう。WRIの研究者フランシス・シーモアはこう述べている。「各国政府が森林の犠牲の上に経済を再開しようとする可能性がある」 赤道付近の地域は2020年に合計1220万ヘクタールの森林を失った。この消失により，５億7000万台の自動車に匹敵する（温室効果）ガスが放出された。これはアメリカ合衆国の路上にある車の数の２倍以上である。森林が最も減少したのはブラジルである。失われたのは170万ヘクタールで，前年より25パーセント増加した。**5**良いニュースもいくつかあった。インドネシアでは2020年に森林破壊の速度が17パーセント鈍化した。植物油の１つであるパーム油は森林破壊の主な原因である。昨年，パーム油の価格が下がり，それがおそらくインドネシアの森林破壊に影響した。それに加えて，インドネシア政府は2015年の火災被害の後で，森林消失を阻止する法律を通したと専門家は述べている。これらの法律には，火災防止策や新規のパーム油農場への制限，貧困を減らすための改革が含まれている。しかし現在，専門家はパーム油の価格が再度上昇し始めていることを懸念している。**6** WRIの専門家は，気候変動がさまざまな形で森林を破壊していると述べている。ヨーロッパでは，2019年と2020年に，暑く乾燥した天候によってドイツとチェコ共和国の虫害が増加した。この２か国では森林消失が2018年から200パーセント増加した。ロシアでは，暑い春と夏がシベリアの森林火災の原因になった。オーストラリアの極端に暑く乾燥した土地は2019年と2020年に火災を引き起こした。世界は「悪循環」に陥っているとシーモアは述べている。地球温暖化は森林の乾燥，森林火災，そして虫害を招く。シーモアはさらにこう述べた。「自然は長い間，この危険を私たちにささやいてきた。しかし今，自然は叫んでいる」と。

問⑱～㉒＜適語選択＞⑱ as a result「結果として」 ⑲ effect on ～「～への影響」 ⑳ law against ～「～を禁じる法律」 ㉑ equal to ～「～に匹敵する」 ㉒ in addition「そのうえ」

問㉓・㉔＜指示語＞㉓前に出ている複数名詞で二酸化炭素を吸収するのはplants。 ㉔前に出ている複数名詞でその消失が生物多様性や気候に深刻な影響をもたらすのはforests。

問㉕＜指示語＞前後の文脈から，このthisは直前の文の内容，つまり森林破壊が増加し続けたことを受けているとわかる。新型コロナウイルスの大流行により経済活動が低下したにもかかわらず森林破壊が進んだのは，政府の森林消失を防ぐための立法能力が制限されたから，という文脈である。

問㉖＜英文解釈＞下線部㉖のdriverは「運転手」ではなく「推進するもの」≒「原因」という意味。leadingは「主要な」。つまりこの文は，「植物油の１つであるパーム油は森林破壊の主な原因である」という意味。これと同じ内容を表すのは，イ．「木々の消失の主な原因は人々が植物油の１つであるパーム油を手に入れたがることである」。

問㉗＜整序結合＞主語の「暑い春や夏が」はa hot spring and summer。続いて動詞leadの過去形ledを含むled toを置き，この後はforest fires in Siberiaとまとめる。 lead to ～「～という結果になる，～を引き起こす」 lead－led－led a hot spring and summer led to forest fires in Siberia

問㉘＜文脈把握＞vicious circle「悪循環」については，次の文Global warming invites dry forests, forest fires and insect damage.で説明されていると考えられる。この流れが繰り返されるということ。

問㉙＜英文解釈＞下線部㉙の主語sheが何を指すかを考える。前後のwhisper「ささやく」とshout「叫ぶ」という動詞の対比から，このsheは前文のNatureを受けていると判断できる。地球の危機について自然はずっと私たちに小声で警告してきたが，今や自然は大きな声を上げて警告している，つまり大きく警鐘を鳴らしているということ。このように代名詞sheはnatureのほか，moonやseaなどを受けることがある。

問㉚＜英問英答＞「専門家たちはなぜ，パーム油の価格がまた上昇していることを心配しているのか」―イ．「もしパーム油の価格が高ければ，森林破壊が進むだろう」　第５段落第２～４文参照。森林破壊の主な原因であるパーム油の価格が下がったことは2020年にインドネシアにおける森林破壊が鈍化したことに関係していると述べられている。つまり，パーム油の価格が上がればその逆の現象が起きると考えられる。

4〔正誤問題〕

問㉛ア…×　‘tell＋人＋to ～’で「〈人〉に～するように言う」という意味になる。よって，doing ではなく to do が正しい。　「私は彼にできるだけ早く宿題をするように言った」　イ…○　‘call＋*A*＋*B*’「*A* を *B* と呼ぶ」の‘*B*’を疑問詞 What で尋ねる形。　「英語でこれらの魚を何と呼びますか」　ウ…○　「姉〔妹〕は壁の鏡で自分の顔を見た」　エ…○　「あなたはスーザンがいつ帰ってくるか知っている？」―「たぶん１時間後に戻るよ」　オ…×　現在完了は on December 9 last year「昨年の12月９日に」のような明確に過去を表す語句とは一緒に使えない。よって，has been to ではなく went to が正しい。　「私の兄〔弟〕は昨年の12月９日にロンドンに行った」　カ…○　「その少年は私のクラスメート全員の中で最も走るのが速い」　キ…×　cook の目的語を what で尋ねる文なので，cook の後に直接 dinner を置くことはできない。for dinner「夕食に」とする必要がある。　「昨夜，あなたは夕食に何をつくりましたか」　ク…○　「隣に住んでいる女性はネコを３匹飼っている」　ケ…○　‘It's time＋主語＋動詞の過去形...’「…が～すべき時だ」の構文。これは仮定法の一種で，‘It's time for … to ～’の形に書き換えられる。　「あなたの部屋を掃除する時間ですよ」　コ…○　‘buy＋物＋for＋人’を受け身にした形。　「これらのテレビゲームは兄〔弟〕のために買われた」

5〔対話文完成―整序結合〕

1．A：この言葉はどういう意味，お父さん？／B：怠けちゃいけないよ，クリス。知らない言葉はいつだって自分で辞書で調べるべきだよ。∥最初の空所は should に続く動詞の原形が入る。look up ～ in a dictionary で「～を辞書で調べる」という意味になるので，まず look up words (you ...) in a dictionary と並べる。残りの２語は don't know として you の後に置けば words を修飾する関係代名詞節になる(words の後に目的格の関係代名詞が省略された形)。　You should always look up words you don't know in a dictionary.

2．A：すみません，このレストランでは何時に朝食を提供してくれますか？／B：当店では週末は８時に始めます。∥B の応答より A は時刻を尋ねていると考えられるので，what time で始め，この後に一般動詞の疑問文の語順を続ける。　serve「(食べ物)を出す」　Excuse me, what time do you serve breakfast in this restaurant?

3．A：レポートを手伝ってくれてありがとう。お返しに何をしてあげたらいい？／B：いや何も。手伝えてうれしいよ。∥Thank you for ～ing「～してくれてありがとう」の形をつくる。helping の後は‘help＋人＋with ～’「〈人〉の～を手伝う」の形にする。　Thank you for helping me with the report.

4．A：おはよう，ジャック。眠そうだね。／B：うん。夜更かしの習慣から抜け出せないんだ。∥can't の後ろには動詞の原形 get がくるが，get up とすると後が続かない。一方，stay up late で「夜更かしする」という意味を表せるので，get の後は out of the habit と並べて「習慣から抜け出せない」とし，the habit の説明として of staying up late を置く。　I can't get out of the habit of staying up late.

数学解答

1 (1) ア…4　イ…3　ウ…2　エ…2

(2) オ…8　カ…8

(3) キ…1　ク…3　(4) 7

(5) (i) 4　(ii) 5　(iii) 6

2 (1) 2　(2) 4

(3) ウ…1　エ…0

3 (1) (i) 4　(ii) イ…1　ウ…2

(iii) エ…2　オ…2　カ…6

キ…2

(2) ク…3　ケ…5　コ…6

4 (1) ア…3　イ…8

(2) ウ…5　エ…3

(3) オ…3　カ…1　キ…2　ク…4

ケ…3　コ…8

5 (1) ア…3　イ…6

(2) ウ…6　エ…2　オ…7

6 ア…5　イ…2　ウ…2　エ…7

オ…2　カ…0　キ…7

1 〔独立小問集合題〕

(1)＜式の計算＞通分して計算する。与式$=\dfrac{6x+2y-5-2(3x-13y+1)+7(4x-y-1)}{14}=\dfrac{6x+2y-5-6x+26y-2+28x-7y-7}{14}=\dfrac{28x+21y-14}{14}=\dfrac{4x+3y-2}{2}$

(2)＜数の計算＞$\sqrt{16}<\sqrt{22}<\sqrt{25}$ より，$4<\sqrt{22}<5$ だから，$4+4<4+\sqrt{22}<4+5$，$8<4+\sqrt{22}<9$ である。これより，$4+\sqrt{22}$ の整数部分 a は $a=8$ であり，小数部分 b は $b=(4+\sqrt{22})-8=\sqrt{22}-4$ となる。よって，与式$=(a+2b)^2=\{8+2(\sqrt{22}-4)\}^2=(8+2\sqrt{22}-8)^2=(2\sqrt{22})^2=88$ となる。

(3)＜確率―サイコロ＞2つのサイコロA，Bを同時に投げるとき，目の出方は，全部で $6\times6=36$(通り)あるから，x，y の組は36通りとなる。$10x+y$ は，十の位の数が x，一の位の数が y の2けたの数を表すので，2けたの数 $10x+y$ が3の倍数になるのは，12，15，21，24，33，36，42，45，51，54，63，66の12通りある。よって，求める確率は$\dfrac{12}{36}=\dfrac{1}{3}$となる。

(4)＜数の性質＞$\sqrt{2022-6n}=\sqrt{6(337-n)}$より，これが正の整数となるのは，$k$ を正の整数として，$337-n=6k^2$ と表せるときである。$k=1$ のとき，$337-n=6\times1^2$ より，$n=331$ となり，$k=2$ のとき，$337-n=6\times2^2$ より，$n=313$ となり，$k=3$ のとき，$337-n=6\times3^2$ より，$n=283$ となる。以下同様にして，$k=4$ のとき $n=241$，$k=5$ のとき $n=187$，$k=6$ のとき $n=121$，$k=7$ のとき $n=43$ となる。$n\geqq8$ のとき，n は負の数となり適さない。よって，求める自然数 n は，$n=43$，121，187，241，283，313，331の7個である。

(5)＜データの活用―四分位範囲，人数＞(i)グループ1は，第1四分位数が22点，第3四分位数が26点だから，四分位範囲は $26-22=4$(点)である。　(ii)グループ1の人数は11人で，第2四分位数(中央値)が24点だから，得点が大きい方から6番目の得点は24点である。また，$11=5+1+5$ より，第3四分位数は上位5人の中央値であるから，大きい方から3番目の得点である。これが26点だから，大きい方から3番目の得点は26点となる。大きい方から4番目，5番目が26点であることも考えられるので，26点以上の人は最大で5人である。　(iii)グループ2の人数は11人で，第2四分位数が26点だから，得点が小さい方から6番目の得点は26点である。小さい方から7番目が26点より大きいことが考えられるので，26点以下の人は最小で6人である。

2 〔独立小問集合題〕

(1)＜連立方程式―解の利用＞$4x+2y-(x+2y)=4$……①，$2x+y+2(x+2y)=7$……②とする。①より，$4x+2y-x-2y=4$，$3x=4$　$\therefore x=\dfrac{4}{3}$　②より，$2x+y+2x+4y=7$，$4x+5y=7$……②′　$x=\dfrac{4}{3}$を②′に

代入して，$4\times\frac{4}{3}+5y=7$，$5y=\frac{5}{3}$　$\therefore y=\frac{1}{3}$　よって，$x+2y=\frac{4}{3}+2\times\frac{1}{3}=2$となる。

≪別解≫①より，$2(2x+y)-(x+2y)=4$……③となり，②より，$(2x+y)+2(x+2y)=7$……④となる。$2x+y=X$，$x+2y=Y$とおくと，③は，$2X-Y=4$……⑤となり，④は，$X+2Y=7$……⑥となる。⑤−⑥×2でXを消去すると，$-Y-4Y=4-14$，$-5Y=-10$，$Y=2$となるので，$x+2y=2$である。

(2)＜二次方程式―解の利用＞二次方程式$x^2-6x+2k-80=0$の2つの解が$x=4m$，$-2m$だから，$x=4m$を代入して，$(4m)^2-6\times4m+2k-80=0$，$16m^2-24m+2k-80=0$，$8m^2-12m+k=40$……①となり，$x=-2m$を代入して，$(-2m)^2-6\times(-2m)+2k-80=0$，$4m^2+12m+2k-80=0$，$2m^2+6m+k=40$……②となる。①−②で$k$を消去すると，$(8m^2-12m)-(2m^2+6m)=40-40$，$6m^2-18m=0$，$m^2-3m=0$，$m(m-3)=0$より，$m=0$，3となり，$m>0$だから，$m=3$である。これを②に代入して，$2\times3^2+6\times3+k=40$より，$k=4$となる。

≪別解≫$x=4m$，$-2m$を解とする二次方程式は，$(x-4m)(x+2m)=0$である。この左辺を展開して，$x^2-2mx-8m^2=0$となる。二次方程式$x^2-6x+2k-80=0$も$x=4m$，$-2m$を解とするので，$x^2-2mx-8m^2=0$と$x^2-6x+2k-80=0$は同じ方程式である。よって，$-2m=-6$……③，$-8m^2=2k-80$……④である。③より，$m=3$となるので，これを④に代入して，$-8\times3^2=2k-80$より，$k=4$となる。

(3)＜二次方程式の応用＞2019年度の入学者数が400名であり，2020年度は2019年度よりx%減少したから，2020年度の入学者数は$400\left(1-\frac{x}{100}\right)$名と表される。2021年度は2020年度より$2x$%増加したから，2021年度の入学者数は$400\left(1-\frac{x}{100}\right)\left(1+\frac{2x}{100}\right)$名と表される。よって，2019年度から2021年度の入学者数の合計が1192名より，$400+400\left(1-\frac{x}{100}\right)+400\left(1-\frac{x}{100}\right)\left(1+\frac{2x}{100}\right)=1192$が成り立つ。これを解くと，$400+400-4x+400+4x-\frac{2}{25}x^2=1192$，$\frac{2}{25}x^2=8$，$x^2=100$，$x=\pm10$となる。$x>0$だから，$x=10$である。

3〔関数―関数$\boldsymbol{y=ax^2}$と一次関数のグラフ〕

≪基本方針の決定≫(1)(iii)　△APQの形状を考える。　(2)　△APQの周上の点で，点Oからの距離が最小になる点，最大になる点を考える。

図1

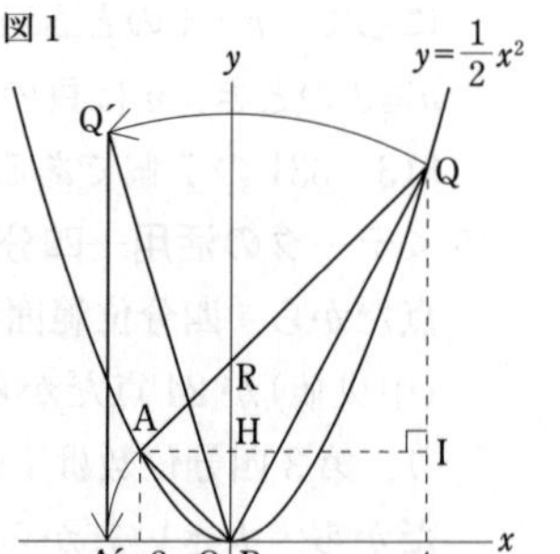

(1)＜座標，面積＞(i)右図1で，2点A，Qは放物線$y=\frac{1}{2}x^2$上の点で，x座標がそれぞれ−2，4だから，点Aのy座標は$y=\frac{1}{2}\times(-2)^2=2$，点Qの$y$座標は$y=\frac{1}{2}\times4^2=8$より，A(−2，2)，Q(4，8)である。これより，直線AQの傾きは$\frac{8-2}{4-(-2)}=\frac{6}{6}=1$となるから，その式は$y=x+b$とおけ，点Aを通ることより，$-2=2+b$，$b=4$となる。よって，切片が4なので，直線AQと$y$軸の交点の$y$座標は4である。　(ii)図1のように，直線AQとy軸の交点をRとする。点Pは放物線$y=\frac{1}{2}x^2$上にあり，x座標が0なので，点Pは原点Oに一致する。△APR，△QPRの底辺をPRと見ると，(i)よりPR＝4で，2点A，Qのx座標より，高さは，それぞれ2，4だから，△APQ＝△APR＋△QPR＝$\frac{1}{2}\times4\times2+\frac{1}{2}\times4\times4=4+8=12$である。　(iii)図1のように，点Aを通り$x$軸に平行な直線と$y$軸の交点をH，AHの延長と点Qを通り$y$軸に平行な直線の交点をIとする。A(−2，2)，Q(4，8)より，AH＝2，PH＝2，AI＝4−(−2)＝6，QI＝8−2＝6だから，△PAHはAH＝PHの直

角二等辺三角形，△AIQ は AI＝QI の直角二等辺三角形である。これより，∠PAH＝∠QAI＝45°となるから，∠PAQ＝∠PAH＋∠QAI＝45°＋45°＝90°となる。よって，△APQ を点 P を中心に点 A が初めて x 軸と重なるまで反時計回りに回転移動させるとき，点 A が移った点を A′とすると，∠PA′Q′＝∠PAQ＝90°となる。PA′＝PA＝$\sqrt{2}$AH＝$\sqrt{2}\times2=2\sqrt{2}$ より，点 Q′の x 座標は $-2\sqrt{2}$ である。また，A′Q′＝AQ＝$\sqrt{2}$AI＝$\sqrt{2}\times6=6\sqrt{2}$ より，点 Q′の y 座標は $6\sqrt{2}$ である。したがって，Q′$(-2\sqrt{2},\ 6\sqrt{2})$となる。

(2)＜面積＞右図 2 で，2 点 A，P は放物線 $y=\frac{1}{2}x^2$ 上にあり，x 座標はそれぞれ -2，2 だから，2 点 A，P は y 軸について対称である。よって，AP は x 軸に平行となり，A$(-2,\ 2)$より，P$(2,\ 2)$である。点 Q は放物線 $y=\frac{1}{2}x^2$ 上にあり，x 座標が 6 だから，$y=\frac{1}{2}\times6^2=18$ より，Q$(6,\ 18)$である。AP と y 軸の交点を S とすると，AP⊥OS より，点 S は，△APQ の周上の点で点 O からの距離が最小の点となる。一方，△APQ の周上の点で，点 O からの距離が最大となる点は点 Q である。したがって，△APQ を点 O を中心に 360°回転移動させるとき，△APQ が通過する部分は，線分 OQ を半径とする円から，線分 OS を半径とする円を除いた部分となる。点 Q から x 軸に垂線 QK を引くと，OK＝6，QK＝18 だから，△OQK で三平方の定理より，$OQ^2=OK^2+QK^2=6^2+18^2=360$ となり，線分 OQ を半径とする円の面積は $\pi\times OQ^2=\pi\times360=360\pi$ である。また，点 A の y 座標が 2 より，OS＝2 だから，線分 OS を半径とする円の面積は $\pi\times OS^2=\pi\times2^2=4\pi$ である。以上より，求める面積は，$360\pi-4\pi=356\pi$ である。

図 2

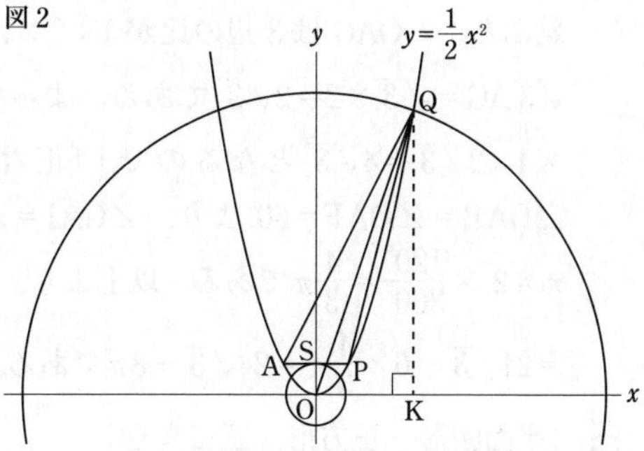

4 〔独立小問集合題〕

(1)＜平面図形―角度＞右図 1 のように，点 D を定め，中心 O と点 A を結ぶ。AC は円 O の接線だから，∠OAC＝90°である。また，$\overset{\frown}{AD}$ に対する円周角と中心角の関係より，∠AOD＝2∠ABD＝2×26°＝52°である。よって，△OAC で，∠ACB＝180°－∠OAC－∠AOD＝180°－90°－52°＝38°となる。

図 1

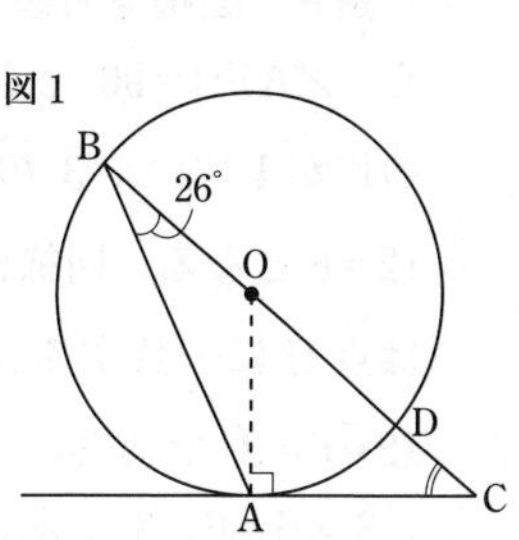

(2)＜平面図形―面積＞右下図 2 で，点 D から辺 AB に垂線 DE を引く。AD＝AD，∠AED＝∠ACD＝90°，∠DAE＝∠DAC より，△ADE≡△ADC だから，AE＝AC＝2，DE＝DC＝1 となる。また，∠BED＝∠BCA＝90°，∠DBE＝∠ABC より，△DBE∽△ABC だから，BD：BA＝BE：BC＝DE：AC＝1：2 となる。BD＝x とすると，BD：BA＝1：2 より，BA＝2BD＝$2x$ となり，BE＝BA－AE＝$2x-2$ と表せる。さらに，BE：BC＝1：2 より，BC＝2BE＝$2\times(2x-2)=4x-4$ となる。BC＝BD＋CD＝$x+1$ だから，$4x-4=x+1$ が成り立ち，$3x=5$，$x=\frac{5}{3}$となる。よって，BD＝$\frac{5}{3}$だから，△ABD＝$\frac{1}{2}\times$BD$\times$AC＝$\frac{1}{2}\times\frac{5}{3}\times2=\frac{5}{3}$である。

図 2

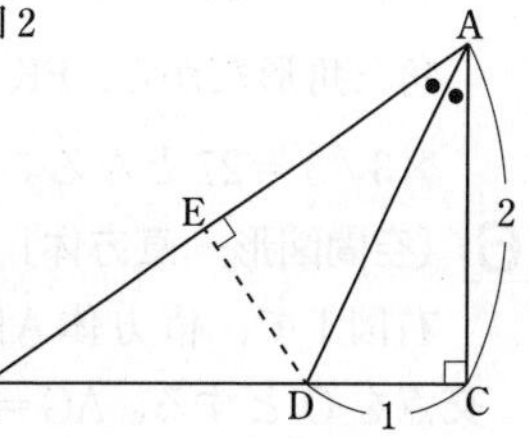

(3)＜平面図形―長さの比，面積＞次ページの図 3 のように，半径 a の円の中心を O，半径 b の 6 個の円の中心を A～F とし，円 A と円 B の接する点を G，円 O と円 A の接する点を H とする。図形の対称性から，六角形 ABCDEF は正六角形となるので，点 O と 6 点 A～F をそれぞれ結ぶと，△OAB，△OBC，△OCD，△ODE，△OEF，△OFA は合同な正三角形となる。これより，OA＝AB＝AG＋

$BG=b+b=2b$ となる。$AH=b$ なので，$a=OH=OA+AH=2b+b=3b$ となり，$a:b=3b:b=3:1$ である。次に，円Aと円Fの接する点をIとする。斜線部分の面積は，正六角形ABCDEFの面積から，おうぎ形AGIと合同な6個のおうぎ形の面積をひいて求められる。$a:b=3:1$ だから，$a=6$ のとき，$b=\frac{1}{3}a=\frac{1}{3}\times6=2$ となり，$AG=b=2$，$AB=2b=2\times2=4$ である。点Gは線分ABの中点だから，点Oと点Gを結ぶと，△OAGは3辺の比が $1:2:\sqrt{3}$ の直角三角形となり，$OG=\sqrt{3}AG=\sqrt{3}\times2=2\sqrt{3}$ である。よって，$\triangle OAB=\frac{1}{2}\times AB\times OG=\frac{1}{2}\times4\times2\sqrt{3}=4\sqrt{3}$ となるので，〔正六角形ABCDEF〕$=6\triangle OAB=6\times4\sqrt{3}=24\sqrt{3}$ となる。また，$\angle OAB=\angle OAF=60^\circ$ より，$\angle GAI=\angle OAB+\angle OAF=60^\circ+60^\circ=120^\circ$ だから，〔おうぎ形AGI〕$=\pi\times2^2\times\frac{120^\circ}{360^\circ}=\frac{4}{3}\pi$ である。以上より，斜線部分の面積は，〔正六角形ABCDEF〕-6〔おうぎ形AGI〕$=24\sqrt{3}-6\times\frac{4}{3}\pi=24\sqrt{3}-8\pi$ である。

図3

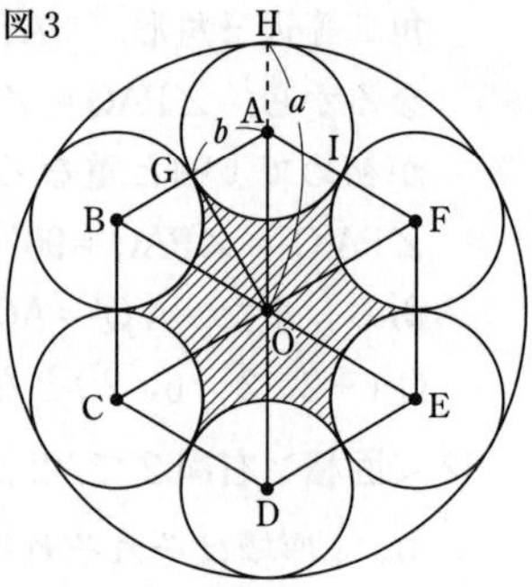

5〔平面図形―正方形，正三角形〕

(1)<面積>右図のように，点Eから辺ABに垂線EHを引く。四角形ABCDは正方形，△BCEは正三角形だから，$\angle EBH=\angle ABC-\angle EBC=90^\circ-60^\circ=30^\circ$ となり，△BEHは3辺の比が $1:2:\sqrt{3}$ の直角三角形である。$BE=BC=12$ だから，$EH=\frac{1}{2}BE=\frac{1}{2}\times12=6$ となり，$\triangle ABE=\frac{1}{2}\times AB\times EH=\frac{1}{2}\times12\times6=36$ である。

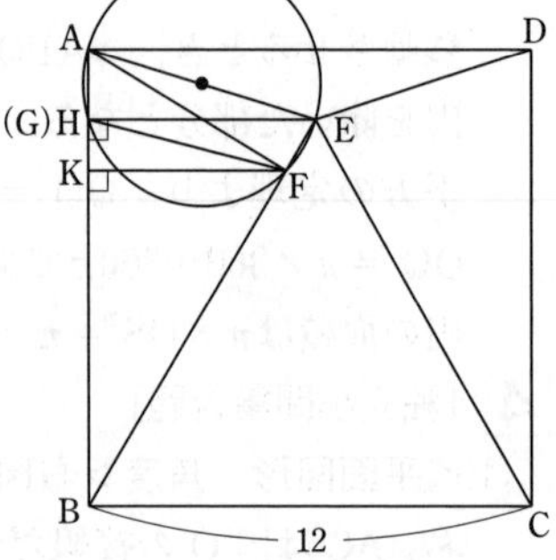

(2)<長さ，面積>右図で，線分AEが円の直径より，$\angle AFE=90^\circ$ だから，$\angle AFB=90^\circ$ となる。(1)より $\angle ABF=30^\circ$ なので，△ABFは3辺の比が $1:2:\sqrt{3}$ の直角三角形である。よって，$AF=\frac{1}{2}AB=\frac{1}{2}\times12=6$ となる。同様に，$\angle AGE=90^\circ$ となり，$\angle EGB=90^\circ$ となる。(1)より $\angle EHB=90^\circ$ なので，点Gは点Hに一致する。△BEGは3辺の比が $1:2:\sqrt{3}$ の直角三角形だから，$BG=\frac{\sqrt{3}}{2}BE=\frac{\sqrt{3}}{2}\times12=6\sqrt{3}$ である。また，△ABFも3辺の比が $1:2:\sqrt{3}$ の直角三角形だから，$BF=\sqrt{3}AF=\sqrt{3}\times6=6\sqrt{3}$ である。点Fから辺ABに垂線FKを引くと，△BFKも3辺の比が $1:2:\sqrt{3}$ の直角三角形だから，$FK=\frac{1}{2}BF=\frac{1}{2}\times6\sqrt{3}=3\sqrt{3}$ となる。よって，$\triangle GBF=\frac{1}{2}\times BG\times FK=\frac{1}{2}\times6\sqrt{3}\times3\sqrt{3}=27$ となる。

6〔空間図形―直方体〕

右図1で，直方体ABCD-EFGHの対角線AG，BH，CE，DFの交点をOとする。$AG=BH=CE=DF$ であり，点Oは線分AG，BH，CE，DFの中点となるから，$OA=OB=OC=OD=OE=OF=OG=OH$ となる。よって，直方体ABCD-EFGHの全ての頂点を通る球の中心は点Oであり，半径は線分OAの長さとなる。$\angle ADC=90^\circ$ だから，△ADCで三平方の定理より，$AC^2=AD^2+DC^2=3^2+4^2=25$ となり，$\angle ADC=90^\circ$ だから，△ACGで三平方の定理より，$AG=\sqrt{AC^2+CG^2}=\sqrt{25+5^2}=\sqrt{50}=5\sqrt{2}$ となる。これより，球の半径は，$OA=\frac{1}{2}AG=\frac{1}{2}\times5\sqrt{2}=\frac{5\sqrt{2}}{2}$ である。次に，次ページの図

図1

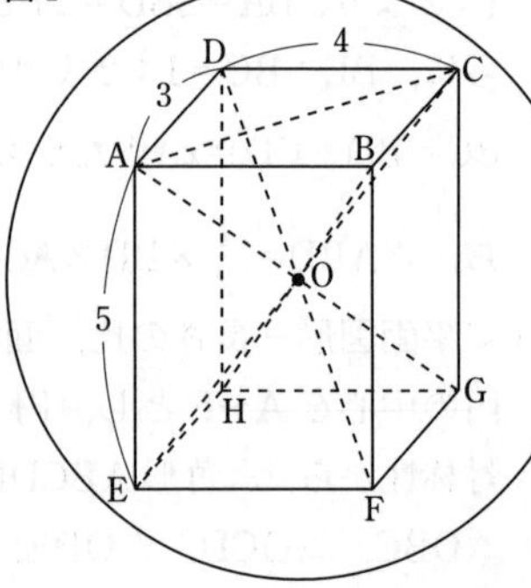

2のように，円錐の頂点をP，底面の中心をQ，PCの延長と底面の周との交点をR，PQと面ABCDの交点をSとする。点Qは面EFGHの対角線EG，FHの交点と一致し，点Sは面ABCDの対角線AC，BDの交点と一致する。SC∥QRより，△PSC∽△PQRである。$AC^2=25$より，$AC=\sqrt{25}=5$であり，$SC=\frac{1}{2}AC=\frac{1}{2}\times5=\frac{5}{2}$だから，△PSCと△PQRの相似比は$SC：QR=\frac{5}{2}：6=5：12$である。これより，PS：PQ＝5：12である。$PS=h$とすると，$PQ=PS+SQ=h+5$と表されるから，$h：(h+5)=5：12$が成り立ち，$12h=5(h+5)$，$12h=5h+25$，$7h=25$，$h=\frac{25}{7}$となる。よって，円錐の高さは$PQ=\frac{25}{7}+5=\frac{60}{7}$となるから，円錐の体積は，$\frac{1}{3}\times\pi\times6^2\times\frac{60}{7}=\frac{720}{7}\pi$である。

図2

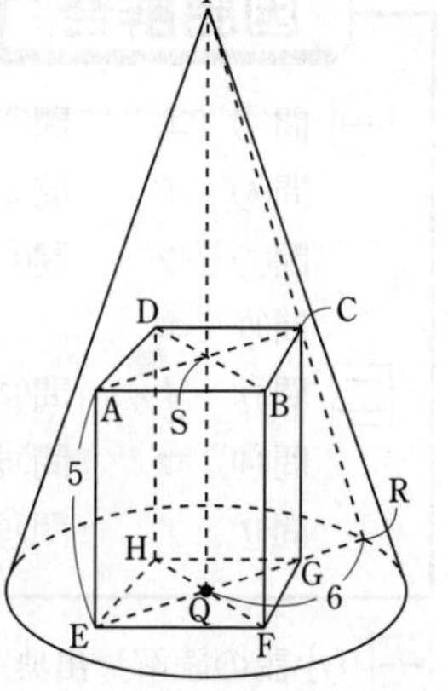

国語解答

一　問① エ　問② ア　問③ エ
問④ イ　問⑤ ア　問⑥ ウ
問⑦ ウ　問⑧ イ　問⑨ ア
問⑩ エ

二　問⑪ イ　問⑫ エ　問⑬ ア
問⑭ ウ　問⑮ ウ　問⑯ イ
問⑰ ア　問⑱ エ　問⑲ ウ

三　問⑳ ア　問㉑ ウ　問㉒ ウ

四　問㉓ イ

五　問㉔ ウ　問㉕ エ　問㉖ イ
問㉗ イ　問㉘ エ　問㉙ イ
問㉚ ウ　問㉛ イ　問㉜ ア
問㉝ エ　問㉞ ア　問㉟ ウ
問㊱ ウ　問㊲ エ　問㊳ ウ

一〔小説の読解〕出典；林京子『ほおずき提灯』。

問①・②．①＜慣用句＞「肩身が狭い」は，他者や世間に対して引け目を感じるさま。　②＜語句＞「敢行」は，悪条件を承知で思い切って行うこと。

問③＜文章内容＞上海で「路地に住む日本人は私たちの家族だけ」だった。「私」は，中国人の子どもたちと「コーロギを鳴かせる遊び」などをして，ともに過ごしていたが，遊びに「負ける」と，中国人の子どもたちに，「森永のミルクキャラメル」のような珍しい菓子を取られていた。

問④＜文章内容＞「私」は，喫茶店の出窓に並んだほおずきの「まっ赤な実に見惚れて」いた（ウ…○）。喫茶店の主人は，「笑うと小鼻に横じわ」が寄る様子が「母に似て」おり（エ…○），「夕闇と路地に漂う物悲しさ」は，「私」が「子供のころに育った」上海の路地を思い出させた（ア…○）。

問⑤＜表現＞「私」は，母によく似た女とほおずきにまつわる思い出を話しているうちに，意識が「五十数年も前の路地の子供に還って」いき，女が「母と同じ言葉」で語りかけてくるのに対して，空想の中で，母と会話しているような気持ちになって「かあさんが上手に作って」と言った。記号の「―」は，「私」の意識が，現実の会話から，思い出の世界に移っていく様子を表現している。

問⑥＜文章内容＞「私」は，「うまく女が話をあわせてくれるなら，願望の，子供のころに戻れそう」だと感じた。それで，あえて店内にいた若者たちを「上海航空隊の予科練さん」と呼び，自分の育った時代についての話題に女を誘導して，「子供のころ」の思い出に浸ろうとしたのである。

問⑦＜心情＞予科練生が別れの挨拶に来たとき，「いつも闊達な彼ら」は「無口」であった。「私」は，「軍の秘密」で言えなかったというだけでなく，自らの運命を知ったうえで，「沈黙」していたのかもしれないと，予科練生たちの心境に思いをはせた。

問⑧＜文章内容＞「私」は，予科練生の顔を「克明に思い出そうとした」が，特攻隊の話を聞く学生たちの「つややかな童顔」を見て，死地に赴くために挨拶に来た予科練生の印象がかき消されてしまった。

問⑨＜心情＞展示されていた零戦には，「機体にも座席にも弾痕」がなく，「絹張りかと見紛う薄い機体」で，「貧相」に見えた。その状態から「半世紀前には一人の若者が，そこに坐って」いて，「敵艦に体当り」したという事実を想像できず，「私」は展示された零戦を謎めいたものと感じた。

問⑩＜文章内容＞特攻の命令を受けた若者は，「十七，八歳で絶たれる命への執着と，五十年六十年も生きながらえるはずの，残りの命への憧憬と愛着」を言葉では表せず，「余白が重い沈黙」の遺書を残した。「私」は，若者のその思いが，彼らの「沈黙」の中に「凝縮」されていると感じた。

二〔論説文の読解―哲学的分野―人間〕出典；千野帽子『人はなぜ物語を求めるのか』。

≪本文の概要≫フランクルの『夜と霧』によると，ナチス強制収容所で二人の被収容者が，「生きていることにもうなんにも期待がもてない」と言ったそうである。彼らは人生に期待したからこそ，極限状態が不本意として立ち現れたのだが，フランクルは『夜と霧』で，人生に期待するのではなく，人生が自分に何を期待しているかを問題とするよう示唆した。人間は，世界をストーリー形式で把握する。「がっかりする」とは，期待するストーリーと比較して，現状を「贋の人生」にしてしまうことである。僕も，かつて自分のつくったストーリーによって人生に期待し，何度もがっかりしていたが，「人間は物語る動物である」と自覚することで，自分のつくったストーリーと合わない部分で苦しい状況に陥る危険を減らし，あわよくば，ストーリーのいいところだけ取って生きたいと，虫のいいことを考えるようになり，いろいろなことがラクになった。もちろん，「虫のいいことを考えたからいろんなことがラクになった」というのも，僕の物語的因果づけである。

問⑪～⑬．⑪＜慣用句＞「意表を突く」は，意外なことを仕掛けて驚かせる，という意味。⑫＜ことわざ＞「皮算用」は，「取らぬ狸の皮算用」の略で，まだ実現していないことを当てにして計画を立てること。⑬＜四字熟語＞「一喜一憂」は，状況の変化によって喜んだり心配したりして落ち着かないこと。

問⑭＜文章内容＞「ふたりの被収容者」は，「(知らずして)人生に期待していた」ため，その期待とはかけ離れた強制収容所の「極限状況」を，「不本意(＝苦)」と感じ，自殺を考えるようになった。

問⑮＜文章内容＞枡野さんの「『がっかり』は期待しているときにだけ出てくる」言葉であるという考えに対して，「僕」は「そのとおり」だと共感している。だが，枡野さんが「〈期待しているときに〉〈希望まみれの言葉〉が〈出てくる〉」と考えているのに対して，「僕」は，「期待」と「絶望」とを「セットの語としてとらえて」いる。

問⑯＜文章内容＞「執着」は，自分の期待と現状が異なっているときに生まれる，「欠如を埋めようとする感情」だが，実際に「ふたりの被収容者に自死を思いとどまらせた」のは，人生における「目的」や「責任」を果たそうという「覚悟」であり，「知的な理解の問題」である。

問⑰＜文章内容＞人生で何かが起きることを自分が「待っている」という「自分が人生に期待する」考え方をやめ，「人生が自分になにを期待しているか」と「発想の転換」をすると，「自分を待っている」何かや誰かに対して「責任を自覚」し，それを果たそうとすることが，「生きる意味」になる。

問⑱＜文章内容＞「僕」は，人生についての「皮算用的ストーリー」をつくって，「期待したストーリーを世界がどれくらい満たしてくれるのか」を「採点してきた」ため，ストーリーと合わない部分があると，現状が「不本意」なものに感じられ，「たびたびがっかり」していたのである。

問⑲＜文章内容＞人間は，「世界をストーリー形式で把握」し，自分の人生に起きる出来事を自分のつくりあげたストーリーに当てはめて，その意味を解釈しようとする生き物であり，その出来事が，「ストーリーのフォーマット」に合わないと，「苦しい状況に陥る」のである。

三〔古文の読解―説話〕出典；『閑居友』下六。

≪現代語訳≫中国におりましたとき，ある人が語りましたことには，昔，この国の王の后《きさき》の兄に当たる人がいた。突然飛び出して，あちらこちら行く当ても決めずにさまよっていた。貧しくみすぼらしい姿であったので，人も，(兄が)誰かわからない。都から離れた辺りでは，何かにつけてつらく，やっかいなことばかり起こった。／妹である后は，やっとのことで(兄を)呼び寄せて，さまざまに説得して，「今後は，落ち着いてください。それ相応の生活が送れるよう取り計らい申し上げましょう」と申し上げなさると，(兄は)「そうしましょう」と言ってとどまっていたが，また，人の目を盗んで，逃げ出したのだった。何度もこうしたことをするので，后も，このこと(＝兄を説き伏せること)は難しいと思って，国々に命令を出して，「見苦しく生活に困った人が当てもなくさまよっているときには，必ず宿を貸し，食べ物を用意して，親切に応対しなさい」と申しわたしたのでございました。／そうして，その人(＝兄)一人のために，多くの生活に困った人が皆その恩恵を被って，悩みもなくなって，喜び合ったとのことである。／そうして，その肖像を絵に描いて，大切に思い，敬って，人々は皆持っていた。(肖像画は)生活に困った人の姿で，頭には木の皮を冠にしてかぶり，竹のつえをついて，わらぐつを履いた姿であったそうだ。これは，当時，世の中に生活に困った人たちが多くて，物乞いもできずに困って歩き回っているのを見て，(兄が)彼らを助けるために，このようにして歩いたのだった。／本当に，めったにない慈悲の心であるに違いない。人の癖としては，自分の生活がよくなってから人をあわれもうと思うものだが，これ(＝兄の行動)は，本当に深い悲しみのあまりのことと思われて，たいそう尊いことでございます。今は，(兄は)どこの国に生まれ変わっていらっしゃるのか。

問⑳＜古文の内容理解＞「叶ふ」は，できる，という意味。「じ」は，打ち消し推量を示す助動詞で，～まい，という意味。后は，兄があちらこちらさまようのをやめさせようと説得したが，その後も兄が出ていってしまうため，兄を説得することはできまいと考えたのである。

問㉑＜古文の内容理解＞后の兄は，物乞いもできないほどに生活に困っている人々を見て，「彼らを助けむため」に，「貧しく賤しき姿」で歩き回り，后が「賤しの侘び人」に「必ず宿を貸し，食ひ物を用意して，ねんごろに当るべし」という政策を国中で行うように，仕向けたのである。

問㉒＜古文の内容理解＞后の兄は，「貧しく賤しき姿」で歩き回ることで，兄を心配した后が兄だけでなく貧しい人々も救う政策を行うように仕向けた。

四〔説明文の読解─芸術・文学・言語学的分野─読書〕出典；岡本裕一朗『哲学と人類　ソクラテスからカント，21世紀の思想家まで』。

問㉓＜要旨＞中世の初めの頃は，一般には音読していて，黙読は「異常な光景」と受けとめられていたが，十四，五世紀には「大学に人々が集い，そこでたくさんの書物を読み，情報を整理する必要に」迫られたため，個人の黙読が普及した(イ…○)。また，十二世紀には「連続記法」から「分かち書き」に変化し定着したことも，見逃せない(ウ…×)。黙読の発達には大学の教育システムも影響しており，一つの問題に対して多くの意見を収集するためには「書物を音読によって繰り返し読むことができなく」なった(エ…×)。スコラ哲学では問題に関連する議論や論点を多く集め，問題点を確認しながら考察するが，そのやり方を「可能にしたのが黙読」なのである(ア…×)。

五〔国語の知識〕

問㉔～㉘＜漢字＞㉔「赴任」は「ふにん」と読む。「民衆」は「みんしゅう」，「吐露」は「とろ」，「浮動」は「ふどう」，「帰着」は「きちゃく」。　㉕「折衝」は「せっしょう」と読む。「装飾」は「そうしょく」，「交付」は「こうふ」，「卑近」は「ひきん」，「焦点」は「しょうてん」。　㉖「緩急」は「かんきゅう」と読む。「救護」は「きゅうご」，「気管」は「きかん」，「団塊」は「だんかい」，「平穏」は「へいおん」。　㉗「扇動」は「せんどう」と読む。「認可」は「にんか」，「専攻」は「せんこう」，「縦横」は「じゅうおう」，「振幅」は「しんぷく」。　㉘「警鐘」は「けいしょう」と読む。「汽笛」は「きてき」，「洞窟」は「どうくつ」，「応報」は「おうほう」，「参照」は「さんしょう」。

問㉙～㉝＜漢字＞㉙「誘(われる)」と書く。　㉚「虚(しい)」と書く。　㉛「提携」と書く。　㉜「顧(みる)」と書く。　㉝「雌雄を決する」と書く。勝敗や優劣を明確に決める，という意味。

問㉞～㊳．㉞＜四字熟語＞「金科玉条」は，絶対に守るべき大切な法律や決まりのこと。　㉟＜四字熟語＞「一網打尽」は，ある集団に属する者たちを一度に全員捕らえること。　㊱＜四字熟語＞「朝令暮改」は，命令や方針がたびたび変わって定まらないこと。　㊲＜四字熟語＞「前途洋洋」は，将来が開けていて希望が感じられること。　㊳＜慣用句＞「後ろ髪を引かれる」は，未練が残ってなかなか先に進めない，という意味。

2021年度 淑徳与野高等学校(第1回)

【英　語】 (50分) 〈満点：100点〉

＜英語リスニング・テストについて＞

1．リスニング・テストは英語の試験の最初に行います。開始の合図後，約30秒して放送が流れます。

2．問題は全部で6問で，英文を聞き，その内容に対する質問の答えとして，それぞれ最も適切なものを選択肢から選ぶ問題です。なお，英文，質問の順に［Part A］は1回のみ，［Part B］は2回放送されます。放送を聞きながらメモを取ってもかまいません。

リスニングテストの音声は，当社ホームページで聴くことができます。(実際の入試で使用された音声です)

再生に必要なIDとアクセスコードは「収録内容一覧」のページに掲載しています。

1 リスニングテスト

［Part A］ Part Aは短いモノローグを聞いて，1つの質問に答える問題です。それぞれのモノローグと問いを聞き，答えとして最も適当なものを1つずつ選びなさい。

問① What is Stephen's message?

ア Let's go to the musical together.

イ I'm sorry I can't go to the musical with you.

ウ I'll give you a ticket for a musical.

エ I'm happy I was invited to the wedding party.

問② Where does the speaker's brother live now?

ア Osaka.　イ Nagano.　ウ Kawagoe.　エ Urawa.

問③ How much will adults pay to enter the museum if they buy tickets online before their visit?

ア 1,800 yen.　イ 1,500 yen.　ウ 1,300 yen.　エ 1,000 yen.

［Part B］ 次のリスニング問題は，ヒットソング「パプリカ」の英訳を行ったネルソン・バビンコイ氏がthe Weekly Speech Forumに出演した際のスピーチです。それぞれの問いに対する答えとして最も適当なものを1つ選びなさい。

問④ What is Mr. Babin-coy's job?

ア A singer.　イ A computer programmer.

ウ A teacher of English.　エ A writer.

問⑤ He talked about different ways to learn Japanese. Choose the one he didn't talk about.

ア He spoke Japanese with Japanese people.

イ He sang Japanese songs.

ウ He practiced hiragana and katakana.

エ He read Japanese picture books.

問⑥ Which is true?

ア He spent two weeks in Gunma Prefecture when he was 15.

イ He thinks language is important for people to communicate with each other.

ウ He gave up studying computer science in order to graduate from university.

エ He thinks reaching your goal is the most important thing in your life.

※＜**リスニング・テスト放送原稿**＞は英語の問題の終わりに付けてあります。

2 以下は，後にブライユ式点字を考案するルイ・ブライユが，３歳の時に事故で失明した後の様子を述べたものです。英文を読み，各問に答えなさい。（＊印の語は注を参考にすること）

At first it wasn't easy. Poor Louis. From the start, he *bumped into everything. Again and again his family wanted to cry "Watch out!" "Be careful!" "Stop!" But most of the time they didn't. They hated to see Louis hurt himself. But they wanted him to learn how to get around by himself. They didn't want him to grow up as so many (⑦) children did — afraid to do anything.

It would have been (⑧) to *spoil Louis. Everyone felt so sorry for him. But Louis's mother and father wanted him to be as much like other people as possible. So they treated him as much like other people as possible.

Louis was blind, but he still had things to do. His father taught him how to *polish leather with wax and a soft cloth. Louis could not see the leather growing shiny. But he could feel it getting smoother and smoother — until his fingers told him the job was done.

Louis also helped his mother around the house. Every evening he helped her set the table for dinner. He knew just (⑨) to put each cup and plate and bowl. Every morning he went to the well to fill a bucket with drinking water. The bucket was heavy. And the path was rocky. Sometimes Louis fell and the water spilled. But he knew there could be no (⑩). He knew he had to go back and get some more.

Then his father cut Louis a long pointed-tipped ⑪cane. That helped. Louis learned to sweep the cane in front of him as he walked. When it hit something, he knew it was time to stop and turn aside.

Sometimes Louis could tell he was going to bump into something — a wall, a fence, a door — without using his cane at all. He did it by singing a tune. "When I sing I can see my way much better," he liked to say.

Of course he couldn't really see. He was doing what *bats have always done. Bats can hardly see at all. But they can fly around in the darkest cave without bumping into anything. They do it by sound. They make a high squeaking sound as they fly. The sound travels ahead of them until it bumps into something hard — like the wall of a cave. Then the echo of this sound comes back. When the bats hear this tiny sound they know it is time to turn away. Now Louis was learning to ⑫do this too.

Louis was learning more and more things. And ⑬he was growing more sure of himself. Soon the sound of his cane — tap, tap, tap — was heard everywhere in the streets of *Coupvray. Sometimes he got lost. But this happened less and less often. Louis was learning to live by ⑭clues.

He knew when he was near the bakery by the heat of the ovens — and the spicy-sweet smells. Louis could tell all sorts of things by their shapes and the different way they felt. But the sounds of the worlds were most important of all.

The bell of the old village church, a neighbor's dog barking, a blackbird calling from a nearby tree. They told him where he was — and what was going on.

Louis liked especially to sit on the front stoop of his house and call out to the people passing by on the road. He almost never made a mistake. "How can you tell so many different people apart?", he was often asked. "It's so easy," he always said. "Don't you see?" Louis felt like saying. "There are so many ways to tell people apart — if only you listen!"

出典：Margaret Davidson, *Louis Braille The Boy Who Invented Books for the Blind*, Scholastic Inc, 1971

（注） bump：ぶつかる　spoil：甘やかす　polish：磨く
bat(s)：コウモリ　Coupvray：Louisの生まれ育った村の名前

問⑦　(⑦)に入る適当なものを選び，記号で答えなさい。

ア little　イ scared　ウ blind　エ worried

問⑧　(⑧)に入る適当なものを選び，記号で答えなさい。

ア sad　イ easy　ウ unimportant　エ surprising

問⑨　(⑨)に入る適当なものを選び，記号で答えなさい。

ア where　イ when　ウ how　エ who

問⑩　(⑩)に入る適当なものを選び，記号で答えなさい。

ア chances　イ decisions　ウ excuses　エ reasons

問⑪　下線部⑪の訳として適当なものを選び，記号で答えなさい。

ア モップ　イ 手押し車　ウ ロープ　エ 杖

問⑫　下線部⑫の内容として適当なものを選び，記号で答えなさい。

ア do what bats have always done
イ fly around in the darkest cave without bumping into anything
ウ make a high squeaking sound
エ hear the tiny sound and know it is time to turn away

問⑬　下線部⑬の意味として適当なものを選び，記号で答えなさい。

ア 故郷を離れる準備ができた。
イ 自分の将来すべきことがだんだん明確になってきた。
ウ 行動範囲が広がってきた。
エ 自分で自信を持って生活できるようになってきた。

問⑭　下線部⑭の例として当てはまらないものを選び，記号で答えなさい。

ア 教会の鐘の音　イ 犬の鳴き声　ウ 通りの幅　エ パンを焼く窯の熱さ

問⑮～⑱　次の⑮～⑱の英文が本文と合っていればアを，そうでなければイを答えなさい。

⑮ Just after Louis lost his sight, his family often had to tell him to be careful not to hurt himself.

⑯ His father taught Louis how to polish leather and Louis realized if the leather was shiny enough or not by touching it with his fingers.

⑰ Louis could find his way not only by using his cane but also by singing.

⑱ Louis was able to learn people's names by calling out to them when they passed by on the road.

3　次の英文を読み，各問に答えなさい。（＊印の語(句)は注を参考にすること）

In the middle of the coronavirus *pandemic, HBL has become a well-known word in Singapore.

It stands for home-based learning, and was supposed to be a (⑲) event when it began on April 1. The Ministry of Education announced that for one day every week, students would learn at home: Wednesdays for primary school students, Thursday for secondary school students, and Fridays for junior college students. The aim was to prepare everyone for more days of home-based learning if necessary.

It didn't take long for ⑳that to happen. As the coronavirus spread, schools started daily HBL from April 8.

Although HBL includes offline learning, such as workbooks and worksheets, it also involves e-learning through an online service called the Student Learning Space. This means that students need to have laptops or tablets, as well as a *stable internet connection.

Even for families with rich resources, HBL can be stressful as parents may have to support and watch their children while they *juggle the demands of working from home. For families who have poor environments, HBL is an even bigger problem.

Firstly, not all families have enough devices, or a stable internet connection. Schools and community organizations have helped by lending devices, but these do not always work well. Some families also hesitate to borrow devices for fear of damaging them and having to pay for repairs.

Secondly, the home environment is not always good for HBL. Families living in very small apartments, for instance, may not have a good study space (㉑) children to work on schoolwork. The problem gets worse when children in different years have to (㉒) one device in a noisy environment.

Thirdly, HBL can be challenging for students whose family members may not be able to watch them. In school, the teacher helps them (㉓) any questions or problems. But not all parents are able to provide the same level of assistance. Moreover, many lower-income parents are more stressed than usual because they have lost their jobs and income.

The [A] news is that some schools allow students to continue going back to school if necessary. Many community groups have also stepped up to solve problems in the social service system. One group, for example, collects and repairs [B] laptops and gives them out for free to students from lower-income families.

Education is one of the great *levelers of social inequality, and we can always find it in every society. The system may take a while to change, but there is probably something which each and all of us can do to help.

出典：Tan Ying Zhen, *Home learning in a pandemic*, The Japan Times Alpha, May 22, 2020

（注） pandemic：パンデミック（全世界に広がるような感染病の大流行）
stable：安定した　juggle：上手にやりくりする
levelers of social inequality：社会の不平等を平らにするもの

問⑲ ⑲に入る適当なものを選び，記号で答えなさい。
ア daily　イ weekly　ウ monthly　エ yearly

問⑳ 下線部⑳の内容として適当なものを選び，記号で答えなさい。
ア 新型コロナウイルスが広がること。
イ 学校での授業が始まること。
ウ 曜日によって学校で授業を受ける生徒を振り分けること。
エ 誰もが自宅学習をもっとできるようにすること。

問㉑ ㉑に入る適当なものを選び，記号で答えなさい。
ア at　イ to　ウ for　エ with

問㉒ ㉒に入る適当なものを選び，記号で答えなさい。

ア buy　イ connect　ウ lend　エ share

問㉓ (㉓)に入る適当なものを選び，記号で答えなさい。

ア at　イ to　ウ for　エ with

問㉔ 空欄AとBに入る組み合わせとして適当なものを選び，記号で答えなさい。

ア A bad ―B used　イ A bad ―B the latest

ウ A good―B used　エ A good―B the latest

問㉕～㉚ 次の㉕～㉚の英文が本文と合っていればアを，そうでなければイを答えなさい。

㉕ HBL in Singapore was expected to start in April but the government gave up the project because the coronavirus pandemic spread more.

㉖ HBL needs students not only to use materials like workbooks and worksheets, but also to have digital devices like laptops or tablets.

㉗ Some families have environments which have enough devices and stable internet connections while others do not.

㉘ In the middle of the coronavirus pandemic, schools and community organizations are so busy making a good online environment that they don't work well enough.

㉙ It can be hard for some families to watch their children at home because they have trouble even making a living.

㉚ Some societies cannot give people an education because of the pandemic, but we probably have something to do to help change the system.

4 次の各組の中には誤りの文が1つ含まれている。誤りの文を選び，記号で答えなさい。

問㉛ ア The 10th year students are not old enough to get a driver's license.

イ My new teacher is from Hiroshima and so do I.

ウ I will call you when my father comes back home tonight.

エ I need a lemon for this recipe.　I'll go and buy one.

問㉜ ア It has been a long time since we last met.

イ I can't keep my eyes open.　I'll say good night.

ウ The idea that you told me about was interesting.

エ Anne reads more books than everybody in her class.

問㉝ ア The woman from Brazil grew up to be a great scientist.

イ I saw the man who house caught fire last week.

ウ It is very unusual for Peter to be late for school.

エ There are a lot of people standing in front of the drugstore across the street.

問㉞ ア Thank you for the great advice you gave me about the exams.

イ Our city is known all over the country for its hot springs.

ウ I found a breaking car on the roadside on my way back from school.

エ Be careful or you'll make the same mistake again.

5 選択肢の語(句)を並べかえて会話が成り立つようにするとき，㉟～㊷に入るものを選び，記号で答えなさい。ただし，文頭に来る語も小文字になっています。

1 A： Susan isn't as young as she looks.

B： (　　)(㉟)(　　)(　　)(㊱)(　　)?

A： I'm not quite sure, but she is probably 45 or 46.

ア know　イ she　ウ is　エ how

オ do　カ you　キ old

2 A： How about this air-conditioner?

B： It looks good, but I think the one over there (　　)(㊲)(　　)(　　)(㊳)(　　)(　　).

ア much　イ eco-friendly　ウ this　エ is

オ than　カ more　キ one

3 A： I heard about your daughter's illness. How's she feeling?

B： It's very kind of you to ask. She (　　)(㊴)(　　)(　　)(　　)(　　)(㊵) more days.

ア in bed　イ told　ウ stay　エ for

オ a few　カ was　キ to

4 A： Shall we go to the new restaurant near the city hall tonight? My friend said that the food is really good.

B： Um . . . (　　)(　　)(㊶)(　　)(　　)(㊷)(　　). Let's eat at home.

ア out　イ to　ウ too　エ I'm

オ tired　カ eat　キ feeling

＜リスニング・テスト放送原稿＞

Hello, everyone.

This is the listening part of the test.

The listening comprehension test has two parts, Part A and Part B.

For Part A, each monologue and question will be read one time only.

Part A 1 Hello, Emma. This is Stephen. I got a ticket for the musical Chicago. It will be performed at Shibuya on February 14th. But I have a problem. I can't go because I was invited by my nephew to a wedding party. You like musicals, don't you? If you'd like to go, call me, and the ticket will be yours.

問① What is Stephen's message?

2 My brother works for a bank. When he was a child, his dream was to become a professional soccer player and join the Urawa Reds. But now he likes baseball and is a fan of the Hanshin Tigers, because he lived in Osaka for two years and went to see the baseball games there. He is living in Nagano at the moment and comes back to Kawagoe once a month. I'm looking forward to seeing him soon.

問② Where does the speaker's brother live now?

3 The Kanazawa Modern Art Museum was closed for three months because of the spread of the coronavirus, but it reopened on June 10th. Opening hours are from 9:00 to 5:00 on weekdays and 9:00 to 7:00 on weekends. It is closed every Monday. The prices are 1,800 yen

for adults and 1,500 yen for seniors. It costs 1,000 yen for people under 18. Anybody who get tickets online before their visit will get a 500 yen discount. Getting to the museum is easy. Just take the city bus for the city hospital. You can enjoy the unique exhibits.

問③ How much will adults pay to enter the museum if they buy tickets online before their visit?

Part B Part B will be repeated twice.

Thank you for inviting me for the Weekly Speech Forum. I'm glad to have such a wonderful chance.

Let me tell you about how I started to sing Japanese songs in English. When I was 15, I joined a homestay program and stayed with a family in Gunma Prefecture. My host family and the neighbors welcomed me. I came to know what the family were like through spending two weeks with them. I felt that people can understand each other even if they use different languages.

When I came back to the U.S., I bought hiragana and katakana workbooks and read books about Japanese language. I practiced speaking Japanese with exchange students from Japan. I also went to Karaoke to sing Japanese songs. It helped me learn Japanese. On the other hand, it was hard for me to learn kanji. At first I studied computer science in university, but I changed my mind and chose to study Japanese language in university. I became more interested in language as a means of communication.

In 2007 I came to Japan again as an assistant language teacher after graduating from the University of California. I put my favorite Japanese songs into English, sang those songs and uploaded my video to You Tube. I got many likes and I began my music career.

When I look back on my experiences, I have something to say. When you learn something new, you should ask yourself why you want to do that. If you have a good reason, you can set up a way to reach your goal. Process is more important than anything else. If you keep your passion, you can keep on going.

問④ What is Mr. Babin-coy's job?

問⑤ He talked about different ways to learn Japanese. Choose the one he didn't talk about.

問⑥ Which is true?

This is the end of the listening test.

【数　学】（50分）〈満点：100点〉

（注意）1．定規，コンパス，分度器は使用しないでください。

2．問題の文中の $\boxed{\text{ア}}$，$\boxed{\text{イウ}}$ などの $\boxed{}$ にはそれぞれ数値が入ります。

(i) ア，イ，ウ，……の1つ1つにはそれぞれ0から9までの数字1つが対応します。それぞれの欄の数字をマークしてください。

(ii) 分数形で解答が求められているときは，既約分数で答えてください。

(iii) 比の形で解答が求められているときは，最小の整数の比で答えてください。

(iv) 円周率は π とします。

1 (1) $\left(-\dfrac{6}{5}x^2y^3\right)^3\div\left(-\dfrac{4}{25}x^4y^2\right)^2\times\left(-\dfrac{x^3}{6y}\right)^2=-\dfrac{\boxed{\text{アイ}}}{\boxed{\text{ウ}}}x^{\boxed{\text{エ}}}y^{\boxed{\text{オ}}}$ である。

(2) $x=\sqrt{3}+2$ のとき，$\dfrac{x^2-4x+3}{x^2-7}$ の値は $\dfrac{\sqrt{\boxed{\text{カ}}}}{\boxed{\text{キ}}}$ である。

(3) 2021を素因数分解しなさい。

$2021=\boxed{\text{クケ}}\times\boxed{\text{コサ}}$ （ただし，$\boxed{\text{クケ}}<\boxed{\text{コサ}}$）

(4) 大小2個のサイコロを同時に投げたとき，出た目の積が素数となる確率は $\dfrac{\boxed{\text{シ}}}{\boxed{\text{ス}}}$ である。

(5) 10人の生徒の数学のテストの得点について，仮平均より高いものを＋，低いものを－として，その差を下の表にまとめた。Cさんの得点が84点であった。

生徒	A	B	C	D	E	F	G	H	I	J
仮平均との差	＋5	－9	＋19	＋15	－7	－11	＋8	＋4	－13	＋9

(i) 仮平均は $\boxed{\text{セソ}}$ 点である。

(ii) 10人の平均点は $\boxed{\text{タチ}}$ 点である。

(iii) メジアン（中央値）は $\boxed{\text{ツテ}}.\boxed{\text{ト}}$ 点，レンジ（範囲）は $\boxed{\text{ナニ}}$ 点である。

2 (1) $\begin{cases}x+2y-z=6\\2x-6y+3z=-8\end{cases}$ のとき，$x=\boxed{\text{ア}}$ である。

(2) ある円の半径を6cm伸ばすと，面積はもとの円の面積の4倍になった。もとの円の面積は $\boxed{\text{イウ}}\,\pi\text{cm}^2$ である。

(3) 1周の長さが1400mの池の周りを，淑子さんと徳子さんが同じ地点から同時に走り出す。お互いに反対方向に走ると，5分後に出会った。同じ方向に走ると，35分後に淑子さんが徳子さんに追いついた。淑子さんの走る速さは分速 $\boxed{\text{エオカ}}$ m，徳子さんの走る速さは分速 $\boxed{\text{キクケ}}$ mである。

3 2つの点B，Dが $y=\frac{1}{8}x^2$ のグラフ上にあるように正方形ABCDをかく。

ただし，点Bの x 座標は正で，点Dの x 座標より小さい。また，正方形の各辺は座標軸に平行である。

直線BDの傾きは [ア] となる。

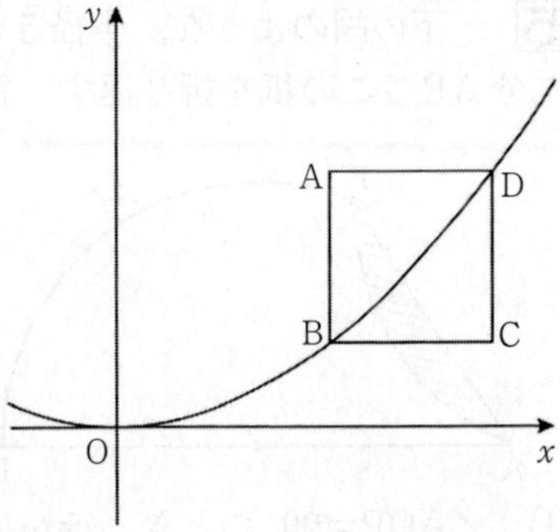

(1) 点Bの x 座標が1のとき，直線BDの切片は $-\frac{[イ]}{[ウ]}$ である。

また，点Dの座標は $\left([エ],\ \frac{[オカ]}{[キ]}\right)$ である。

(2) $AC=2\sqrt{2}$ のとき，点Bの x 座標は [ク] である。

4 (1) △ABCは正三角形である。△ABCを重心Gを回転の中心として，左回りに30°回転させたものを△DEFとする。

$\angle x=$ [アイ] °である。

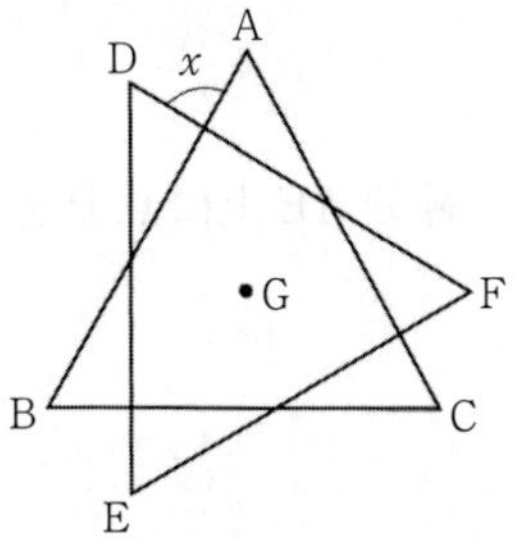

(2) △ABCにおいて，AD：DB＝1：2，AF：FC＝3：2，BE：EC＝1：1のとき，△DEFの面積は△ABCの面積の $\frac{[ウ]}{[エオ]}$ 倍である。

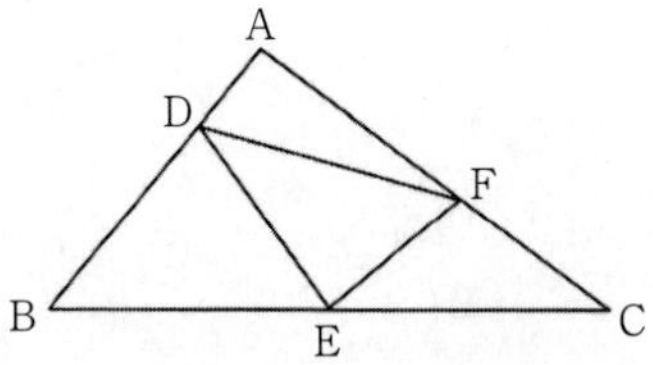

(3) $\overset{\frown}{AB}:\overset{\frown}{BC}:\overset{\frown}{CD}:\overset{\frown}{DA}=6:5:3:4$ のとき，$\angle ABC=$ [カキ] °である。

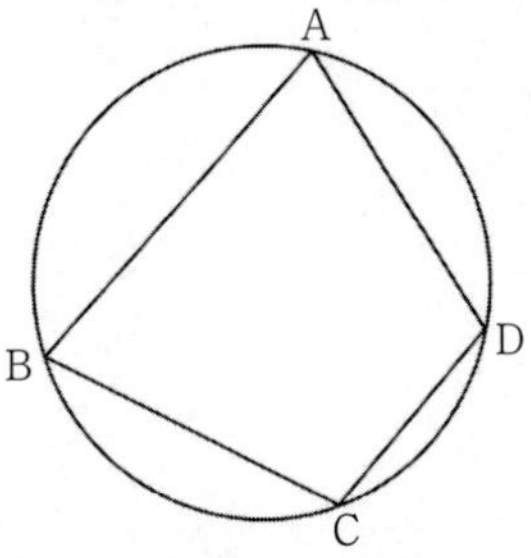

5　下の図のような，半径５の半円の紙がある。点Ｐはこの半円の弧の上をＡからＢまで動く。線分APでこの紙を折り返す。斜線部分を，紙が折り重なった部分とする。

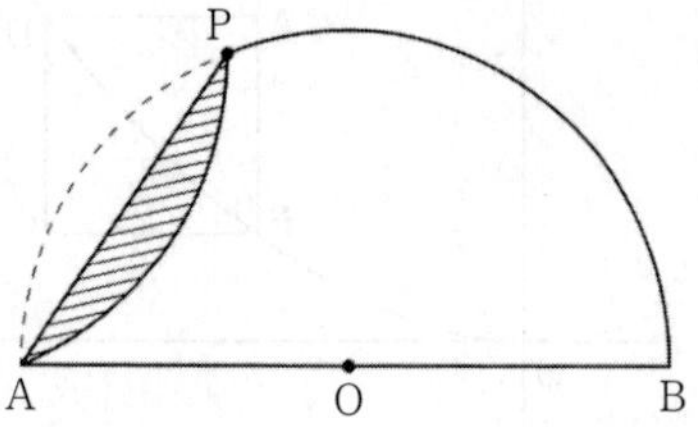

(1)　∠AOP＝90°のとき，紙が折り重なった部分の面積と周の長さはそれぞれ

$$\frac{\boxed{ア}\boxed{イ}}{\boxed{ウ}}\pi-\frac{\boxed{エ}\boxed{オ}}{\boxed{カ}},\quad \frac{\boxed{キ}}{\boxed{ク}}\pi+\boxed{ケ}\sqrt{\boxed{コ}}$$

である。

(2)　∠AOP＝$\boxed{サシス}$°のとき，折り返した弧が半円の中心Ｏと重なった。
このとき，紙が折り重なった部分の面積と周の長さはそれぞれ

$$\frac{\boxed{セ}\boxed{ソ}}{\boxed{タ}}\pi,\quad \frac{\boxed{チ}}{\boxed{ツ}}\pi+\boxed{テ}\sqrt{\boxed{ト}}+\boxed{ナ}$$

である。

6　図の立体ABCD-EFGHは，AB＝AD＝４，AE＝10の直方体である。線分AE上に点Ｐをとる。

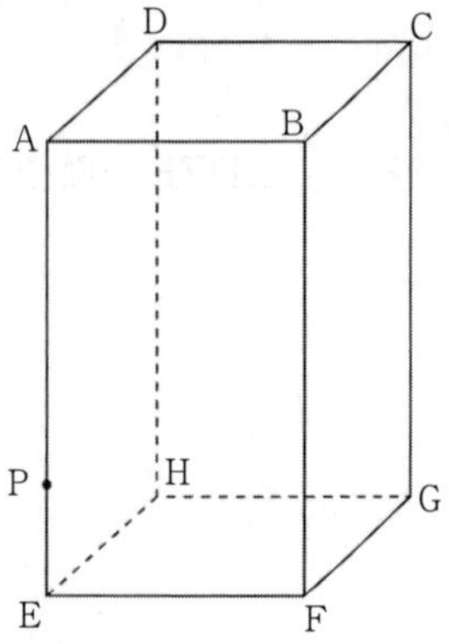

(1)　EP＝３のとき，△PFHの面積は $\boxed{ア}\sqrt{\boxed{イウ}}$ である。

(2)　∠CPF＝90°のとき，線分EPの長さは $\boxed{エ}$ または $\boxed{オ}$ である。(ただし，$\boxed{エ}<\boxed{オ}$)

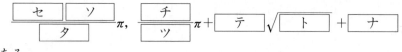

イ　ヒトが共同繁殖をすることは狩猟採集民にはじまり、戦前の日本のような小規模伝統社会にもアフリカの焼畑農耕民にも見ることができ、現代の先進国の社会にもその特徴が引き継がれている。

ウ　ヒトの子どもがいつまでも泣きやまないのは、親でなくとも誰かが世話をしてくれる共同繁殖の名残りであり、その特性を持たない野生チンパンジーや他の類人猿の子どもは声を出すこともめったにない。

エ　ヒトは共同繁殖の特性を持つので、子育てに適切な環境を用意できない場合、複数の人で子どもを世話する保育所を利用するために親は経済的な負担をすることが望ましい。

五　次の各問いに答えなさい。

問㉔〜㉘　次の――部の読みと同じ読み方をする漢字を含む語を、後のア〜エから一つずつ選びなさい。

㉔　敷設
ア　施行　イ　赴任　ウ　彩色　エ　発布

㉕　冬至
ア　酷似　イ　次第　ウ　治水　エ　投資

㉖　借家
ア　狩人　イ　容赦　ウ　昔日　エ　注釈

㉗　湿潤
ア　失敬　イ　放出　ウ　執事　エ　言質

㉘　河川
ア　潜伏　イ　革靴　ウ　誓約　エ　外側

問㉙〜㉝　次の――部を漢字に直すとき、それと同じ漢字を含む語を、後のア〜エから一つずつ選びなさい。

㉙　ねずみトりを仕掛ける。
ア　採集　イ　逮捕　ウ　摂食　エ　盗賊

㉚　武力コウ争が激化する。
ア　平衡　イ　携行　ウ　攻守　エ　抵抗

㉛　災害にソナえる。
ア　供物　イ　防災　ウ　具備　エ　処置

㉜　生命の起ゲンをたどる。
ア　原則　イ　元素　ウ　源氏　エ　有限

㉝　雨の日はモッパら読書をする。
ア　全力　イ　専攻　ウ　統合　エ　最近

問㉞〜㊳　次の語句の□に補う漢字を、後のア〜エから一つずつ選びなさい。

㉞　一□を報いる
ア　石　イ　志　ウ　矢　エ　恩

㉟　□掛け論
ア　謎　イ　水　ウ　願　エ　膝

㊱　三々□々
ア　四　イ　五　ウ　七　エ　九

㊲　文明開□
ア　化　イ　花　ウ　架　エ　港

㊳　絶□絶命
ア　対　イ　倒　ウ　交　エ　体

帰った。

四　次の文章を読んで、後の問いに答えなさい。

ヒトは共同繁殖の動物である。ということは、ヒトは本来、自分の子ではない子どもに対しても、かなりの愛情を感じ、世話したいという欲求を持つはずなのだ。まさにそうなのであり、このことこそが、すべての義理関係が虐待や子殺しに至るのではないという現実を説明している。リスクは高いとは言え、多くの継母・継父は子どもに愛情をそそいでいるし、ヒトは見ず知らずの子どもに対しても、ケアしたいという欲求を感じるものなのだ。

現代社会は、個人主義とプライバシーの考えに基づいて運営される結果、各家庭がかなり孤立する状況を生んでいる。これはごく最近の現象である。戦前の日本を考えても、近所の人々が、誰かれなく子どもの世話をしたり、声をかけたりするのは普通であった。子どもが泣いていれば、親でなくても気にしてあげたものだ。小規模伝統社会はそういうもので、狩猟採集民に至っては、個別の家というものもないので、キャンプの周囲では誰でも子の世話をする。

ヒトの子どもは、なぜこんなに大声で泣きやまなかったり、むずかったりするのだろう？　児童虐待の研究をする間に、私は、ヒトの子どもに固有のこの行動に興味を持った。私は以前、アフリカで野生チンパンジーの行動生態の研究をしていたが、チンパンジーの子どもは泣き叫ぶことはないどころか、ほとんど声を発しない。他の類人猿の子どもも同様である。ヒトの子どもは、なぜ泣きやまない、可愛くない、という行動をとるのだろう？

そこで思い出したのが、アフリカで一緒に暮らしていた、焼き畑農耕民のトングェ族の人々である。彼らは、それぞれの家族が家を持ってはいるものの、ほとんど一日中を戸外で過ごし、子どもはいろいろな人たちに世話されていた。子どもが泣けば、必ず誰かが近寄ってきた。少し大きな子どもは、親戚の家に預けられることも多々ある。まさに共同繁殖である。このような暮らしは、現代の先進国以前の社会では、決して例外ではない。

こういう状況であるから、子どもが泣きやまなくても、親のみがその始末をする必要はないのだ。誰かが何かしてくれる。親が疲れたら、誰かが抱くのを替わってくれる。そうした中で、子どもは、親以外のさまざまなおとなとの関係を築いていく。ヒトの子どもがよく泣くこと、誰に対してもなつくわけではないということは、「この関係は気に入らない」と、子どもの側から発信しているのではないだろうか？　共同繁殖の動物なのだから、そうして発信すれば、親以外の誰かが来てくれるのである。

現代の個人主義の社会は、個人の自由とプライバシーの尊重という点からすれば、それなりに心地よい社会を作り出したものの、先に述べたような自然な形での共同繁殖のやり方を破壊してしまった。そして、保育所などの現代の「共同繁殖」の手段を手に入れるには、金銭でそれを買わねばならなくなった。そこで、「現在は子育てに適切ではない」状況に置かれた親たちは、その状況を自分たちだけで打開せねばならなくなったのだ。虐待する母親を「鬼のようだ」などと非難するだけでは、何の解決にもならない。

この状況を改善するためには、ヒトが共同繁殖の動物であるということを大前提として、社会福祉や教育を構築せねばならないだろう。個人の自由とプライバシーの尊重が貴重な概念だと思うならば、それを大事にしつつ、戦前のような村社会ではなくして、いかにして共同繁殖のネットワークを機能させるか、その視点がもっとも重要になると考えるのである。

（長谷川眞理子『世界は美しくて不思議に満ちている』より）

問㉓　本文の内容に合致するものを、次のア～エから一つ選びなさい。

ア　ヒトは共同繁殖の動物であり、見ず知らずの子どもに対しても世話したいという欲求を感じるものなので、虐待する母親を責めるのではなく、本人の母親としての自覚を促す社会福祉を構築することが求められている。

此のをぢの寝入りたるをよき事と思ひ、かはひらご一つをとりて、羽がひを少し悩めて飛び行くまじくし、そとぬきあしをして（羽を少し傷つけて飛んで行けないようにし、そっと抜き足差し足で）をぢが胸のあたりをねらひて打ちこみ（差し入れ）、我は此方《こなた》の一間に立ちかくれて、(2)空寝をしてうかがひ居るに、をぢはやがて起き上がりて、おもしろき夢や見つらむ（夢でも見ていたのだろうか）、ひとりごちつつ、「あやあや、我は今無我有の郷に遊び居《お》りしよ。実《まこと》にしかり（そうだ）、実にしかなり」とて、頭を動かして喜ぶ様《さま》しければ、猶潜《なおひそ》まりて見をるに、かのふところに投げ入れたりしが、胸のあたりに這《は》ひ上がりて、襟《えり》にとりつきなどし、羽を打ちあはせて飛ばむとする様を見付けて、「さてな。(注6)我や是か、これが我なるか（私が蝶なのか、蝶が私なのか）」とて、しばし見をりしが、手に取りするて、かの羽がひの痛みたりし所を見付け、「是こそ夢のまにまに少しもたがはね（違わない）」とて、膝《ひざ》をうちて驚き動く。さるは、飛びそこなひて空より落ちつる夢や見つらむと思ふに、をかしくなりたれば、口をふたぎて逃げ帰りしとなむ。

（建部綾足《たけべあやたり》『折々草』より）

（注1）ひがをぢ…頑固者の老人。
（注2）唐事…中国の学問、風習、風俗など。
（注3）荘子が風俗…荘子は、紀元前4～3世紀頃に活躍した古代中国の思想家。風俗は、ここでは、学風や考え方などを指す。この文章が書かれた時代、荘子の考え方が一般にも流行していた。
（注4）かはひらご…蝶の古名。
（注5）無我有の郷…荘子が説いた理想郷で、自然のままの世界。
（注6）我や是か、これが我なるか…荘子が夢の中で蝶になったという故事をふまえた表現。

問⑳　――(1)は「たわいもないおかしな振る舞いが多かった」という意味だが、なぜおかしな振る舞いが多かったのか。ふさわしいものを、次のア～エから一つ選びなさい。
ア　中国に憧《あこが》れて日本を軽んじる傾向があったため。
イ　畑の真ん中で寝るなど人目を気にしなかったため。
ウ　荘子という人物と何もかも同じになろうとしたため。
エ　荒れた地で暮らし周りの人との関わりを拒絶していたため。

問㉑　――(2)の状況の説明としてふさわしいものを、次のア～エから一つ選びなさい。
ア　友人の男は、自分のいたずらが原因で老人を起こしてしまうのではないかと不安になっている。
イ　友人の男はいたずらの後、それに気づいた老人がどのような反応をするか知ろうとしている。
ウ　老人は友人の男のいたずらをほほえましく思い、気がつきながらも寝たふりを続けている。
エ　老人はいつも友人の男にいたずらをされて腹立たしいので、仕返しの機会を狙っている。

問㉒　本文の内容と合致するものを、次のア～エから一つ選びなさい。
ア　夢から覚めた老人が胸元の蝶を見て、思惑通りの発言をしているのを聞き、友人の男は笑いをこらえながらその場を立ち去った。
イ　荘子と同じように蝶になる夢を見ていた老人は、夢の中で友人の男に羽を傷つけられ、飛びそこなって空から落ちてしまった。
ウ　荘子は正体を隠して老人の夢の中に蝶の姿で現れ、老人の反応を見て、自身を崇拝する心が本物かどうかを確かめた。
エ　理想郷で平和に暮らす夢を見た老人は、眠りながら無意識に蝶の羽を傷つけてしまったという事実に驚き、慌《あわ》てて家に逃げ

イ　かつて資本主義は、労働者を働かせることで利益を生んでいたが、いまでは人々の余暇の使い道を操作することで利益を生んでいるということ。

ウ　かつて労働者は、決められた時間だけあくせく働けばよかったが、いまではそれ以外の暇な時間までも働かされるようになったということ。

エ　かつて資本主義は、人間を苛酷に労働させることで発展してきたが、いまでは情報技術を使って余暇を作り出すことで発展するようになったということ。

問⑱　――⑹「大変興味深く、そして、大変恐ろしいこと」の説明としてふさわしいものを、次のア～エから一つ選びなさい。

ア　これまで信じられてきたあらゆる価値観が崩壊していき、現代では「生命ほど尊いものはない」という、だれも反論しようのない価値観しか残っていないこと。

イ　「生命ほど尊いものはない」という価値観だけが存在する現代では、かえって、その命さえも大義のために投げだすことを神聖視する過激派が力を強めていること。

ウ　自分を奮い立たせる価値が社会には存在しないため、命をかけられる使命なら何にでも身をささげたいという思いを人々がひそかにもつようになったこと。

エ　近代になって生まれた様々な価値観の根拠が揺らいできたことで、人は国家や民族といった伝統的な価値観によって突き動かされるようになったこと。

問⑲　～～～「なのになぜその豊かさを喜べないのか？」に対する答えの説明としてふさわしいものを、次のア～エから一つ選びなさい。

ア　国や社会が豊かになるということは、すでに多くのことが成し遂げられていることを意味し、打ち込むべき仕事をもたない人々は大義のために死ぬという破滅的な末路を願うようになるから。

イ　国や社会が豊かになると、人々は暇な時間をもてるようになるが、その暇をどう使っていいか分からず、資本主義が与える多様な楽しみに身を委ねていくうちに、本当の自分が分からなくなるから。

ウ　国や社会が豊かになると、人には何をしてもいい暇な時間が与えられるが、そこでどんなに好きなことをしようとも切実感がなく、自分がいてもいなくてもいいものに感じられてしまうから。

エ　国や社会が豊かになり、生存以外の目的に使える時間が増えていくと、人間の欲望は無限に拡大していき、どんなに欲望を満たしても、次々に新たな欲望を追いかけ続けねばならないから。

三

次の文章を読んで、後の問いに答えなさい。

隅田川のこなたに浅茅《あさじ》が原といふ所あり。其《そ》のわたりに庵《いおり》しめて、年久しく住める（注1）ひがをぢの有りける。此《こ》のをぢ、（注2）唐事をこのみて、何ごとにも唐唐といふ癖なむ侍《はべ》り。中にも（注3）荘子《そうし》が風俗《てぶり》をめでて（好んで）、心さへ身さへ唯是《ただこれ》になむなれとぞ学《まなば》ひける。それにつきては、常に⑴はかなくをかしきふるまひども多かり。

春もきさらぎの末つかたに、おのが住むあたりの畠《はたけ》どもには、青菜の花咲きみちて有るに、（注4）かはひらごの多く飛びめぐるを見つつ、かの（注5）無《む》我《ご》有《う》の郷《さと》と言ひけむ境《さかい》を思ひめぐらして、つらつら見をりけるが、いとうららにさしわたる春の日影にこころよく暖まりつれば、眠たくなりてや、しばしばうなづきけるが、終《つい》に打ち倒れて寝にけるを、友どちの中に物あざむきする男の来たりあひて、問⑪・⑫ ═══A、Bの意味としてふさわしいものを、後のア～エからそれぞれ一つ選びなさい。

⑪ A「建前」

ア はじめの目的　イ 根本にある善意

ウ 表向きの方針　エ 実現困難な理想

⑫ B「間髪を容れず」

ア すぐさま　イ 迷いなく

ウ たやすく　エ 手厳しく

問⑬ ――(1)の説明としてふさわしいものを、次のア～エから一つ選びなさい。

ア 社会が発展途上であるあいだは努力する余地が残っているため、人々は「幸福」を感じられるが、いったん豊かになるとそれが当たり前となり、自分たちの「幸福」に気づけないということ。

イ 社会的不正をただすなど、よりよい社会をつくるために努力を重ねてきたのに、いざそのような社会が実現すると、人々は自分の果たすべき役割を見失い、「不幸」になるということ。

ウ 豊かな社会で自らの才能を自由に発揮して生きるよりも、不正が残る社会の中で自らの能力を発揮しようと苦労する方が、人は充実感をおぼえるため、実は「幸福」であるということ。

エ 人類が豊かさを目指して努力し、ある程度「幸福」な社会ができあがると、たとえ不正が残っていたとしても世界を新しく作り直すことができず、かえって人は「不幸」になるということ。

問⑭ ――(2)「何か好きなこと」の具体例として、筆者が想定しているのはどのようなことか。**当てはまらないもの**を、次のア～エから一つ選びなさい。

ア 新聞広告を見て教材を取り寄せ、将来に役立ちそうな資格試験の勉強をする。

イ 土曜の午後の情報番組を見て、そこで紹介されていた映画を日曜に友だちと観に行く。

ウ インターネット店舗でランニング用の靴を買おうとして、お勧め商品として表示された最新ウェアもついでに購入する。

エ 戦国武将に関する本を読むうちに、そこに引用されている茶道に関する本にも興味がわき、買って読み始める。

問⑮ ――(3)の説明としてふさわしいものを、次のア～エから一つ選びなさい。

ア 消費者の多様化する欲望に合わせて、生産者が商品を作っている。

イ 生産者が、消費者が欲しいと思っている以上に過剰に商品を供給する。

ウ 消費者が何かを欲しいという欲望それ自体を、生産者が作り出す。

エ 生産者が提示する多くの選択肢の中から、消費者は自分の欲望に合致するものを見つけられる。

問⑯ ――(4)の説明としてふさわしいものを、次のア～エから一つ選びなさい。

ア 多くの人が「楽しい」と感じるような文化を提供して、利益を生み出すこと。

イ 発展した情報技術を駆使して、大衆うけのする文化を操作的に作り出すこと。

ウ それまで芸術性を追求してきた文化を、経済的な目的のために利用すること。

エ 文化的価値の低い大衆向けの商品を大量に生産し、大量に消費させること。

問⑰ ――(5)の説明としてふさわしいものを、次のア～エから一つ選びなさい。

ア かつて人は、いかに効率よくモノを生産する能力があるかで評価されたが、いまでは暇な時間をいかに有意義に使いこなせるかで評価されるということ。

ってよいのか分からない。何が楽しいのか分からない。自分の好きなことが何なのか分からない。

そこに資本主義がつけ込む。文化産業が、既成の楽しみ、産業に都合のよい楽しみを人々に提供する。(5)かつては労働者の労働力が搾取されていると盛んに言われた。いまでは、むしろ労働者の暇が搾取されている。高度情報化社会という言葉が死語となるほどに情報化が進み、インターネットが普及した現在、この暇の搾取は資本主義を牽引する大きな力である。

なぜ暇は搾取されるのだろうか？　それは人が退屈することを嫌うからである。人は暇を得たが、暇を何に使えばよいのか分からない。このままでは暇のなかで退屈してしまう。だから、与えられた楽しみ、準備・用意された快楽に身を委ね、安心を得る。では、どうすればよいのだろうか？　なぜ人は暇のなかで退屈してしまうのだろうか？　そもそも退屈とは何か？

こうして、暇のなかでいかに生きるべきか、退屈とどう向き合うべきかという問いがあらわれる。〈暇と退屈の倫理学〉が問いたいのはこの問いである。

文化産業はあらかじめ受け取られ方の決められた楽しみを、産業に都合のよいように人々に与え続けるのだと言った。私たちはそれを受け取り、「楽しむ」。

だが、人間はそれほどバカではない。何か違う、これは本当じゃない、ホンモノじゃないという気持ちをもつものだ。楽しいことはある。自分は楽しんでいるのだろう。だが何かおかしい。打ち込めない……。

アレンカ・ジュパンチッチという哲学者が、(6)大変興味深く、そして、大変恐ろしいことを述べている。すこし言葉を足しながら紹介しよう。

近代はさまざまな価値観を相対化してきた。これまで信じられてきたこの価値もあの価値も、どれも実は根拠薄弱であっていくらでも疑い得る、と。

その果てにどうなったか？　近代はこれまで信じられてきた価値に代わって、「生命ほど尊いものはない」という原理しか提出できなかった。この原理は正しい。しかし、それはあまりに「正しい」が故にだれも反論できない、そのような原理にすぎない。それは人を奮い立たせない。人を突き動かさない。そのため、国家や民族といった「伝統的」な価値への回帰が魅力をもつようになってしまった。

だが、それだけではない。人は自分を奮い立たせるもの、自分を突き動かしてくれる力を欲する。なのに、世間で通用している原理にはそんな力はない。だから、突き動かされている人間をうらやましく思うようになる。たとえば、大義のために死ぬことを望む過激派や狂信者たち。人々は彼らを、恐ろしくもうらやましいと思うようになっている。

自分はいてもいなくてもいいものとしか思えない。何かに打ち込みたい。自分の命を賭けてまでも達成したいと思える重大な使命に身を投じたい。なのに、そんな使命はどこにも見あたらない。だから、大義のためなら、命をささげることすら惜しまない者たちがうらやましい。

だれもそのことを認めはしない。しかし心の底でそのような気持ちに気づいている。

ジュパンチッチは鋭い。だが、私たちは〈暇と退屈の倫理学〉の観点から、もう一つの要素をここに付け加えることができるだろう。大義のために死ぬのをうらやましいと思えるのは、暇と退屈に悩まされている人間だということである。食べることに必死の人間は、大義に身を捧げる人間に憧れたりしない。

生きているという感覚の欠如、生きていることの意味の不在、何をしてもいいが何もすることがないという欠落感、そうしたなかに生きているとき、人は「打ち込む」こと、「没頭する」ことを渇望する。大義のために死ぬとは、この羨望の先にある極限の形態である。

はほとんどできない。ならば、(2)余裕のある生活が送れるようになった人たちは、その余裕を使って、それまでは願いつつもかなわなかった何か好きなことをしている、と、そのように考えるのは当然だ。

ならば今度はこんな風に問うてみよう。その「好きなこと」とは何か？　やりたくてもできなかったこととはいったい何だったのか？　いまそれなりに余裕のある国・社会に生きている人たちは、その余裕を使って何をしているのだろうか？

こう問うてみると、これまでのようにはすんなりと答えが出てこなくなる。もちろん、「好きなこと」なのだから個人差があるだろうが、いったいどれだけの人が自分の「好きなこと」を断定できるだろうか？

土曜日にテレビをつけると、次の日の日曜日に時間的・金銭的余裕をつぎ込んでもらうための娯楽の類を宣伝する番組が放送されている。その番組を見て、番組が勧める場所に行って、金銭と時間を消費する。さて、そうする人々は、「好きなこと」をしているのか？　それは「願いつつもかなわなかった」ことなのか？

「好きなこと」という表現から、「趣味」という言葉を思いつく人も多いだろう。趣味とは何だろう？　辞書によれば、趣味はそもそもは「どういうものに美しさやおもしろさを感じるかという、その人の感覚のあり方」を意味していた。これが転じて、「個人が楽しみとしている事柄」を指すようになった。

ところがいまでは「趣味」をカタログ化して選ばせ、そのために必要な道具を提供する企業がある。テレビCMでは、子育てを終え、亭主も家にいる、そんな年齢の主婦を演じる女優が、「でも、趣味ってお金がかかるわよね」とつぶやく。するとB間髪を容れず、「そんなことはありません！」とナレーションが入る。カタログから「趣味」を選んでもらえれば、必要な道具が安くすぐに手に入ると宣伝する。

さて、カタログからそんな「その人の感覚のあり方」を選ぶとはいったいどういうことなのか？

最近他界した経済学者ジョン・ガルブレイスは、二〇世紀半ば、一九五八年に著した『ゆたかな社会』でこんなことを述べている。

現代人は自分が何をしたいのかを自分で意識することができなくなってしまっている。広告やセールスマンの言葉によって組み立てられてはじめて自分の欲望がはっきりするのだ。自分が欲しいものが何であるのかを広告屋に教えてもらうというこのような事態は、一九世紀の初めなら思いもよらぬことであったに違いない。

ガルブレイスによれば、高度消費社会――彼の言う「ゆたかな社会」――においては、供給が需要に先行している。いや、それどころか、(3)供給側が需要を操作している。つまり、生産者が消費者に「あなたが欲しいのはこれなんですよ」と語りかけ、それを買わせるようにしている、と。

いまとなってはガルブレイスの主張はだれの目にも明らかである。消費者のなかで欲望が自由に決定されるなどとはだれも信じてはいない。欲望は生産に依存する。生産は生産によって満たされるべき欲望を作り出す。

二〇世紀の資本主義の特徴の一つは、(4)文化産業と呼ばれる領域の巨大化にある。二〇世紀の資本主義は新しい経済活動の領域として文化を発見した。

もちろん文化や芸術はそれまでも経済と切り離せないものだった。芸術家だって霞を食って生きているわけではないのだから、貴族から依頼を受けて肖像画を描いたり、曲を作ったりしていた。芸術が経済から特別に独立していたということはない。

けれども二〇世紀には、広く文化という領域が大衆に向かって開かれるとともに、大衆向けの作品を操作的に作り出して大量に消費させ利益を得るという手法が確立された。そうした手法にもとづいて利益をあげる産業を文化産業と呼ぶ。

資本主義の全面展開によって、少なくとも先進国の人々は裕福になった。そして暇を得た。だが、暇を得た人々は、その暇をどう使

こと。

問⑩ ――(7)での三郎の気持ちとして**ふさわしくないもの**を、次のア～エから一つ選びなさい。

ア 結婚後の真穂を案じる必要がないことがわかって、ほっとする気持ち。

イ いよいよ真穂が嫁いでしまうという実感がわき、さびしくてたまらない気持ち。

ウ 生前には気づかなかった加奈子のしたたかさを知って、ほほえましく思う気持ち。

エ 加奈子と真穂には似通った一面があることがわかり、二人をいとしく思う気持ち。

二 次の文章は國分功一郎『暇と退屈の倫理学』の序章の一部である。これを読んで、後の問いに答えなさい。

人類の歴史のなかにはさまざまな対立があり、それが数えきれぬほどの悲劇を生み出してきた。だが、人類が豊かさを目指して努力してきたことは事実として認めてよいものと思われる。人々は社会のなかにある不正や不便と闘ってきたが、それは社会をよりよいものにしようと、少なくともA建前としてはそう思ってきたからだ。

しかし、ここに(1)不可解な逆説が現れる。人類が目指してきたはずの豊かさ、それが達成されると逆に人が不幸になってしまうという逆説である。

イギリスの哲学者バートランド・ラッセルは、一九三〇年に『幸福論』という書物を出版し、そのなかでこんなことを述べた。いまの西欧諸国の若者たちは自分の才能を発揮する機会が得られないために不幸に陥りがちである。それに対し、東洋諸国ではそういうことはない。また共産主義革命が進行中のロシアでは、若者は世界中のどこよりも幸せであろう。なぜならそこには創造するべき新世界があるから……。

ラッセルが言っているのは簡単なことである。

二〇世紀初頭のヨーロッパでは、すでに多くのことが成し遂げられていた。これから若者たちが苦労してつくり上げねばならない新世界などもはや存在しないように思われた。したがって若者にはあまりやることがない。だから彼らは不幸である。

それに対しロシアや東洋諸国では、まだこれから新しい社会を作っていかねばならないから、若者たちが立ち上がって努力すべき課題が残されている。だからそこでは若者たちは幸福である。

彼の言うことは分からないではない。使命感に燃えて何かの仕事に打ち込むことはすばらしい。ならば、そのようなすばらしい状況にある人は「幸福」であろう。逆に、そうしたすばらしい状況にない人々、打ち込むべき仕事をもたぬ人々は「不幸」であるのかもしれない。

しかし、何かおかしくないだろうか？　本当にそれでいいのだろうか？

ある社会的な不正を正そうと人が立ち上がるのは、その社会をよりよいものに、より豊かなものにするためだ。ならば、社会が実際にそうなったのなら、人は喜ばねばならないはずだ。なのに、ラッセルによればそうではないのだ。人々の努力によって社会がよりよく、より豊かになると、人はやることがなくなって不幸になるというのだ。

人類は豊かさを目指してきた。なのになぜその豊かさを喜べないのか？

国や社会が豊かになれば、そこに生きる人たちには余裕がうまれる。富んだ国の人たちはその余裕を何に使ってきたのだろうか？　そして何に使っているのだろうか？

「富むまでは願いつつもかなわなかった自分の好きなことをしている」という答えが返ってきそうである。たしかにそうだ。金銭的・時間的な余裕がない生活というのは、あらゆる活動が生存のために行われる、そういった生活のことだろう。生存に役立つ以外のこと問⑤　——⑵の時点での三郎の気持ちとしてふさわしいものを、次のア～エから一つ選びなさい。

ア　木田夫人は裕福な一族にふさわしい礼儀正しい人なので、真穂が嫁ぐことに一抹のさびしさはあるものの、良縁を得たことをうれしく感じている。

イ　木田夫人は、ホテルの食事を手放しでほめたりしない気難しい人なので、真穂は慣れない土地で何かにつけて苦労するのではないかと危《き》惧《ぐ》している。

ウ　真穂は地方の名家である木田一族に嫁ぐことを素直に喜んでいるので、娘のために自分も木田夫人に気に入られようと懸命になっている。

エ　真穂はふつつかで教養の乏しい娘なので、ささいなことでも「どうかしたの?」と詮索《せんさく》してくる神経質な木田夫人とうまくやっていけるか心配している。

問⑥　——⑶について、ホテルの女性はなぜそう言ったのか。次のア～エからふさわしいものを一つ選びなさい。

ア　内裏雛にとって桜が左で橘が右になっているので、ホテルの飾り方が正しいから。

イ　桜が左、橘が右に置かれており、三郎が花の種類を見誤っているだけだから。

ウ　ホテルの従業員はお客様の意見が第一なので、三郎のことばを否定できなかったから。

エ　ホテルのお客様から見れば、桜が左で橘が右の今の配置で合っているから。

問⑦　——⑷について、サトウハチローの間違いとして**ふさわしくないもの**を、次のア～エから一つ選びなさい。

ア　向かって右に置いてある人形のことを「右大臣」だと思っていたこと。

イ　内裏雛は一対の雛のことなのに、「お内裏様」という歌詞が男雛だけを指していること。

ウ　年配の左大臣の方が、右大臣よりも位が上だと思い込んでいたこと。

エ　四段目にいる武官のことを、大臣だと勘違いしていたこと。

問⑧　——⑸の説明としてふさわしいものを、次のア～エから一つ選びなさい。

ア　大正時代以降、関東では人形から見て男雛を右にするようになり、京都とは違ってしまったということ。

イ　サトウハチローの歌が広まった影響により、ホテルの飾り方と同じように、向かって左側が男雛になってしまったということ。

ウ　日本最初の結婚式で大正天皇が皇后の右に立って以来、内裏雛は一斉に従来と反対の配置になったということ。

エ　元来男性が上位とされていたが、大正天皇の婚礼以降、女性を上位として向かって左に置くよう変革されたということ。

問⑨　——⑹で三郎はどういうことがわかったのか。次のア～エからふさわしいものを一つ選びなさい。

ア　亡き妻の加奈子は京都の正統な雛飾りをしたかったが、姑が関東式に飾ってしまうため、写真を撮るときに左右を逆に置くことで、写真の中だけでも故郷の方式を受け継いでいたということ。

イ　亡き妻の加奈子は、三郎の母が雛人形について間違った知識を持っていることを明らかにするため、男雛の左手に笏を持たせて、姑や周囲が誤りに気づくように計らっていたということ。

ウ　亡き妻の加奈子は、姑の飾り方は正式な流儀とは違うことをわかっていたが、指摘すると角《かど》が立つので、鏡に映した雛飾りを撮影することで、こっそりと京都の伝統を実現していたということ。

エ　亡き妻の加奈子は、姑の雛人形の配置は桜と橘も、男雛と女雛も逆になっていることに気づいていたが、機嫌を損ねたくないので、せめて笏だけは正式な配置にして満足していたということ。

問①〜③　══A〜Cの語の意味としてふさわしいものを、後のア〜エからそれぞれ一つずつ選びなさい。

① A「模した」

ア　移し替えた　　イ　取り入れた

ウ　似せて作った　　エ　縮小した

② B「付け焼き刃」

ア　不十分な知識　　イ　急いで覚えた知識

ウ　忘れてしまいがちな知識　　エ　趣味にまつわる知識

③ C「反芻した」

ア　深く反省した　　イ　とりとめなく考えた

ウ　くよくよ悩んだ　　エ　繰り返し思い出した

問④　――(1)について、真穂は母親をどう思っていると考えられるか。次のア〜エからふさわしいものを一つ選びなさい。

ア　「おばあちゃん」からつらい目にあわされていたが、母は真穂にいろいろ話すことによって何とか耐えていたと思っている。

イ　母は天真爛漫《てんしんらんまん》で思ったことを率直に話す人柄だったので、鬱《うっ》屈《くっ》するようなことはなく自然体で過ごしていたと思っている。

ウ　母は「おばあちゃん」が筋を通す人だということを理解していたので、厳しくされても苦にならなかったと思っている。

エ　「おばあちゃん」との間に小さな確執《かくしつ》はあったが、母はさりげなく自分のやりたいことを実現して楽しんでいたと思っている。

二〇二一年度　淑徳与野高等学校（第一回）

【国　語】〈五〇分〉〈満点：一〇〇点〉

一　三郎の妻加奈子は、厳格な三郎の母と長年同居し、その最期を看取って間もなく病死してしまった。三郎が男手一つで育て上げた真穂は来年結婚することになり、三郎・真穂・婚約者の母親である木田夫人の三人で、ホテルの婚礼料理を試食したところである。以下の文章を読んで後の問いに答えなさい。

〔編集部注…課題文は著作権上の問題により掲載しておりません。
作品の該当箇所につきましては次の書籍を参考にしてください〕

・東野圭吾著『素敵な日本人』「今夜は一人で雛祭り」
〈光文社文庫　二〇二〇年四月二〇日発行〉
九八頁七行目～九九頁最終行（中略）一〇〇頁四行目～一〇一頁三行目「～近寄ってきた。」（中略）一〇一頁五行目～一〇六頁九行目（中略）一〇六頁後ろから三行目～一一〇頁一行目

英語解答

1 問① ウ　問② イ　問③ ウ
問④ ア　問⑤ エ　問⑥ ア

2 問⑦ ウ　問⑧ イ　問⑨ ア
問⑩ ウ　問⑪ エ　問⑫ エ
問⑬ エ　問⑭ ウ　問⑮ イ
問⑯ ア　問⑰ ア　問⑱ イ

3 問⑲ イ　問⑳ エ　問㉑ ウ
問㉒ エ　問㉓ エ　問㉔ ウ
問㉕ イ　問㉖ ア　問㉗ ア
問㉘ イ　問㉙ ア　問㉚ イ

4 問㉛ イ　問㉜ エ　問㉝ イ
問㉞ ウ

5 1　㉟…カ　㊱…イ
2　㊲…ア　㊳…オ
3　㊴…イ　㊵…オ
4　㊶…ウ　㊷…カ

1〔放送問題〕解説省略

2〔長文読解総合―伝記〕

≪全訳≫❶はじめは簡単ではなかった。かわいそうなルイ。最初から彼はあらゆるものにぶつかった。彼の家族は何度も何度も「危ない！」「気をつけて！」「止まって！」と叫びたくなった。しかし，ほとんどの場合，彼らはそうしなかった。彼らはルイがけがをするのを見たくなかった。しかし，彼らは自力でよけ方を身につけてほしかった。彼らは，彼が多くの盲目の子どもたちのように，何をするにも怖がるようには育ってほしくないと思っていた。❷彼を甘やかすのは簡単だっただろう。誰もが彼をとてもかわいそうに思っていた。しかし，ルイの母と父は彼にできるだけ他の人々と同じようになってほしかった。だから彼らは彼をできるだけ他の人々と同じように扱った。❸ルイは目が見えなかったが，それでもすべきことがあった。彼の父が彼に，ワックスと柔らかい布で革を磨く方法を教えたのだ。ルイは革がピカピカになっていくのを見ることができなかった。しかし彼はそれがどんどん滑らかになっていくのを感じることはでき，最後は指が仕事が終わったことを教えてくれるのだった。❹また，ルイは母の家事を手伝った。毎晩，彼は母が夕食のテーブルを整えるのを手伝った。彼はそれぞれのカップと皿と椀《わん》をどこに置けばいいか知っていた。毎朝，彼は井戸に行って飲み水をバケツにくんだ。バケツは重かった。そして道は大きな石だらけだった。ときどきルイは転んで水がこぼれた。しかし言い訳はできないことを彼は知っていた。戻って水をもっとくんでこなくてはならないとわかっていた。❺その後，父はルイのために長くて先のとがった杖《つえ》を切ってつくってくれた。それは役に立った。ルイは歩くときに自分の前でその杖をさっと動かすことを覚えた。それが何かに当たったら，止まってよけるべきときだとわかるのだった。❻ときどきルイは杖を全く使わずに壁や塀やドアなど何かにぶつかりそうだとわかることがあった。彼は歌を歌うことでそれをした。「歌っていると自分の道がずっとよく見えるんだ」と彼はよく言った。❼もちろん，彼は本当に見えるわけではなかった。彼はコウモリがずっとしてきたことをしていたのだ。コウモリはほとんど目が見えない。しかし，彼らは真っ暗なほら穴の中を何にもぶつからずに飛び回ることができる。彼らはそれを音によって行う。彼らは飛ぶときにキーキーという高い音を出す。その音は前方に伝わり，ほら穴の壁のような硬いものにぶつかる。するとこの音のこだまが戻ってくる。このかすかな音がコウモリに聞こえると，彼らは方向転換するときだと知る。今やルイもこれを習得しつつあったのだ。❽ルイはますます多くのことを学びつつあった。そして彼の自信は強まった。まもなくコツコツという彼の杖の音がクプヴレの通りの至る所で聞こえるようになった。ときどき彼は迷子になった。しかしその頻度はどんどん減っていった。ルイは手がかりによって生活することを覚えつつあった。❾オーブンの熱，それと香ばしく甘いにおいによって，彼はパン屋の近くにいることを知った。ルイはありとあらゆるものをその形とさまざまな感触で判別することができた。しかし，世界の音が何よりも重要だった。❿村の古い教会の鐘，近所の犬の鳴き声，近くの木から聞こえるムクドリモドキの声。それらは彼に自分がどこにいるか，そして何が起こっているかを教えてくれた。⓫ルイは自分の家の前のポーチに座って道行く人々に呼びかけるのが特に好きだった。彼が間違うことはほとんどなかった。「どうして君はそんなにたくさんの人を区別できるの？」と彼はよくきかれた。「簡単だよ」と彼はいつも言った。「わからないかい？」とルイは言いたかった。「人を見分ける方法はたくさんあるんだ，耳を澄ましさえすればね！」

問⑦＜適語選択＞空所の後の did は前の grow up を受ける代動詞(過去形なので grew up に置き換えられる)。その後に続くダッシュ(―)以下の afraid to do anything がその補足説明になっている。つまり，ルイの家族はルイに何をするのにも怖がるように育ってほしくなかったのである。何をするのにも怖がると考えられるのは，ルイと同じ盲目の子どもたち。

問⑧＜適語選択＞‘It would have been ～ to …’は，‘It is ～ to …’「…するのは～だ」の is が would have been という仮定法(‘仮定’を含んだ表現)になった形で，「…するのは～だっただろう」という，過去の事実と反対の仮定を表している。この後の内容から，ルイの両親は彼を特別扱いしなかったことがわかるので，「ルイを甘やかすのは簡単だっただろう(しかし，実際にはそうしなかった)」とする。

問⑨＜適語選択＞ルイはテーブルのセッティングをしていたのだから，テーブルのどこにカップや皿などを置けばいいのかがわかっていたのだと考えられる。where to ～ で「～すべき場所」。

問⑩＜適語選択＞この後の内容から，ルイは井戸に戻って水をくみ直さなくてはならないことを納得していることがわかる。つまり，言い訳はできないということがわかっていたのである。

問⑪＜語句解釈＞この後にはルイが cane を使って道の障害物を探る様子が描かれている。ここでの sweep は「～をさっと動かす」という意味。これはもともとの「(ほうきなどで)掃く」という意味から推測できる。

問⑫＜語句解釈＞話の流れから，do this「こうする」とは，直前の文に書かれているコウモリがしていることを受けていると判断できる。つまり，ルイはコウモリがするように音の反射を聞いて障害物があることを知ることができたのである。

問⑬＜英文解釈＞be sure of ～self は「自信がある」という意味。‘grow＋形容詞’は「～(の状態)になる」。いろいろ学んでいく中で，自分に自信を持てるようになっていったのである。

問⑭＜文脈把握＞clue は「手がかり」という意味。その具体例がこの後に続く２つの段落に書かれているが，「通りの幅」については述べられていない。

問⑮～⑱＜内容真偽＞⑮「ルイが視力を失った後，家族は彼にけがをしないよう気をつけるようにしょっちゅう言わなくてはならなかった」…×　第１段落第４，５文参照。　⑯「父はルイに革の磨き方を教え，ルイは革が十分にピカピカになったかどうかを指で革に触ることで認識した」…○　第３段落第２～４文に一致する。　realize「～を認識する」　⑰「ルイは杖を使うことだけでなく，歌うことによっても道を見つけることができた」…○　第5，6段落に一致する。‘not only ～ but also …’「～だけでなく…も」　⑱「ルイは人々が道を通り過ぎるときに彼らに呼びかけることによって人々の名前を覚えることができた」…×　第11段落参照。音を聞くことで人々を判別し，ほとんど間違わずに呼びかけることができた。

3〔長文読解総合―説明文〕

≪全訳≫❶コロナウイルスのパンデミックの中で，シンガポールではHBLがよく知られた言葉となった。❷それはhome-based learning「在宅学習」の略で，4月1日の開始時点では週に1度行われることになっていた。教育大臣は毎週1日，生徒は家庭で学習すると発表した。小学生は水曜日，中学生は木曜日，短大生は金曜日に。その目的は，必要であればより多くの日数を家庭学習できるよう誰もに準備させることだった。❸そうなるまでに長い時間はかからなかった。コロナウイルスが広がったため，学校は4月8日から毎日のHBLを開始した。❹HBLには例えばワークブックやワークシートのようなオフラインでの学習も含まれるが，それはまたスチューデント・ラーニング・スペースと呼ばれるオンラインサービスを通じてのeラーニングも含んでいる。これはつまり，生徒たちはラップトップやタブレットと同時に安定したインターネット接続が必要だということだ。❺裕福な家庭にとってさえHBLは負担になりうる。というのは，親は在宅勤務をこなしながら子どもたちを支援し見守らなければならないからだ。貧しい環境にある家庭にとってHBLはさらに大きな問題である。❻第一に，全ての家庭に十分な機器や安定したインターネット接続があるわけではない。学校や地域の組織は機器を貸し出すことで支援してきたが，それらは常にうまくいくわけではない。壊して修理費を払わなくてはならなくなることを恐れて，機器を借りるのをためらう家庭もある。❼第二に，家庭環境は常にHBLに適しているとはかぎらない。例えば，非常に狭いアパートに住んでいる家庭では，子どもたちが学校の勉強に取り組むのに適した学習スペースがないかもしれない。学年の違う子どもたちが騒がしい環境の中で1台の機器を共有しなければならない場合，問題はさらに悪化する。❽第三に，家族に見ていてもらえない生徒にとってHBLは難しい場合がある。学校では先生がどんな質問や問題でも助けてくれる。しかし，全ての親がそれと同じレベルの助けができるわけではない。そのうえ，収入の低い親は仕事や収入を失ったことでふだんより多くのストレスを抱えている。❾良いニュースとして，学校によっては生徒たちが必要に応じて学校に戻って通学を続けることを認めているところがある。多くの地域の組織も社会サービスシステムの中で問題を解決するために力を入れている。例えば，あるグループでは中古のラップトップを集めて修理し，それを無料で低所得家庭の生徒たちに配っている。❿教育は社会的不平等を是正する大きな手段の1つであり，どの社会にも常に不平等は存在する。システムを変えるにはしばらく時間はかかるかもしれないが，おそらく私たちそれぞれみんなが役に立てることがあるだろう。

問⑲＜適語選択＞次の文の教育大臣の発表の中にfor one day every week「毎週1日」とある。weekly「毎週の，週に1回の」　be supposed to ～「～することになっている」

問⑳＜指示語＞このfor thatは直後のto不定詞to happenの意味上の主語。また，この文の主語Itはこのfor that to happenを受ける形式主語なので，文の意味は「それが起こるのに長い時間はかからなかった」となる。この後，4月8日からweeklyではなくdaily「毎日の」HBLが始まったことが書かれていることから，このthatは直前の文にあるmore days of home-based learning

「より多くの日数の家庭学習」を受けていると判断できる。

問㉑＜適語選択＞空所の後ろにあるto work以下はspaceにかかるto不定詞(形容詞的用法)。childrenはto work「取り組む」の意味上の主語にあたるので，to不定詞の意味上の主語を表すときに用いられるforが適切。‘space for … to ～’で「…が～するための空間」となる。

問㉒＜適語選択＞問題が悪化する状況の説明部分。主語が「学年の異なる子どもたち」であること，目的語が「1台の機器」であることからshare「～を共有する」が適切。1台のタブレットを兄弟で使うようなケースを指している。

問㉓＜適語選択＞‘help＋人＋with ～’で「〈人〉の～を手伝う」。

問㉔＜適語(句)選択＞A．この前で，家庭学習が困難な子どもたちがいることが述べられているので，それらの子どもたちが通学を続けられるというのは「良い」ニュースである。　B．直前の動詞がrepairs「修理する」なので，その目的語としては「中古のラップトップ」が適切。used「中古の」　latest「最新の」

問㉕～㉚＜内容真偽＞㉕「シンガポールのHBLは4月に開始する予定だったが，コロナウイルスの感染がさらに広がったため政府がその計画を中止した」…×　第2段落第1文および第3段落第2文参照。　㉖「HBLでは生徒はワークブックやワークシートのような教材を使うだけではなく，ラップトップやタブレットのようなデジタル機器を持っている必要がある」…○　第4段落に一致する。　‘need＋人＋to ～’「〈人〉に～してもらう必要がある」　㉗「十分な機器と常時接続のインターネットがある家庭もあるが，そうでない家庭もある」…○　第6段落第1文に一致する。not all ～「全ての～が(…とはかぎらない)」　㉘「コロナウイルスのパンデミックのさなかにあって，学校と地域の組織は良好なオンライン環境をつくることに忙しいあまり，うまく機能していない」…×　このような記述はない。　㉙「一部の家庭では，生活していくことにさえ困っているため子どもたちを見守ることが難しい場合もある」…○　第8段落第1文，最終文参照。㉚「パンデミックのせいで人々に教育を与えられない社会もあるが，私たちはシステムを変えるのを手伝うためにできることがあるだろう」…×　前半の内容が本文では述べられていない。

4〔正誤問題〕

問㉛ア…○　「10年生はまだ運転免許を取れる年齢になっていない」　イ…×　肯定文の内容を受けて「～もまた…だ」というとき，‘so＋(助)動詞＋主語’の形でその意味を表せる。このとき‘(助)動詞’は前の文がbe動詞の場合はbe動詞，前の文が一般動詞の場合はdo/does/didを用いる。本問では前の文がbe動詞なので，doではなくamが正しい。「私の新しい先生は広島出身で，私もそうだ」　ウ…○　「父が今夜帰ってきたらあなたに電話します」　エ…○　「このレシピにレモンが必要だ。1つ買いに行ってくるよ」

問㉜ア…○　「この前お会いしてからずいぶんになりますね」　イ…○　「目を開けていられない。もう寝るよ」　ウ…○　「あなたが私に話してくれた考えは興味深かった」　エ…×　「(他の)誰よりも～」は‘比較級＋than anybody〔anyone〕(else)’と表す。「アンはクラスの誰よりも本をたくさん読む」

問㉝ア…○　「そのブラジル人女性は成長して偉大な科学者になった」　grow up to be ～「成長して～になる」　イ…×　先行詞the manとhouseの間にthe man's houseという‘所有’の

関係があるので，関係代名詞はwhoではなく所有格のwhoseが正しい。「家が先週火事になった男の人を見かけた」　ウ…○「ピーターが学校に遅刻するのは非常に珍しい」'It is ～ for … to ―'「…が〔にとって〕―するのは～だ」の形式主語構文。　エ…○「通りの向かいのドラッグストアの前に大勢の人が立っている」

問㉞ア…○「試験について私に良いアドバイスをくれてありがとう」　イ…○「私たちの市は温泉で国中に知られている」　ウ…×「壊れた車」＝「壊された車」なので，carを修飾するのは現在分詞breakingではなく過去分詞brokenが正しい。「学校の帰り道に道端で壊れた車を見つけた」　エ…○「気をつけて，さもないとまた同じ間違いをしますよ」

5〔対話文完成―整序結合〕

1．A：スーザンは見た目ほど若くないよ。／B：あなたは彼女が何歳か知っているの？／A：確信はないけど，たぶん45か46だよ。∥Do you knowの後，「彼女は何歳か」を，'疑問詞＋主語＋動詞'の間接疑問を続ける。　Do you know how old she is?

2．A：このエアコンはどうですか？／B：よさそうですが，私はあちらのものの方がこちらのよりずっと環境に優しいと思います。∥形容詞eco-friendlyにmoreをつけて比較級とし，さらにその前に比較級を強調するmuch「ずっと」を置く。文中の２つのoneはどちらもair-conditionerの代用。　... the one over there is much more eco-friendly than this one.

3．A：娘さんの病気のことをうかがいました。どんな具合ですか？／B：ありがとうございます。彼女はあと２，３日安静にしているように言われました。∥'tell＋人＋to ～'「〈人〉に～するように言う」の受け身形be told to ～の形にする。　stay in bed「寝ている，安静にしている」　She was told to stay in bed for a few more days.

4．A：今夜，市役所のそばの新しいレストランに行かない？　私の友達がすごくおいしいって言ってたよ。／B：うーん…外で食べるには疲れすぎているんだ。家で食べようよ。∥'too ～ to …'「…するには～すぎる」の構文にする。I'm too tiredとするとfeelingが余るので，'feel＋形容詞'「～の感じがする」の形にするのがポイント。　eat out「外食する」　I'm feeling too tired to eat out.

2021年度／淑徳与野高等学校（第１回）

数学解答

1 ⑴　ア…１　イ…５　ウ…８　エ…４
　オ…３
⑵　カ…３　キ…６
⑶　ク…４　ケ…３　コ…４　サ…７
⑷　シ…１　ス…６
⑸　(i)　セ…６　ソ…５
　(ii)　タ…６　チ…７
　(iii)　ツ…６　テ…９　ト…５
　ナ…３　ニ…２

2 ⑴　２　⑵　イ…３　ウ…６
⑶　エ…１　オ…６　カ…０　キ…１
　ク…２　ケ…０

3 ア…１
⑴　イ…７　ウ…８　エ…７　オ…４
　カ…９　キ…８
⑵　３

4 ⑴　ア…９　イ…０
⑵　ウ…４　エ…１　オ…５
⑶　カ…７　キ…０

5 ⑴　ア…２　イ…５　ウ…４　エ…２
　オ…５　カ…２　キ…５　ク…２
　ケ…５　コ…２
⑵　サ…１　シ…２　ス…０　セ…２
　ソ…５　タ…６　チ…５　ツ…３
　テ…５　ト…３　ナ…５

6 ⑴　ア…２　イ…３　ウ…４
⑵　エ…２　オ…８

1〔独立小問集合題〕

⑴＜式の計算＞与式 $=-\frac{216}{125}x^6y^9\div\frac{16}{625}x^8y^4\times\frac{x^6}{36y^2}=-\frac{216x^6y^9}{125}\times\frac{625}{16x^8y^4}\times\frac{x^6}{36y^2}=-\frac{216x^6y^9\times625\times x^6}{125\times16x^8y^4\times36y^2}$ $=-\frac{15}{8}x^4y^3$

⑵＜式の値＞分子を因数分解すると，与式 $=\frac{(x-1)(x-3)}{x^2-7}$ となる。これに $x=\sqrt{3}+2$ を代入して，与式 $=\frac{\{(\sqrt{3}+2)-1\}\{(\sqrt{3}+2)-3\}}{(\sqrt{3}+2)^2-7}=\frac{(\sqrt{3}+1)(\sqrt{3}-1)}{3+4\sqrt{3}+4-7}=\frac{3-1}{4\sqrt{3}}=\frac{2}{4\sqrt{3}}=\frac{1}{2\sqrt{3}}=\frac{1\times\sqrt{3}}{2\sqrt{3}\times\sqrt{3}}=$ $\frac{\sqrt{3}}{6}$ となる。

⑶＜数の性質―素因数分解＞2021 を，小さい素数から順にわっていくと，$2021\div43=47$ より，2021 をわりきることができる最小の素数は 43 となる。このとき，商の 47 も素数だから，2021 を素因数分解すると，$2021=43\times47$ となる。

⑷＜確率―サイコロ＞大小２個のサイコロの目の出方は，全部で $6\times6=36$（通り）ある。このうち，出た目の積が素数となるのは，一方の目が１で，もう一方の目が素数の場合である。そのような目の出方は（大，小）＝（1，2），（1，3），（1，5），（2，1），（3，1），（5，1）の６通りあるから，求める確率は $\frac{6}{36}=\frac{1}{6}$ となる。

⑸＜資料の活用―仮平均，平均値，中央値，範囲＞(i) C さんの得点は 84 点で，仮平均との差は＋19 点だから，C さんの得点は仮平均より 19 点高い。よって，仮平均は，C さんの得点より 19 点低いので，$84-19=65$（点）である。　(ii) 10 人の仮平均との差の平均は，$\{(+5)+(-9)+(+19)+(+15)+(-7)+(-11)+(+8)+(+4)+(-13)+(+9)\}\div10=(+20)\div10=+2$（点）となる。よって，10 人の平均点は，仮平均より２点高いので，$65+2=67$（点）である。　(iii) 10 人だから，メジアンは，得点を小さい順に並べたときの５番目と６番目の平均となる。10 人の仮平均との差を小さい順に並べると，-13，-11，-9，-7，$+4$，$+5$，$+8$，$+9$，$+15$，$+19$ となるから，５番目は＋4 点，６番目は＋5 点となる。よって，５番目の得点は $65+4=69$（点），６番目の得点は $65+5=$

70(点)だから，メジアンは，$(69+70)\div2=69.5$(点)である。また，最小の得点は$65-13=52$(点)，最大の得点は$65+19=84$(点)だから，レンジは，最大の得点と最小の得点の差より，$84-52=32$(点)である。

2〔独立小問集合題〕

(1)＜連立方程式＞$x+2y-z=6$……①，$2x-6y+3z=-8$……②とする。①×3より，$3x+6y-3z=18$……①′　①′+②より，$3x+2x=18+(-8)$，$5x=10$　∴$x=2$

(2)＜二次方程式の応用＞もとの円の半径を$x$cmとすると，面積はπx^2cm^{2}と表せる。また，半径を6cmのばすと，半径は$x+6$cmとなり，面積は$\pi(x+6)^2$cm^{2}と表せる。これがもとの円の面積の4倍だから，$\pi(x+6)^2=4\pi x^2$が成り立つ。これを解くと，$(x+6)^2=4x^2$，$3x^2-12x-36=0$，$x^2-4x-12=0$，$(x+2)(x-6)=0$より，$x=-2$，6となる。$x>0$より，$x=6$だから，もとの円の面積は，$\pi\times6^2=36\pi$(cm^2)である。

≪別解≫もとの円と半径をのばした円は相似であり，半径をのばした円の面積がもとの円の面積の4倍であることより，面積比は$1:4=1^2:2^2$だから，相似比は$1:2$である。よって，$x:(x+6)=1:2$が成り立ち，$2x=x+6$，$x=6$となるから，もとの円の面積は，$\pi\times6^2=36\pi$(cm^2)である。

(3)＜連立方程式の応用＞淑子さんの走る速さを分速xm，徳子さんの走る速さを分速ymとする。反対方向に走ると5分後に出会うので，5分間で2人が走った道のりの合計は池の周り1周分の道のり，すなわち1400mとなる。よって，$5x+5y=1400$……①が成り立つ。また，同じ方向に走ると35分後に淑子さんは徳子さんに追いつくので，35分間で淑子さんが走った道のりと徳子さんが走った道のりの差は池の周り1周分となり，$35x-35y=1400$……②が成り立つ。①，②の連立方程式を解く。①より，$x+y=280$……①′　②より，$x-y=40$……②′　①′+②′より，$2x=320$　∴$x=160$　これを①′に代入して，$160+y=280$　∴$y=120$　以上より，淑子さんの走る速さは分速160m，徳子さんの走る速さは分速120mである。

3〔関数―関数$\boldsymbol{y=ax^2}$と直線〕

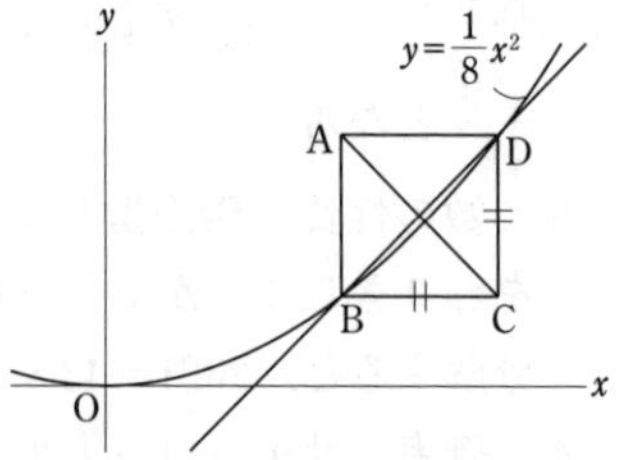

ア＜傾き＞右図で，四角形ABCDは正方形だから，BC＝CDである。辺BC，CDは座標軸に平行なので，直線BDの傾きは$\frac{\mathrm{CD}}{\mathrm{BC}}=1$となる。

(1)＜切片，座標＞右図で，点Bは放物線$y=\frac{1}{8}x^2$上にあるので，x座標が1のとき，$y=\frac{1}{8}\times1^2=\frac{1}{8}$より，$\mathrm{B}\left(1,\ \frac{1}{8}\right)$となる。直線BDの傾きは1なので，その式を$y=x+b$とおくと，点Bを通ることより，$\frac{1}{8}=1+b$，$b=-\frac{7}{8}$となり，直線BDの切片は$-\frac{7}{8}$である。直線BDの式は$y=x-\frac{7}{8}$であり，点Dはこの直線と放物線$y=\frac{1}{8}x^2$の交点だから，$\frac{1}{8}x^2=x-\frac{7}{8}$，$x^2-8x+7=0$，$(x-1)(x-7)=0$より，$x=1$，7となり，点Dの$x$座標は7である。$y=\frac{1}{8}\times7^2=\frac{49}{8}$となるから，$\mathrm{D}\left(7,\ \frac{49}{8}\right)$である。

(2)＜座標―特別な直角三角形＞右上図で，四角形ABCDが正方形より，△ABCは直角二等辺三角形なので，$\mathrm{AC}=2\sqrt{2}$のとき，$\mathrm{BC}=\frac{1}{\sqrt{2}}\mathrm{AC}=\frac{1}{\sqrt{2}}\times2\sqrt{2}=2$となる。よって，CD＝BC＝2となる。点Bは放物線$y=\frac{1}{8}x^2$上にあるから，$\mathrm{B}\left(t,\ \frac{1}{8}t^2\right)$とおける。これより，$\mathrm{D}\left(t+2,\ \frac{1}{8}t^2+2\right)$と表せる。点Dは放物線$y=\frac{1}{8}x^2$上にあるので，$\frac{1}{8}t^2+2=\frac{1}{8}(t+2)^2$が成り立ち，これを解くと，$t^2+16=t^2+$

$4t+4$, $4t=12$, $t=3$ となるので，点Bの x 座標は3である。

4 〔独立小問集合題〕

(1)＜図形—角度＞右図1のように，点Gと2点A，D，点Aと点Dをそれぞれ結び，辺ABと辺DFの交点をHとする。点Gは正三角形ABC，DEFの重心だから，$\angle BAG=\angle CAG=\dfrac{1}{2}\angle BAC=\dfrac{1}{2}\times60^\circ=30^\circ$，$\angle EDG=\angle FDG=\dfrac{1}{2}\angle EDF=\dfrac{1}{2}\times60^\circ=30^\circ$ となる。また，点Gを回転の中心として左回りに30°回転させたから，$\angle AGD=30^\circ$，$AG=DG$ である。よって，△GADは二等辺三角形だから，$\angle GAD=\angle GDA=(180^\circ-\angle AGD)\div2=(180^\circ-30^\circ)\div2=75^\circ$ となり，$\angle HAD=\angle GAD-\angle BAG=75^\circ-30^\circ=45^\circ$，$\angle HDA=\angle GDA-\angle FDG=75^\circ-30^\circ=45^\circ$ となる。これより，△HADは直角二等辺三角形なので，$\angle x=\angle AHD=90^\circ$ である。

図1

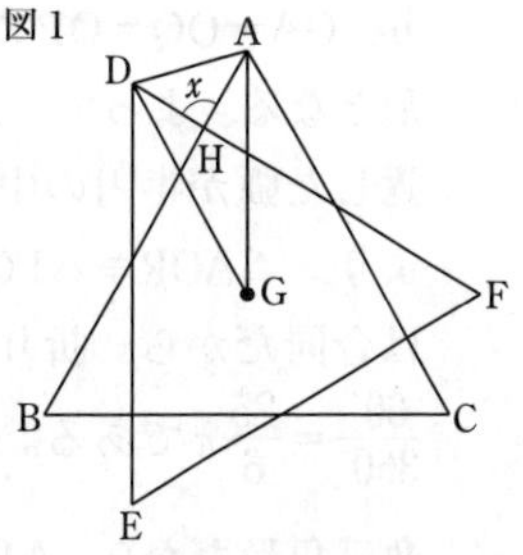

(2)＜図形—面積比＞右図2のように，線分AE，BFを引き，△ABCの面積を S とおく。△ABE，△AECは底辺をそれぞれBE，ECと見ると高さが等しいので，△ABE：△AEC＝BE：EC＝1：1より，$\triangle ABE=\triangle AEC=\dfrac{1}{2}\triangle ABC=\dfrac{1}{2}S$ となる。同様に，△DBE：△ABE＝DB：AB＝2：(1＋2)＝2：3より，$\triangle DBE=\dfrac{2}{3}\triangle ABE=\dfrac{2}{3}\times\dfrac{1}{2}S=\dfrac{1}{3}S$ となり，△FEC：△AEC＝FC：AC＝2：(3＋2)＝2：5より，$\triangle FEC=\dfrac{2}{5}\triangle AEC=\dfrac{2}{5}\times\dfrac{1}{2}S=\dfrac{1}{5}S$ となる。また，△ABF：△ABC＝AF：AC＝3：(3＋2)＝3：5より，$\triangle ABF=\dfrac{3}{5}\triangle ABC=\dfrac{3}{5}S$ となり，△ADF：△ABF＝AD：AB＝1：(1＋2)＝1：3より，$\triangle ADF=\dfrac{1}{3}\triangle ABF=\dfrac{1}{3}\times\dfrac{3}{5}S=\dfrac{1}{5}S$ となる。よって，$\triangle DEF=\triangle ABC-\triangle DBE-\triangle FEC-\triangle ADF=S-\dfrac{1}{3}S-\dfrac{1}{5}S-\dfrac{1}{5}S=\dfrac{4}{15}S$ となるので，△DEFの面積は△ABCの面積の $\dfrac{4}{15}$ 倍である。

図2

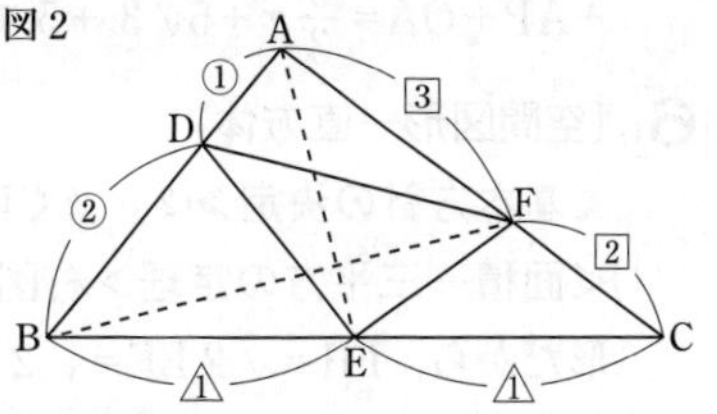

(3)＜図形—角度＞右図3のように，円の中心をOとし，点Oと2点A，Cをそれぞれ結ぶと，点Dを含む $\overset{\frown}{AC}$ に対する円周角と中心角の関係より，$\angle ABC=\dfrac{1}{2}\angle AOC$ となる。$\overset{\frown}{AB}:\overset{\frown}{BC}:\overset{\frown}{CD}:\overset{\frown}{DA}=6:5:3:4$ より，点Dを含む $\overset{\frown}{AC}$ の長さは円周の $\dfrac{3+4}{6+5+3+4}=\dfrac{7}{18}$ だから，$\angle AOC=360^\circ\times\dfrac{7}{18}=140^\circ$ となる。よって，$\angle ABC=\dfrac{1}{2}\times140^\circ=70^\circ$ である。

図3

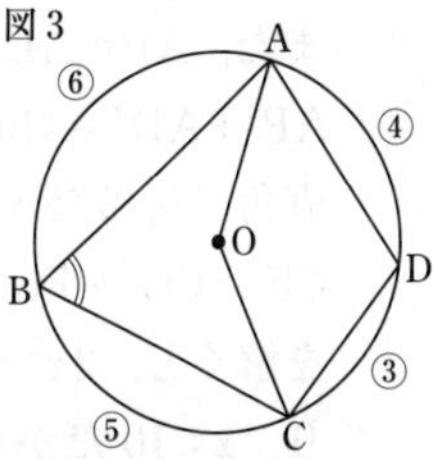

5 〔平面図形—半円〕

(1)＜面積，長さ—特別な直角三角形＞右図1で，∠AOP＝90°のとき，折り重なった部分は，折り返す前の $\overset{\frown}{AP}$ と線分APで囲まれた図形と合同である。よって，折り重なった部分の面積は，〔おうぎ形OAP〕－△OAP $=\pi\times5^2\times\dfrac{90^\circ}{360^\circ}-\dfrac{1}{2}\times5\times5=\dfrac{25}{4}\pi-\dfrac{25}{2}$ となる。また，$\overset{\frown}{AP}=2\pi\times5\times\dfrac{90^\circ}{360^\circ}=\dfrac{5}{2}\pi$ であり，△AOPが直角二等辺三角形より，$AP=\sqrt{2}OA=\sqrt{2}\times5=5\sqrt{2}$ だから，周の長さは $\dfrac{5}{2}\pi+5\sqrt{2}$ である。

図1

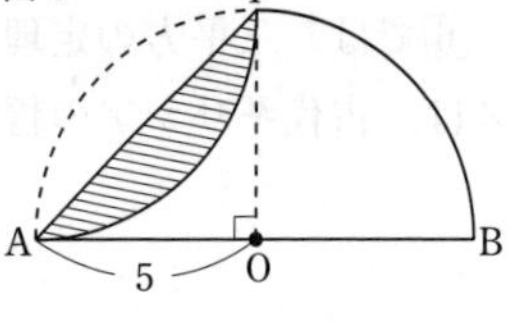

図2

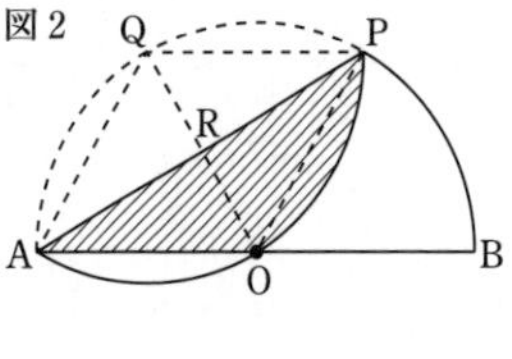

(2)＜角度，面積，長さ—特別な直角三角形＞右図2で，折り返して点Oと

重なる折り返す前の$\overset{\frown}{AP}$上にある点をQとし，点Qと3点A，O，P，点Oと点Pをそれぞれ結び，APとOQの交点をRとする。折り返して重なるので，QA＝OA，QP＝OPであり，半円の半径より，OA＝OQ＝OPだから，OA＝OQ＝OP＝QA＝QPである。これより，△OAQ，△OPQは正三角形となる。よって，$\angle AOQ=\angle POQ=60^\circ$より，$\angle AOP=2\angle AOQ=2\times60^\circ=120^\circ$となるから，折り返した弧が半円の中心Oと重なるのは$\angle AOP=120^\circ$のときである。次に，四角形QAOPがひし形より，△AOR≡△PQRであり，線分OPと$\overset{\frown}{OP}$で囲まれた図形と，線分QPと$\overset{\frown}{QP}$で囲まれた図形は合同だから，折り重なった部分の面積はおうぎ形OPQの面積と等しくなる。よって，$\pi\times5^2\times\frac{60^\circ}{360^\circ}=\frac{25}{6}\pi$である。また，$\angle ARO=90^\circ$，$\angle AOR=60^\circ$より，△AORは3辺の比が$1:2:\sqrt{3}$の直角三角形だから，$AR=\frac{\sqrt{3}}{2}OA=\frac{\sqrt{3}}{2}\times5=\frac{5\sqrt{3}}{2}$となり，PR＝ARだから，$AP=2AR=2\times\frac{5\sqrt{3}}{2}=5\sqrt{3}$となる。$\overset{\frown}{OP}=\overset{\frown}{QP}=2\pi\times5\times\frac{60^\circ}{360^\circ}=\frac{5}{3}\pi$，OA＝5だから，折り重なった部分の周の長さは，$\overset{\frown}{OP}+AP+OA=\frac{5}{3}\pi+5\sqrt{3}+5$である。

6〔空間図形―直方体〕

≪基本方針の決定≫(2)　△CPFで三平方の定理を用いる。

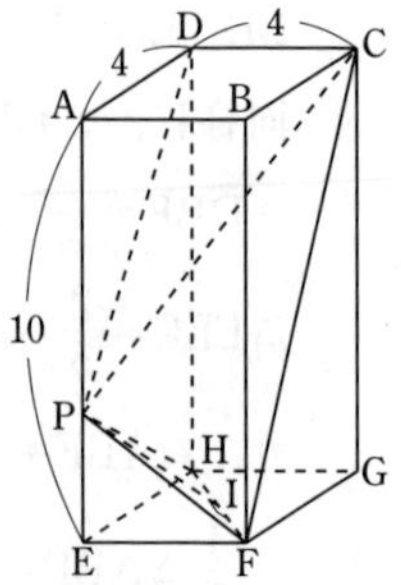

(1)<面積―三平方の定理>右図で，EF＝EH＝4より，△EFHは直角二等辺三角形だから，$FH=\sqrt{2}EF=\sqrt{2}\times4=4\sqrt{2}$となる。EP＝3のとき，△PEFで三平方の定理より，$PF=\sqrt{EP^2+EF^2}=\sqrt{3^2+4^2}=\sqrt{25}=5$となり，同様にして，PH＝5となる。よって，△PFHはPF＝PHの二等辺三角形になる。点PからFHに垂線PIを引くと，点Iは線分FHの中点となるから，$FI=\frac{1}{2}FH=\frac{1}{2}\times4\sqrt{2}=2\sqrt{2}$である。△PFIで三平方の定理より，$PI=\sqrt{PF^2-FI^2}=\sqrt{5^2-(2\sqrt{2})^2}=\sqrt{17}$となるから，$\triangle PFH=\frac{1}{2}\times FH\times PI=\frac{1}{2}\times4\sqrt{2}\times\sqrt{17}=2\sqrt{34}$である。

(2)<長さ―三平方の定理>右上図で，$\angle CPF=90^\circ$のとき，△CPFで三平方の定理より，$PF^2+PC^2=CF^2$である。$EP=x$とおくと，△PEFで三平方の定理より，$PF^2=EP^2+EF^2=x^2+4^2=x^2+16$となる。また，$AP=AE-EP=10-x$なので，点Dと点Pを結ぶと，△APDで三平方の定理より，$DP^2=AP^2+AD^2=(10-x)^2+4^2=x^2-20x+116$となる。DC⊥〔面AEHD〕より，△DPCは$\angle CDP=90^\circ$の直角三角形だから，$PC^2=DP^2+DC^2=x^2-20x+116+4^2=x^2-20x+132$となる。さらに，△CFGで，$CF^2=CG^2+FG^2=10^2+4^2=116$である。よって，$(x^2+16)+(x^2-20x+132)=116$が成り立つ。これを解くと，$2x^2-20x+32=0$，$x^2-10x+16=0$，$(x-2)(x-8)=0$より，$x=2$，8となる。EP＜AEより，$x<10$だから，$x=2$，8はともに適する。

―読者へのメッセージ―

6では，三平方の定理を用いました。三平方の定理は，ピタゴラスの定理ともいわれます。ピタゴラスは，古代ギリシアの哲学者，数学者です。

2021年度／淑徳与野高等学校（第１回）

国語解答

一　問① ウ　問② イ　問③ エ
問④ エ　問⑤ イ　問⑥ ア
問⑦ ウ　問⑧ ア　問⑨ ウ
問⑩ イ

二　問⑪ ウ　問⑫ ア　問⑬ イ
問⑭ エ　問⑮ ウ　問⑯ ア
問⑰ イ　問⑱ ウ　問⑲ ウ

三　問⑳ ウ　問㉑ イ　問㉒ ア

四　問㉓ ウ

五　問㉔ イ　問㉕ ア　問㉖ エ
問㉗ ウ　問㉘ ア　問㉙ イ
問㉚ エ　問㉛ ウ　問㉜ ウ
問㉝ イ　問㉞ ウ　問㉟ イ
問㊱ イ　問㊲ ア　問㊳ エ

一〔小説の読解〕出典；東野圭吾『今夜は一人で雛祭り』。

問①～③＜語句＞①「模す」は，ある形に似せてつくる，という意味。　②「付け焼き刃」は，知識や技術などを短い間に間に合わせで習い覚えること。　③「反芻」は，繰り返し考え，味わうこと。

問④＜文章内容＞ひな飾りでは，加奈子は，表立って三郎の母と対立をしなかった代わりに，こっそりと自分のしたいことをして楽しんでいた。加奈子のそういう面を，真穂は知っていたのである。

問⑤＜心情＞「おいしかったね，と話していたんです」と言う真穂に対し，「悪くはなかったわね」と答える木田夫人のつれない反応に，三郎は，真穂の結婚後の生活について心配に思っている。

問⑥＜文章内容＞三郎は，ひな人形を見る人の立場から桜と橘を配置するのだと思っていたが，ホテルの女性は，ひな人形から見て，桜が左，橘が右に置かれるのが正しい配置であると知っていた。

問⑦＜文章内容＞サトウハチローは，「赤いお顔の右大臣」という歌詞をつくったが，左右の見方が逆であり，ひげの生えた赤い顔の人形は，左に位置するものであった（ア…○）。しかもこの人形は，大臣ですらなく，弓矢を持った武官であった（エ…○）。また，「お内裏様とお雛様」という歌詞も，「男雛」と「女雛」の二つを合わせて「内裏雛」と呼ぶのが正式であるため，間違った認識でつくられていたのである（イ…○）。

問⑧＜文章内容＞「男雛」は，かつてはひな人形から見て左側に配置されていたが，今は京都などを除き，右側に置かれるのが主流となっている。これは，大正天皇が日本初の結婚式を挙げた際，右側に立ったことに由来していると，三郎は，ホテルの女性から教えられた。

問⑨＜文章内容＞ひな飾りの桜と橘の位置が間違っていることに，加奈子は気づいたが，面と向かって三郎の母に指摘することはせず，ひそかに「男雛の笏を左手に持ち替え」させた。そうして，ひな祭りの当日，姿見に映った真穂と関東式のひな人形の写真を撮るようにし，加奈子は，三郎の母に気づかれずに，鏡の中で京都式の飾り方を実現させていた。

問⑩＜心情＞三郎は当初，真穂が結婚後に木田夫人とうまく折り合いをつけて生活していけるか心配していた。しかし，生前の加奈子のひな飾りでのしたたかな一面に気づき（ウ…○），真穂も加奈子のそういう一面を見て知っていたことがわかって（エ…○），三郎は，心配無用だと考え（ア…○），心の底から真穂の結婚を祝福したい気持ちになったと考えられる（イ…×）。

二〔論説文の読解―哲学的分野―人生〕出典；國分功一郎『暇と退屈の倫理学』。

≪本文の概要≫人は，豊かな社会の実現を目的として努力をするが，いったん豊かさを手にすると幸福を感じられなくなる。豊かになると余裕が生まれ，人々は，暇という自由な時間を手に入れるが，その暇をどう使えばいいのかわからなくなるのである。二〇世紀以降の資本主義は，こうした人々の暇と退屈につけ込み，趣味や娯楽をつくり出して提供する文化産業を確立した。人々は，持て余した暇を，産業によって生み出された娯楽に費やし，退屈を紛らわそうとする。しかし，人々は，産業から与えられた選択肢から何かを選ぶだけの生き方に疑問を抱いてもいる。そうなると，人は，自分を奮い立たせてくれる大きな力や目的を求めるようになる。暇と退屈を持て余した人は，打ち込むことを渇望して，命を捨ててでも使命や大義を果たそうとする思想に憧れを抱き始めるのである。

問⑪・⑫．⑪＜語句＞「建前」は，表向きの考えや方針のこと。　⑫＜故事成語＞「間髪を容れず」は，間に髪の毛一本も入る余地がない，ということから，少しの時間も置かない，という意味。

問⑬＜文章内容＞人々は，不正や不便を改善し，豊かで幸せな生活を手に入れるための努力をするが，実際に目的が達成されると，目指すべきものを失い，かえって不幸を感じるようになる。

問⑭＜文章内容＞生活に余裕が生まれると，人々は，「好きなこと」や「趣味」に時間や金銭を費やそうとする。しかし，自らの意志で趣味などを自由に決めているのではなく(エ…×)，人々は，カタログや広告に影響されて，無意識のうちに商品などを買わされているのである(ア・イ・ウ…○)。

問⑮＜文章内容＞高度消費社会では，魅力的な広告などが人々の欲望を刺激することにより，何かを購入したいという消費者の欲求そのものが，生産者によってつくり出されていくのである。

問⑯＜文章内容＞広告などを用いて意図的に流行をつくり出すと，大衆は，欲望を刺激され，その流行に関する商品などを大量に買うようになる。文化産業は，文化の領域で，大衆の欲しいという欲求を生み出して消費させることで利益をあげる産業なのである。

問⑰＜文章内容＞かつての資本主義は，労働者をより長く働かせることで利益をあげていた。しかし現代の資本主義は，労働者が働いていない余暇の時間を産業化した楽しみに向かわせることで，消費を生み出し，利益をあげているのである。

問⑱＜文章内容＞さまざまな価値観が相対化された現代社会には，多くの人間を突き動かすほどの力強い価値観は，存在しない。そのため，自らの生きがいを求めている人々は，使命のために命を捨ててもかまわないと考える過激な集団や思想に，心の底で魅力を感じるようになってきている。

問⑲＜主題＞人間は，豊かで幸福な生活を得るために社会を改善しようと努力する。しかし社会が発展すると目的を失い，手に入れた暇な時間をどう過ごせばよいのかわからなくなってしまう。没頭できるほどの生きる意味を見つけることが難しくなった人間は，「何をしてもいいが何もすることがない」という退屈に悩まされることになるのである。

三〔古文の読解―随筆〕出典；建部綾足『折々草』「春の部」。

≪現代語訳≫隅田川のこちら側に浅茅が原という所がある。その辺りに粗末な家を建てて，長年住んでいる頑固者の老人がいた。この老人は，中国の学問，風習，風俗などを好んでいて，何事につけても中国，中国という癖があります。中でも荘子の考え方を好んで，心も体もただ荘子のようになるのだと(熱心に)学んでいた。それ(＝荘子のまねをしようとすること)については，ふだんからたわいもないおかしな振る舞いが多い。／春も二月の末の頃，老人が住む辺りの畑には，青菜の花が一面に咲いており，蝶《ちょう》がたくさん飛び回っていたのを(老人は)見ながら，あの(荘子が説いた)無我有の郷とかいう境地を思い浮かべ，じっくりと見入っていたが，とてもうららかにさす春の日光に気持ちよく暖まったので，眠たくなったのだろうか，何度もうとうとし，ついには倒れて寝てしまったのを，友人の中でだましごとをする男がやってきて，この老人が寝ているのをよい機会だと考え，蝶を一つ捕まえ，羽を少し傷つけて飛んでいけないようにし，そっと抜き足差し足で老人の胸の辺りを狙って差し入れ，自分は近くの柱と柱の間に隠れ，寝たふりをして(老人の様子を)こっそりと見ていると，老人はすぐに起き上がって，おもしろい夢でも見ていたのだろうか，独り言をつぶやきながら，「あらあら，私は今無我有の郷で遊んでいたようだ。本当にそうだ，本当にそうなのだ」と言って，頭を動かして喜ぶ様子をしたので，(男は)そのまま隠れて見ていると，あのふところに投げ入れた蝶が，(老人の)胸の辺りにはい上がって，襟に取りつき，羽を合わせて飛ぼうとしている様子を(老人は)見つけて，「さて。私が蝶なのか，蝶が私なのか」と言って，しばらく見つめていたのだが，手に取って，その羽の傷んだ所を見つけ，「これこそ夢に見たのと少しも違わない」と言って，膝を打って驚き動く。実のところ，飛びそこなって空から落ちた夢でも見ていたのだろうと思い，(男は)笑いたくなったので，口をふさいで逃げ帰ったということだ。

問⑳＜古文の内容理解＞老人は，中国の学問や風習などを好んでおり，特に荘子の思想に憧れを抱いていた。そのため，何事も荘子のまねをしようとした結果，おかしな行動を取ることが多かった。

問㉑＜古文の内容理解＞友人の男は，眠っている老人のふところに，傷つけた蝶を入れるいたずらをした。このいたずらに対し，老人がどのような言動をするか気になって，友人の男は，近くに隠れて老人の様子を見ることにしたのである。

問㉒＜古文の内容理解＞羽の傷ついた蝶を見た老人は，自分が夢で見た内容そのままであると言って驚いた。蝶と自らを重ね合わせ，これは荘子の教えと同じ境地であると感動していた。しかし近くで老人の様子を見ていた友人の男は，飛びそこなって空から落ちた夢でも見たのだろうと推測し，老人が予想どおりおかしな反応を取ったことに，笑いをこらえきれなくなって逃げ帰った。

四〔論説文の読解―自然科学的分野―人類〕出典；長谷川眞理子『世界は美しくて不思議に満ちている―「共感」から考えるヒトの進化』。

問㉓＜要旨＞ヒトは，共同繁殖の動物であり，伝統的な社会では親以外も子育てに参加する例が多く見られ，他の類人猿と違い，ヒトの子どもだけが大声で泣くのは，泣きやまなければ誰かが来てくれるからである(ウ…○)。しかし現代社会は，自然な形で親以外も子育てに参加する共同繁殖のあり方から遠ざかり，各家庭が孤立して子育てをしている(イ…×)。保育所などの共同繁殖の手段もあるが，子育てに適切な環境を得ること自体が難しい状況もあるため，親にばかり負担をかけず，社会として子育てに取り組んでいくべきである(ア・エ…×)。

五〔国語の知識〕

問㉔～㉘＜漢字＞㉔「敷設」は「ふせつ」と読む。「施行」は「しこう」または「せぎょう」または「せこう」，「赴任」は「ふにん」，「彩色」は「さいしき」または「さいしょく」，「発布」は「はっぷ」。　㉕「冬至」は「とうじ」と読む。「酷似」は「こくじ」，「次第」は「しだい」，「治水」は「ちすい」，「投資」は「とうし」。　㉖「借家」は「しゃくや」と読む。「狩人」は「かりゅうど」または「かりうど」，「容赦」は「ようしゃ」，「昔日」は「せきじつ」，「注釈」は「ちゅうしゃく」。㉗「湿潤」は「しつじゅん」と読む。「失敬」は「しっけい」，「放出」は「ほうしゅつ」，「執事」は「しつじ」，「言質」は「げんち」。　㉘「河川」は「かせん」と読む。「潜伏」は「せんぷく」，「革靴」は「かわぐつ」，「誓約」は「せいやく」，「外側」は「そとがわ」。

問㉙～㉝＜漢字＞㉙「ねずみ捕り」と書く。音読みは「捕獲」などの「ホ」。　㉚「抗争」と書く。張り合い，争うこと。　㉛「備(える)」と書く。音読みは「備蓄」などの「ビ」。　㉜「起源」と書く。物事の始まりのこと。　㉝「専(ら)」と書く。音読みは「専門」などの「セン」。

問㉞～㊳．㉞＜慣用句＞「一矢を報いる」は，自分への攻撃に対して，やり返す，という意味。㉟＜慣用句＞「水掛け論」は，両方が理屈を言い合って解決しない議論のこと。　㊱＜四字熟語＞「三々五々」は，人などが小さくまとまって散らばっているさま。また，少人数のまとまりで行動するさま。　㊲＜四字熟語＞「文明開化」は，人々の知恵や知識の発達とともに世の中が発展すること。特に明治初期に，西洋文明を積極的に模倣し，急速に西洋化・近代化した現象のこと。㊳＜四字熟語＞「絶体絶命」は，逃れようのない差し迫った状況にあること。

2020年度 淑徳与野高等学校（第１回）

【英　語】（50分）〈満点：100点〉

＜英語リスニング・テストについて＞

1．リスニング・テストは英語の試験の最初に行います。開始の合図後，約30秒して放送が流れます。

2．問題は全部で５問で，英文を聞き，その内容に対する質問の答えとして，それぞれ最も適切なものを選択肢から選ぶ問題です。なお，英文，質問の順に［Part A］は１回のみ，［Part B］は２回放送されます。放送を聞きながらメモを取ってもかまいません。

■放送問題の音声は，当社ホームページ(https://www.koenokyoikusha.co.jp)で聴くことができます。

1 リスニングテスト

［Part A］　Part Aは短いモノローグを聞いて，１つの質問に答える問題です。それぞれのモノローグと問いを聞き，答えとして最も適当なものを１つずつ選びなさい。

問①　ア

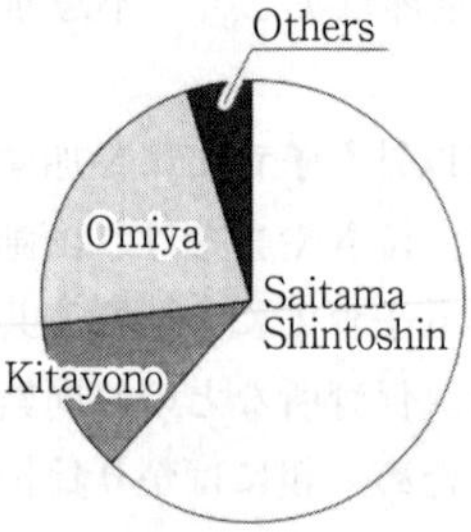

イ

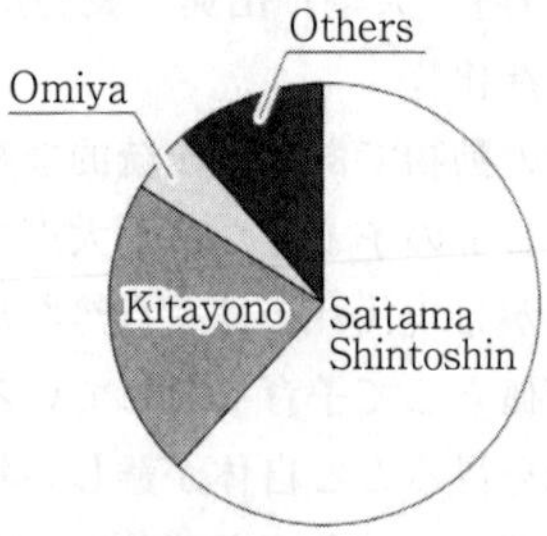

ウ

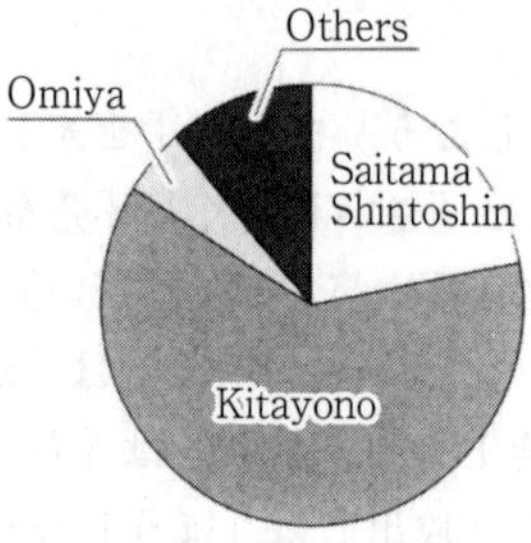

エ

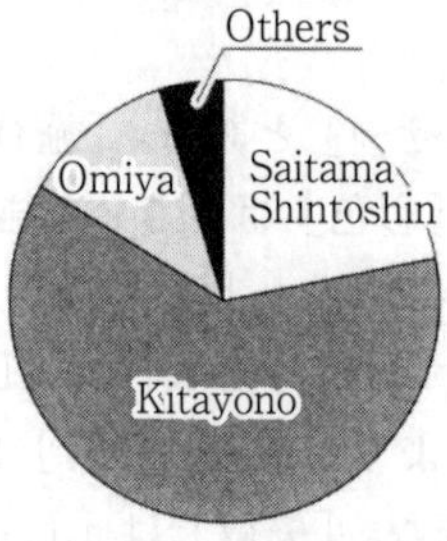

問②　ア　3　　イ　20　　ウ　21　　エ　23

［Part B］　Part Bは問③～問⑤の３問です。長めのモノローグを１つ聞き，それぞれの問いに対する答えとして最も適当なものを１つ選びなさい。

問③　ア　8：15　　イ　8：50　　ウ　9：00　　エ　9：10

問④　ア　4　　イ　5　　ウ　6　　エ　7

問⑤　ア　The sports day will be held on October 13th.

　　　イ　If it rains, the sports day will be cancelled.

　　　ウ　All the students will be given different kinds of prizes.

　　　エ　One of the goals of the sports day is working together.

※＜**リスニング・テスト放送原稿**＞は英語の問題の終わりに付けてあります。

2 次の英文を読み，各問に答えなさい。（＊印の語（句）は注を参考にすること）

Roberta, Peter, and Phyllis lived with their mother and father in a large house in the city. They had nothing to worry about. Their father was able to pay for a cook and a maid, so their mother did not have to do a lot of housework.

On Peter's tenth birthday, he received a model railway engine (⑥) a present. It made real steam, and the steam made it move. But there was something wrong (⑦) it. It blew up and wouldn't work anymore. When the children's father came home, he looked at the engine.

"I can repair it," he said, "but I don't have time now. I'll repair it another day."

One day, as the family was sitting happily around the table eating their meal, there was a knock at the door. The maid went to answer it. She soon came back and said to the children's father, "There are two men to see you, sir. ⑪I have asked them in to the front room."

The children's father thanked the maid and went to see the two men. He was gone a long time. The children heard their father's voice. He seemed to be shouting.

When he came back (⑧) the dining room, he said, "I must go away. I have a problem with the government."

As he was leaving the house with the two men, the children asked their mother what was happening. "Don't worry," she said. "Everything will be all right."

Every day for the next week, the children's mother left the house early in the morning and did not return (⑨) late in the evening. She looked ill and worried all the time.

"There is something wrong," the children thought. They asked the cook and the maid (⑬), but they would not say anything to the children.

Then about a week after their father went away, their mother said, "I'm sorry, children, but we must leave this house. We are going to live in a smaller house in the country."

(⑩) first, the children were excited. They thought this was a good idea. However, when they got to the house in the country, they were not happy. It was small and dirty, and Roberta thought she saw rats.

The children's mother told them that they weren't rats. They were just big mice. They did not really believe her, but they pretended that they ⑭did.

Only some of their furniture from their old house was in the cottage. Everything else was in boxes.

"I'm hungry," Peter said soon after they arrived. "Can we have some supper ?"

"I'm afraid ⑮the lady I paid to clean here and buy some food hasn't done her work very well," the children's mother said. "The cottage is still very dirty, and there isn't any fresh food."

"What are we going to do ?" Roberta asked.

"There's some canned food in a box in the cellar," her mother replied. "Let's go and see what is in the box."

They went down the stairs to the cellar. It was under the house, so it was very dark.

"There are some candles somewhere," the children's mother said. "Let's all look for ⑫them."

They soon found the candles. Then they looked around for something to open the box with. Peter found a *spade. He pushed it under the *lid of the box and pulled up to slowly open it. Inside, there were *tins of *sardines and a box of biscuits.

"(⑯)," the children's mother said, "but we can go to the shop in the village and buy what we need in the morning."

出典：Edith Nesbit, *The Railway Children*, Compass Publishing, 2009

（注） spade：くわ　lid：ふた　tin：缶詰　sardine：イワシ

問⑥～⑩　文中の(⑥)～(⑩)に入る適当な前置詞を選び，記号で答えなさい。ただし選択肢は1度しか使えません。文頭に来る語も小文字になっています。

ア at　イ by　ウ for　エ with

オ into　カ until　キ on

問⑪⑫　下線部⑪⑫の指す内容として適当なものを選び，記号で答えなさい。ただし，同じ選択肢を繰り返し使うことができます。

ア 子どもたちの父親　イ 子どもたちの母親　ウ メイド

エ 料理人　オ 男性　カ 子どもたち

キ ろうそく　ク 缶詰　ケ 箱を開ける道具

問⑬　文中の(⑬)に入る適当な語句を選び，記号で答えなさい。

ア if they knew what it was

イ if the children knew what it was

ウ if they had to leave the house

エ if the children would leave the house

問⑭　下線部⑭の指す語として適当なものを選び，記号で答えなさい。

ア told　イ pretended　ウ believed　エ saw

問⑮　下線部⑮の指す内容として適当なものを選び，記号で答えなさい。

ア 母親はここを掃除してから女性にお金を払い，食べ物を買いに行ったが十分に買えなかった。

イ 女性は掃除をするためにお金をもらい，食べ物を買いに行ったが，まだ掃除はあまりしていない。

ウ 母親はここの掃除と買い物をしておくことを女性に頼むのを忘れてしまったので，まだされていない。

エ 女性はここの掃除をして，食べ物を買うようにお金をもらったが，きちんとやっていない。

問⑯　文中の(⑯)に入る適当な語句を選び，記号で答えなさい。

ア Don't eat a meal in the kitchen

イ It is a delicious meal

ウ I can prepare a meal

エ It isn't much of a meal

問⑰　以下のア～オから本文の内容に一致するものを**2つ**選び，記号で答えなさい。

ア The mother didn't do housework at all because there was a cook and a maid.

イ The model railway engine was repaired right away by the father.

ウ The children noticed that something bad had happened to their father.

エ After living happily in the country for a while they became disappointed.

オ The children and their mother found some food in the cellar.

3　次の英文を読み，各問に答えなさい。（＊印の語(句)は注を参考にすること）

Recently, there have been many reports in newspapers and on TV about big animals coming into towns and cities. There have been bears in Vancouver parks, leopards on the streets of Mumbai and wild pigs in gardens in Berlin. What happens when big animals come into our cities? Is it a good thing or is it dangerous for us and the animals?

Wild animals usually come into cities to look for food. In Cape Town, South Africa, baboons sometimes come into the *suburbs. They eat fruit from gardens and go into people's kitchens and take food from cupboards and fridges! Baboons are strong animals and sometimes they scare children and fight with pet dogs. Many people do not like ⑱them, but the city can be (⑲) too. Sometimes, baboons are hurt in car accidents and the sugar in human food can be very bad for their teeth. The city *council in Cape Town has a team of Baboon Monitors. Their job is to find baboons in the city and take them back to the countryside. This makes the city safer for people and it is healthier for the baboons. The problem is that a lot of baboons will come back to the city to find food again.

In Berlin in Germany, groups of wild pigs sometimes come into the city to look for food. Pigs have come into the city for hundreds of years, but now the winters are warmer; there are more pigs than in the past. Pigs eat flowers and plants. They dig in gardens and parks in the city. They also walk in the street and cause traffic accidents. Some city *residents like the pigs and give them food. But the city council is worried about the traffic accidents. They have ⑳(giving / people / told / to / food / the pigs / stop) and have put up fences to stop the pigs entering the city.

In Moscow in Russia, there are 35,000 wild dogs. They live in parks, empty houses, markets and train stations. Some of the dogs were pets that people did not want, so ㉑they left them on the streets. Others were born on the streets and have always lived there. Some dogs live alone and others live in packs (a pack is the name for a group of dogs). In 2010, scientists studied the dogs. They found some very interesting facts:

・Packs have leaders. The leaders are the most intelligent dogs and not the biggest or strongest ones.
・Dogs know that it is safer to cross the street with people and some dogs understand traffic lights.
・Dogs have learned that people give more food to small, cute dogs than to big ones. The (㉒) dogs in a pack wait on the street for people to give them food. When they have got some food, they share it (㉓) the other dogs in the pack.
・Some dogs have started travelling (㉔) the Moscow underground trains.

What do the people in Moscow think of the dogs? A lot of people like them and are used to seeing them on the streets. They give the dogs food and water to drink. The winter in Moscow is very cold with lots of snow and temperatures of −10℃. It can be hard for dogs to survive but some city residents have built small *huts for the dogs to live in during the winter.

Mice, squirrels and birds often live in cities and survive. Some bigger animals like the dogs in Moscow can survive in the city too, with a little help from their human friends. For many big animals, cities are dangerous places and they need our help to return to the countryside.

出典：Robin Newton, *Animals in the city - level 2*

https://learnenglishteens.britishcouncil.org/study-break/graded-reading/animals-city-level-2

（注） suburb：（都市の）郊外（住宅地区） council：（地方）議会 resident：住民 hut：小屋

問⑱ 下線部⑱の指す内容として適当なものを選び，記号で答えなさい。

ア baboons イ strong animals

ウ children エ pet dogs

問⑲ （⑲）に入る適当な語句を選び，記号で答えなさい。

ア good for baboons

イ dangerous for baboons

ウ comfortable for baboons to live in

エ easy for baboons to find food in

問⑳ 下線部⑳を正しく並べかえるとき，3番目と6番目に来るものの組み合わせとして適当なものを選び，記号で答えなさい。

ア giving ―people イ giving ―told

ウ the pigs―people エ the pigs―told

オ to ―the pigs カ to ―food

問㉑ 下線部㉑の指す内容として適当なものを選び，記号で答えなさい。

ア some wild dogs イ pet dogs

ウ some pet owners エ scientists studying the dogs

問㉒ （㉒）に入る適当な語句を選び，記号で答えなさい。

ア biggest イ strongest ウ cutest エ most intelligent

問㉓㉔ （㉓）（㉔）に入る適当な前置詞をそれぞれ選び，記号で答えなさい。ただし，同じ選択肢を繰り返し使うことができます。

ア on イ at ウ by

エ to オ for カ with

問㉕㉖ 本文の内容に合うように，次の質問に対する答えをそれぞれ選び，記号で答えなさい。

㉕ Which of the following is true about Berlin in Germany?

ア As the winters are warmer than before, wild pigs have come into the city recently.

イ All the people living there welcome the pigs in and take care of them.

ウ Some people see the traffic accidents that the pigs cause as a problem.

エ Some city residents have built fences so that the pigs cannot come into the city.

㉖ Which of the following is true?

ア It is unusual for wild animals to come into towns and cities.

イ Thanks to the Baboon Monitors, baboons will never come back to the city again.

ウ A lot of wild dogs are coming from the countryside into Moscow to look for food.

エ Some people in Moscow help wild dogs survive the cold winters.

問㉗ この文章が伝えたいこととして適当なものを選び，記号で答えなさい。

ア 多くの大型動物にとって街は危険なので，彼らが自然へ帰れるような援助をするべきである。

イ 人間に危害を加えるのは大型動物のみならず，街に暮らすネズミやリス，鳥も含まれる。

ウ モスクワの例のように，これからは人と動物が街で共に生きていける社会を育むべきである。

エ 街に来る動物がもたらす良い面に目を向け，私たちは彼らに手を差し伸べるべきである。

4 次の各組の中には誤りの文が１つ含まれている。誤りの文を選び，記号で答えなさい。

問㉘ ア He showed me some pictures taken in New York.
イ Your father read some books about Japan, doesn't he ?
ウ Shall we take a walk along the river before breakfast ?
エ On Friday evening, a big party for patients was held at the hospital.

問㉙ ア How many times have you been to Tokyo Disney Sea ?
イ The building that stands near the station is our school.
ウ My sister became happily when I told her the old story.
エ What is this bird called in English ?

問㉚ ア I would like to know what club he belonged to in high school.
イ Will you tell me which way to go ?
ウ The baseball game I watched last night was exciting.
エ She is the best basketball player in the students at my school.

問㉛ ア His mother said that he is in his room then.
イ You should be careful when you cross the street after it gets dark.
ウ She has lived at this place in Saitama since she came to Japan.
エ He is not only good at playing the piano but also dancing.

5 選択肢の語(句)を並べかえて会話が成り立つようにするとき，㉜〜㊲に入るものを選び，記号で答えなさい。

1 A： I have some questions (　　) (　　) (　　) (㉜) (　　) (㉝) (　　).
B： You should get in touch with Chris. I'm sure he will help you with your homework.
ア the homework　イ finish　ウ about　エ I
オ by　カ must　キ tomorrow

2 A： The Open Water Swimming tournament was held at Odaiba Seaside Park yesterday.
B： Is Odaiba Beach (　　) (㉞) (　　) (　　) (　　) (　　) (㉟)?
ア swim　イ clean　ウ enough　エ for
オ in　カ to　キ international swimmers

3 A： I'd like to get something to eat.
Do (　　) (　　) (㊱) (　　) (㊲)?
B： I'm sorry I don't.
ア when　イ the restaurant　ウ you　エ opens　オ know

＜リスニング・テスト放送原稿＞

Hello, everyone.

This is the listening part of the test.

The listening comprehension test has two parts, Part A and Part B.

Are you ready?

Let's get started!

For Part A, each monologue and question will be read one time only.

Part A　1　The factory my father works for is near three stations — Omiya Station, Saitama-shintoshin Station, and Kitayono Station. Most of the workers get off at Saitama-shintoshin Station and walk to the factory. The second most popular station is Kitayono Station. The people who take the Saikyo Line get off at this station. Omiya Station is served by the Tobu Urban Park Line as well as about 15 JR lines, but the number of workers who get off at this station is small. Most workers take trains, but about 10% of them come to work by car or bicycle.

問①　Which graph is true?

2　David is going to have a birthday party this weekend. Twenty people are invited to his party. At first Christine was planning to make twenty cupcakes and bring them to the party, because she thought each of the guests would have one. However, she realized she had forgotten to count David and his parents. She has decided to make another three.

問②　How many cupcakes will Christine bring to David's birthday party?

For Part B, the passage and the questions will be repeated twice.

Part B　This year's sports day will take place on October 30th at Sakura Memorial Arena in Saitama City. Events will begin at 9:10 am, so students should arrive in front of the gym before 8:15. As soon as they get into the gym, they should change clothes in the locker rooms and get together at the main stadium by 9:00 for the opening ceremony. The events will include dodgeball games, basketball games, volleyball games, a relay race and rope jumping.

The students will make teams with their classmates. Prizes will be given to the students as a class. They will learn the importance of working together, working hard, and competing for the whole team through this day.

問③　What time will the opening ceremony start?

問④　How many events will be done?

問⑤　Which is true?

【数　学】（50分）〈満点：100点〉

（注意）1．定規，コンパス，分度器は使用しないでください。

2．問題の文中の [ア]，[イウ] などの [　] にはそれぞれ数値が入ります。

(i) ア，イ，ウ，……の1つ1つにはそれぞれ0から9までの数字1つが対応します。それぞれの欄の数字をマークしてください。

(ii) 分数形で解答が求められているときは，既約分数で答えてください。

(iii) 比の形で解答が求められているときは，最小の整数の比で答えてください。

(iv) 円周率は π とします。

1 (1) $\sqrt{\left(-\frac{3}{2}\right)^4}\times 2\sqrt{2}\div\sqrt{27}=\frac{\sqrt{[ア]}}{[イ]}$ である。

(2) $x=-\frac{1}{7}$，$y=\frac{18}{5}$ のとき，$\frac{6x+y}{4}-\frac{2x-y}{6}=\frac{[ウ]}{[エ]}$ である。

(3) $\sqrt{120n}$ が自然数となるような整数 n のうち，最も小さい n の値は [オカ] である。

(4) 大小2つのさいころを投げるとき，出た目の数の積が12の約数になる確率は $\frac{[キ]}{[ク]}$ である。

(5) 次の表は，8人の生徒が数学のテストを受けたときの結果である。このテストの問題は20問あり，配点は1問5点である。

出席番号	1	2	3	4	5	6	7	8
数学の点数	75	80	95	x	55	70	85	50

(i) 平均点が72.5点のとき，このデータのメジアンは [ケコ].[サ] 点である。

(ii) x の値が不明のとき，このデータのメジアンとして [シ] 通りの値をとり得る。

2 (1) 2次方程式 $x^2-ax-36=0$ の解の1つが -2 であるとき，a の値は [アイ] である。また，もう1つの解は [ウエ] である。

(2) 2桁の正の整数 P がある。P の十の位と一の位の数を入れかえた整数を Q としたとき，Q は P の2倍より12小さくなった。また，P と Q の和は132であった。P は [オカ] である。

(3) 2つのストアAとBでは定価1000円の同じ商品Xを販売している。ストアAでは，入会金1400円を支払って会員登録すると全商品が25％割引になる。ストアBでは，8個以上買うと8個目から3割引きになる。このとき，商品Xを [キク] 個以上買うと，ストアAよりストアBで買った方が，支払い総額が少なくなる。

3 右の図のように，2つの放物線 $y=x^2$，$y=ax^2$ と直線 $y=4$ がある。直線が y 軸と交わる点をAとし，2つの放物線と交わる点をそれぞれB，Cとする。このとき AB：BC＝1：2 である。

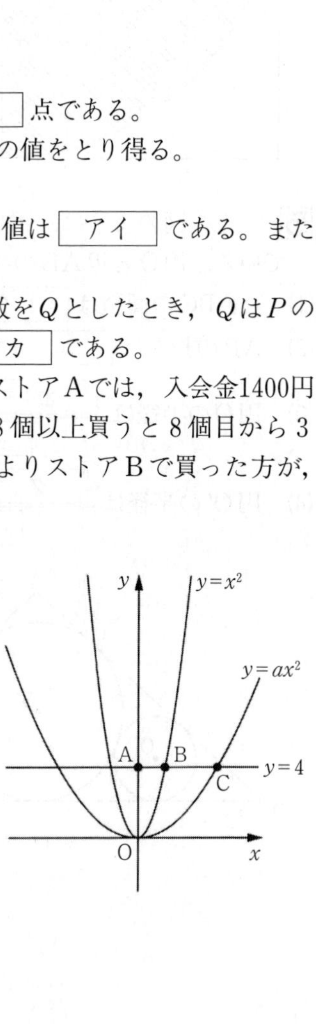

(1) $a=\frac{[ア]}{[イ]}$ である。

(2) △OCDの面積が16となるように，y 軸上の正の部分に点Dをとる。

点Dの座標は $\left(0,\ \frac{[ウエ]}{[オ]}\right)$ である。

(3) △OCPの面積が16となるように，$y=x^2$ のグラフ上に点Pをとる。

点Pの座標は$\left(-\boxed{\text{カ}},\ \boxed{\text{キ}}\right)$または$\left(\dfrac{\boxed{\text{ク}}}{\boxed{\text{ケ}}},\ \dfrac{\boxed{\text{コサ}}}{\boxed{\text{シ}}}\right)$である。

4 (1) 右の図のように，正五角形ABCDEがありACとBEの交点をFとおく。

∠AFE＝$\boxed{\text{アイ}}$°である。

また，△ABF∽△BEAより，ABの長さはAFの長さの$\dfrac{\boxed{\text{ウ}}+\sqrt{\boxed{\text{エ}}}}{\boxed{\text{オ}}}$倍である。

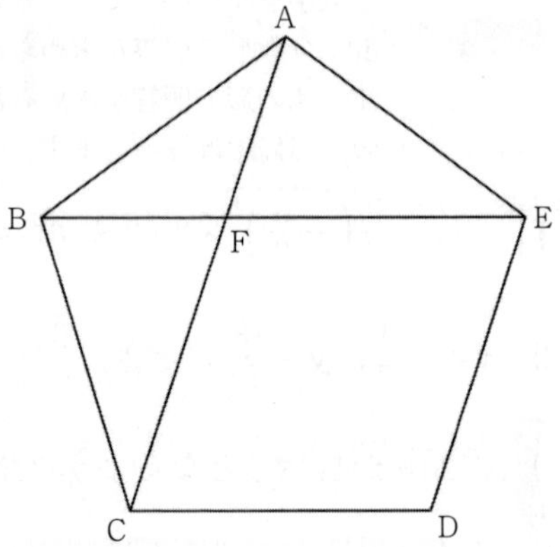

(2) 下の図のように，大きさの異なる複数の正方形からなる図形がある。AとA′は合同な正方形で，１辺の長さは２である。斜線部分は正方形Bの１辺を半径とするおうぎ形である。

斜線部分の面積は$\boxed{\text{カキク}}\pi$である。

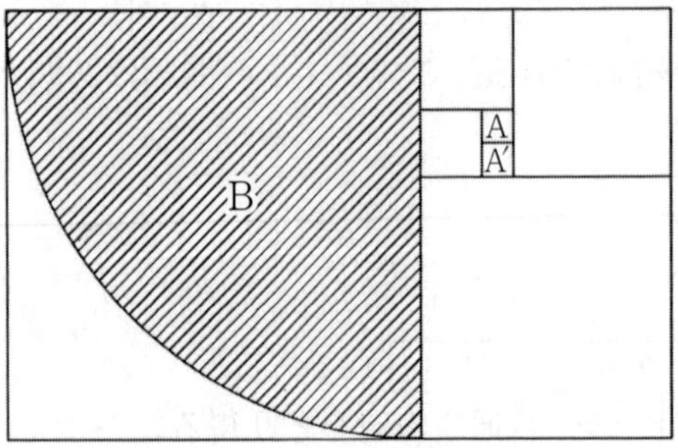

5 下の図のように，円OはAB＝ACの△ABCの各辺に接し，円O′は辺AB，BCと円Oに接している。円Oと辺ABの接点をPとする。

(1) △ABCの面積は$\boxed{\text{アイ}}\sqrt{\boxed{\text{ウ}}}$である。

(2) APの長さは$\boxed{\text{エ}}$である。

(3) 円Oの半径は$\dfrac{\boxed{\text{オ}}\sqrt{\boxed{\text{カ}}}}{\boxed{\text{キ}}}$である。

(4) 円O′の半径は$\dfrac{\boxed{\text{ク}}\sqrt{\boxed{\text{ケ}}}}{\boxed{\text{コ}}}$である。

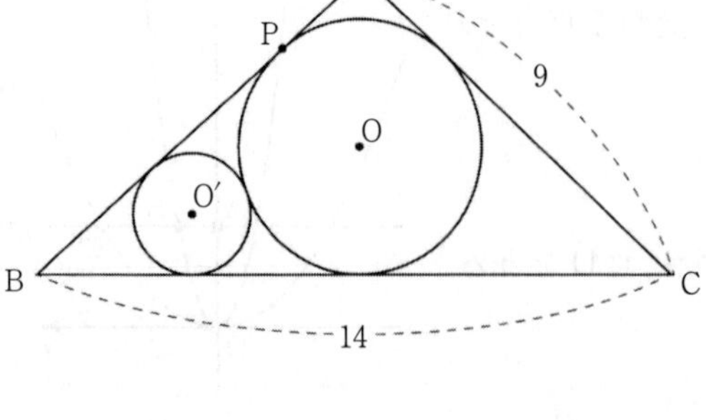

6　1辺の長さが3の立方体の中に，この立方体の1つの面を底面とする高さが3の正四角錐がある。右の図はこの正四角錐を2つ組み合わせてできた八面体である。

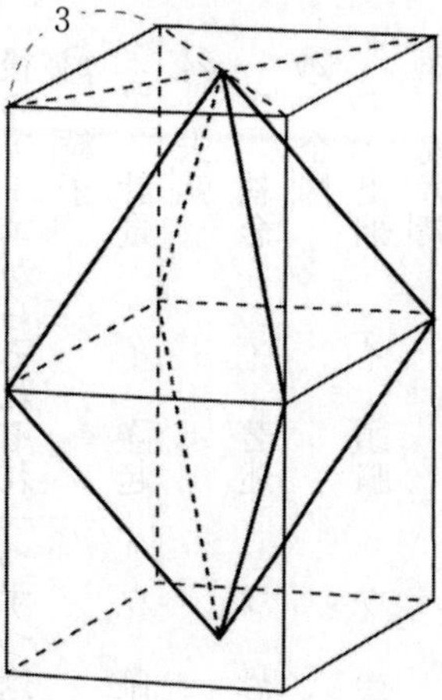

(1)　八面体の体積は［アイ］である。

(2)　八面体の表面積は［ウエ］$\sqrt{\text{［オ］}}$である。

(3)　八面体の隣り合う面の重心どうしを結んでできる立体の体積は［カ］である。

入れることは、人間にとって難しいことなのである。

（竹内　啓『偶然とは何か』より）

問㉒　本文の内容に合致するものを、次のア～エから一つ選びなさい。

ア　宇宙の秩序から逸脱する出来事を、古代の人々は「神意」という必然の表れと解釈して生きていたが、それは何ら理由なく発生する純粋な「偶然」を否定する、古代に特徴的な考え方だと言える。

イ　仏教における「因縁」と古代ギリシャの「神託」は人智を超えた現象に必然性を見出そうとする点で共通しているが、「因縁」と違って「神託」は、神がもたらしたものなので人間には理解できない。

ウ　でたらめと思われる現象を受け入れることは人間にとって難しいが、おみくじや筮竹などによって示される「偶然」には神意という「必然」が感じられるため、人間はその結果に納得することができる。

エ　人にふりかかる災いは逃れようとしても逃れられないものであるため、本来必然的に起こったことであっても、人々は偶発的なメカニズムによって決定されたと理解しようとする。

五

次の各問いに答えなさい。

問㉓～㉗　次の――部の読みと同じ読み方をする漢字を含む語を、後のア～エからそれぞれ一つずつ選びなさい。

㉓　粒子

ア　計量　イ　隆起　ウ　確率　エ　号泣

㉔　去就

ア　執念　イ　著述　ウ　恐縮　エ　殊勝

㉕　企図

ア　出納　イ　頭脳　ウ　塗装　エ　絵画

㉖　安普請

ア　晴天　イ　答申　ウ　謙譲　エ　招待

㉗　排斥

ア　屈折　イ　勝訴　ウ　徐行　エ　蓄積

問㉘～㉜　次の――部を漢字に直すとき、それと同じ漢字を含む語を、後のア～エからそれぞれ一つずつ選びなさい。

㉘　雨天中止がアヤぶまれる。

ア　過失　イ　危害　ウ　誤算　エ　奇怪

㉙　工夫をコらす。

ア　往来　イ　堅固　ウ　凝縮　エ　超越

㉚　常キを逸している。

ア　既定　イ　基本　ウ　規則　エ　軌道

㉛　ソ置を講ずる。

ア　処理　イ　粗末　ウ　挙措　エ　阻害

㉜　会費をチョウ収する。

ア　象徴　イ　調査　ウ　前兆　エ　帳簿

問㉝～㊲　次の熟語の□にふさわしい漢字を、後のア～エからそれぞれ一つずつ選びなさい。

㉝　意味□長

ア　伸　イ　深　ウ　新　エ　慎

㉞　一衣□水

ア　帯　イ　引　ウ　一　エ　万

㉟　一日千□

ア　騎　イ　秋　ウ　夕　エ　日

㊱　捲□重来

ア　圧　イ　福　ウ　厳　エ　土

㊲　言語□断

ア　堂　イ　同　ウ　道　エ　動

人々を納得させてしまった。

イ　世の中全体の幸福を願う青砥左衛門は、自分が落とした十文を捜すことを口実に貧しい商人から続松を買うことで、庶民を救済しようと考えた。

ウ　持っていた十文を川に落としてしまった青砥左衛門は、それを捜すのに商人から五十文で続松を買ったため、合計で六十文の損をすることとなった。

エ　常識はずれの買い物をしたことを周囲は馬鹿にしたが、青砥左衛門はむしろ周囲の人々の方が狭い見方しかできないという点でおろかだと反論した。

四

次の文章を読んで、後の問いに答えなさい。

偶然の中にこそ「神意」が現れるという考え方はすべての宗教の中に存在し、現代でも人々の意識の中に残っていると思われる。偶然的なメカニズムを通して「神意」を伺うということは、「おみくじ」、筮竹《ぜいちく》による占い、カード占いなどに広く見られる。

くじ引きは公平であるといわれ、またそういうものとして普通人々に受け入れられている。「くじ引き」つまり「人々の権利や義務について優先度が判定できないような場合には偶然的なメカニズムによって決定する」ということは、多くの社会において（場合によっては暗黙の）ルールとなっているように思われる。

しかしなぜこのようなルールが存在しているかということを考えると、そこには人々が理解できない、でたらめと思われる現象の中には、人間の理解を超えた合理性（つまり「神意」）が存在しているという感覚が残されているように思われる。

創造主としての人格神を認めない仏教においても、すべてのものは因縁によって結びついているとされる。人間は生きている限りのこの世だけでなく、死後の世とも、また生まれる前の前世とも、因縁によって結びついている。このような「因縁」あるいは、「因果応報」の原理はこの世を貫く必然性であり、それは一般法則のような普遍的なものというよりも、個々の現象について必ず成り立つものである。したがってこのような考え方からすれば、「偶然」というものは存在しないことになる。

「因縁」は論理的に説明することも可能であるが、しかし完全に理解可能なものとは考えられていない。むしろ何か不可能なこと、あるいは不当と思われることが起こったとき、それは「宿世《すくせ》の因縁だ」と考えて納得してしまうことになる。「因縁」は無人格的なものであって「神」ではない。仏教の教えの中心は、このような「因縁」を理解することではなく、「解脱《げだつ》」によって「因縁」から解放されて、「成仏」することにあったのである。

古代ギリシャでは、人間は「運命」に支配されていると考えていた。それは人間を支配する「必然性」であるが、それは何かわけのわからないものであり、「神託」を通して知ることができるが、それから逃れようとしても逃れることのできないものであった。それは「悲劇」のテーマとなったのである。人に振りかかる「偶然」と見えるものは、実は必然的な「運命」なのであると古代ギリシャ人は考えた。

古代の人々は、宇宙に秩序が存在することを発見し、したがって必然性がものごとを支配することを認めたが、同時に人間が理解できないことも起こることは認めざるをえなかった。しかしそれを些《さ》細《さい》な乱れとして無視してしまうことができない場合は、それを何か不可解な「必然性」の表れとして、「神意」「因縁」「運命」などと解釈したのであった。

それはある意味では偶然を別種の「必然」と見なすものであり、「偶然」の存在を否定するものであった。純粋の「偶然」、つまり何ら理由なくして発生したり起こったりするものやことの存在を受け

三 次の文章は、鎌倉幕府の引付《ひきつけ》衆(裁判の公平・迅速《じんそく》を図るための役人)である青砥左衛門《あをとさゑもん》という人物について書かれたものである。これを読んで、後の問いに答えなさい。

またある時、この青砥左衛門夜に入りて出仕しけるに、いつも(注1)燧袋《ひうちぶくろ》に入れて持ちたる銭を(注2)十文《もん》取りはづして(取り出しそこねて)、(注3)滑川《なめりがは》へぞ落し入れたりけるを、少事の物なれば、「よし、さてもあれかし」(まあ、しかたのないことよ)とてこそ行き過ぐべかりしが(通りすぎるのが普通であるが)、以《も》つてのほかあわてて、その辺の(注4)町屋へ人を走《とぼ》らかし(走らせ)、銭五十文を以つて(注5)続松《たいまつ》を十把《じっぱ》買ひて下り、これを燃《とぼ》してつひに十文の銭をぞ求め得たりける。後日にこれを聞きて、「十文の銭を求めんとて、五十にて続松を買ひて燃したるは、小利大損かな」と(1)笑ひければ、青砥左衛門眉《まゆ》をひそめて、「さればこそ御辺《ごへん》(あなた)たちは愚《おろ》かにて、世の費《つひ》えをも知らず(世の中の損失も考えず)、民を恵む心無き人なれ。銭十文はただ今求めずは、滑川の底に沈みて永《なが》く失《う》せぬべし(失われるに違いない)。それがしが続松を買はせつる五十の銭は、商人の家に止《とど》まつて永く失すべからず。わが損は商人の利なり。(2)かれとわれと何の差別かある。かれこれ六十の銭を一つをも失はず、あに天下の利にあらずや(どうして世の中の利益でないことがあろうか)」と、爪弾《つまはじ》きをして申しければ、難じて笑ひつるかたへの人々(そばにいた人々)、舌を振りて(驚いて)ぞ感じける。

(『太平記』より)

(注1) 燧袋…火打道具を入れて携帯する小さな袋。
(注2) 十文…「文」は銭貨の単位。
(注3) 滑川…鎌倉の由比ガ浜に注ぐ川。
(注4) 町屋…商人の家。
(注5) 続松…明かりとして使用するために、手で持てる形の火のついた木切れのこと。

問⑲ ――(1)の理由としてふさわしいものを、次のア～エから一つ選びなさい。

ア 青砥左衛門が落とした十文を大慌てで捜した結果、さらに多くの銭を落としたから。
イ 青砥左衛門がたった十文の捜索のために大勢の人々を巻き込み、評判を落としたから。
ウ 青砥左衛門が十文を捜し出すために、より多くの銭を使うことになったから。
エ 青砥左衛門が小さな努力で大もうけしようとしたら、かえって損することになったから。

問⑳ ――(2)の意味としてふさわしいものを、次のア～エから一つ選びなさい。

ア 庶民である商人も役人である我々も、身分に関わらず平等に扱われるべきである。
イ 続松を売った商人と買った私とを、損得にこだわって区別するのはおかしなことだ。
ウ 十文と五十文とでは金額に差はあるものの、どちらもお金なので大切だ。
エ 自分の利益しか考えないあなた方と、慈善の心をもつ私には大きな差がある。

問㉑ 本文の内容と合致するものを、次のア～エから一つ選びなさい。

ア 青砥左衛門は銭を川へ落とすという失敗を周囲にあざけられたことに腹を立て、言葉巧みに反論し自身を正当化することでりしたことの何分の一も表現できない。

ウ　思っていることを短歌にしようとしても、自分の言葉のレパートリーが乏しいため、ふさわしい表現が見つからない。

エ　自分の考えに言葉を与えようとすると気づくことだが、実は私たちはほとんど何も考えていない。

問⑮　――(3)の理由としてふさわしいものを、次のア〜エから一つ選びなさい。

ア　情報を得るために必要な時間と手間は非常に少なくなったが、その情報が正しいかどうかわからないし、おもしろみのない情報もあふれているから。

イ　インターネットで必要な情報がすぐ手に入るため、時間をかけて知を構築してきた人に敬意を払わなくなるし、知見の広がる可能性がせばまるから。

ウ　あまりにも手軽に知が手に入るため、インターネットの恩恵をこうむっているという意識が希薄になり、自分が考えたかのように思ってしまうから。

エ　情報を得るスピードばかり重視して、辞書で調べたり図書館に行ったりする手間を惜しむようになるし、検索した結果に疑問を感じなくなるから。

問⑯　――(4)について、筆者はどのような「『知』へのアクセス」が良いと考えているか、ふさわしいものを次のア〜エから一つ選びなさい。

ア　本屋で本を探しているうちに、ふだんは意識されていなかった興味関心がかき立てられ、別の本を買ってしまうこと。

イ　インターネット検索をしていて元の内容から横道にそれてしまったときに、図らずもおもしろい本に遭遇すること。

ウ　本屋の書棚にずらりと並んだ本の背表紙を眺めて、欲しい本が見つかるまでの「待つ」時間に耐え、その時間を楽しむこと。

エ　検索エンジンで本を探しているうちに、もともと探していたもの以上に自分に必要な本が見つかり、購入すること。

問⑰　――(5)中の「絵文字」に対する筆者の考えとして**ふさわしくないもの**を、次のア〜エから一つ選びなさい。

ア　〈私〉という存在には、どの絵文字とも違う感情が動いているはずである。

イ　絵文字とは万人の共通感覚の表象なので、「最大公約数」にたとえることができる。

ウ　絵文字を選ぶということは、既存のパターンに自分の感情を押し込めることに等しい。

エ　自分の感情を掘り起こし、絵文字ではなく形容詞からふさわしい表現を探すべきである。

問⑱　この文章の内容としてふさわしいものを、次のア〜エから一つ選びなさい。

ア　絵文字とはすでに相手と共有されている枠組みをなぞっているだけの符号で、リアルな感情を表現しているものではない。絵文字を多用しているために、現代人は形容詞も適切に使えなくなってしまった。

イ　検索エンジンは効率的に情報を得ることができるが、その情報の多くは誰が書いたかわからないような説明文で構成されている。そんなものをいくら調べても「知へのアクセス」とはとても言えない。

ウ　メールでの短いやり取りは、言葉を吟味して考えを整理せずに、とりあえず用を済ませているだけである。それが習慣化するうちに、現代人は一つの主題について思索できなくなりつつある。

エ　短歌とは、言葉探しのプロセスで自分の固有の感情を掘り起こしていくものである。しかし現代人は「待つ」ことに耐えられなくなっているので、短歌という表現形式が衰退する可能性もある。

込めてしまうことなのかもしれない。

　できるだけ形容詞を使わないで、自分の感じたことを表現する大切さについては(注)すでに述べた。自分だけが感じたことを伝えるためには、万人の共通感覚の表象である形容詞に頼らないことは、基本中の基本である。

　この形容詞のもっとも現代的なバージョンが絵文字というものであるかもしれない。(5)絵文字、顔文字など多くのものが使われており、悲しいという表情だけでも、何十種類もあるらしい。時おり人からもらうメッセージにこんな顔文字が入っていたりすると、それはなかなか楽しいものではある。

　いっぽうで感情表現がこのような既成の絵文字によって代替されてしまうことは、やはりまずいのではないかと私は思っている。絵文字にせよ、顔文字にせよ、それらは多くの人たちの、ある感情の最大公約数であろう。形容詞のもっとも一般化されたものと言ってもいいかもしれない。

　しかし、自分の今の考えや感情を、どの絵文字を使えば、いちばん近いだろうと選ぶ作業は、自分の感情をどう表現しようかというよりは、すでに用意されているパターンのどれに該当するかを択ぶ、当てはめるという作業にすり替わっているのだとも言える。

　最大公約数としての絵文字にすり寄るような形で自分の感情を整理してしまうことは、自分という、他にはないはずの存在に対して、あまりにも無責任な対応ではないのかと思うのである。たぶん、〈私〉は、それらあらかじめ用意されたどれとも違う「悲しい」をいま感じているはずなのである。それらを掘り起こしてやらなければ、自分が可哀そうではないだろうか。

（永田和宏『知の体力』より）

（注）すでに…筆者は、この文章の前の章の中に「『ヤバイ』だけではヤバクない？」という節を設けている。

問⑩～⑫　═══A～Cの意味としてふさわしいものを、後のア～エからそれぞれ一つずつ選びなさい。

⑩　A「寸鉄人を刺す」

ア　相手を殺すほどの威力がある
イ　鋭く真理を表現する
ウ　短いが社会の問題点をえぐり出す
エ　簡潔なことばで欠点を攻撃する

⑪　B「独断の誹り」

ア　根拠が無いとけなされること
イ　浅はかな意見だと非難されること
ウ　個人的な意見を押しつけること
エ　あえて過激な言い方をすること

⑫　C「打てば響く」

ア　非常に賢いこと
イ　内容が的確であること
ウ　心が通じ合うこと
エ　即座に反応すること

問⑬　――(1)の理由としてふさわしいものを、次のア～エから一つ選びなさい。

ア　肉筆で手紙を書く場合は筆跡も思いを伝えるし、電話は声が思いを伝えるが、メールは電子データに過ぎないから。
イ　思いを伝えるにはまとまった分量が必要だが、ケータイメールの短いやり取りでは、そもそも分量が足りないから。
ウ　肉筆の場合には、言葉を探すうちに自分の思いが整理されていくが、ケータイメールにはその過程が欠けているから。
エ　手紙を書いていた頃はものを突きつめて考えていたが、ケータイメールが常態化するうちに思い自体が希薄化したから。

問⑭　――(2)の内容としてふさわしいものを、次のア～エから一つ選びなさい。

ア　自分の思いを可視化する技術が未熟なうちは、何も考えていないような短歌になってしまいがちだ。
イ　三十一文字の短歌の形式では短すぎるため、感じたり思った続してくれる。ある事件を調べるために、図書館に行って、関係資料を持ちだすという手間をかけなくとも、ネットの情報でアウトラインを摑《つか》むことは、ほとんどの場合可能になっている。

いまや情報や知識を得るために必要な時間と手間は、ネット普及前に較べて、比較にならないほどに少なくなっている。まことに手軽になり、高い辞書を買うことも、図書館まで調べに行くことも、ほとんど必要ないまでに手軽になってしまった。

これを駄目だと言う自信は、私にはない。ないが、それでいいのかとも思う。

私が危惧を感じるのは、まず第一に、「知」があまりにも手軽に手に入るという状況は、これからの私たちの「知」へのリスペクト(尊敬)の念に、大きな変更を迫ることになるだろうということである。諸橋轍次の『大漢和辞典』を引くとき、新村出の『広辞苑』を引くとき、その行間に、私たちははっきりとは意識しないまでも、これを営々とした努力の末に完成させた人(あるいは人々)の存在を、かすかに感じているはずである。その恩恵を蒙《こうむ》っているという意識は、それが必ずしも感謝にはつながらないまでもどこかで感じているだろう。

あっけなく情報が入ってくるネットでは、そして誰がそれを書いたのかがはっきりしないような説明文からは、そのような「知への尊敬」の念はほとんど湧いてこないというのが実感である。「知」というものがなんとなく入ってくるという前提からは、「知」の開拓のために自らの人生を賭けてみようなどという若者が生れるとは考えにくい。

いま一つの問題と私が考えるのは、(4)「知」へのアクセスの直截《ちょくせつ》性である。グーグルにせよ、ヤフーにせよ、検索エンジンはまことに見事に、知りたいと思う情報に私たちを直接導いてくれる。時間の無駄もなく、まことに効率的である。

しかし、この「知」への着地の仕方には、実はなんのおもしろみもないと、私などは思うのである。本が欲しい。本屋へ行って、なかなか見つからない一冊の本を探す。図書館でも同じであろう。そんなとき、探しているのとは違うものだが、背表紙を見ていてとても興味を引かれて、思わず買ってしまったなどという経験は、多くの人にあったはずだ。

この犬も歩けば棒に当たる式の、偶然の出会いという形での「知」への遭遇は、ネット環境下では、まず起こり得ないものだろう。一直線に、いま求めている情報へと私たちを導いてくれる。アマゾンで本を注文すれば、欲しい本だけが見える仕組みになっている。意識の外側にあって、普段は現れてこないのだけれども、背表紙を見ていて不意に自分の別の興味に火がつくといった形での、「知」へのアクセスの仕方、実は読書や調べものの楽しみは、こんな思わず入った横道での出会いにこそあるのかもしれないと、私は思っている。

「待つ」という時間に耐えられないで為す知識や情報へのアクセスは、効率的ではあろうが、幅ということからはきわめて限定的と言わざるをえない。読書の豊かさといったものは、そんな寄り道にこそあるのだから。

ケータイメールやツイッターは、B独断の誹《そし》りを覚悟で言えば、「思考の断片化」を促進するという危険性を持っているのではないかと、私は思っている。

誰かからのメールが届くと、C打てば響くようにそれに返信をする。すぐまた別の友人からのメールが届く。まったく違った内容であろうが、それにも返信をする。そのような間髪を容れず多くのメールへ対応するという習慣は、私たちから一つのことをじっくり考えるという習慣を奪ってしまう危険性を持っている。それはすなわち、〈自己へ向かう〉という大切な時間を奪ってしまうものでもある。

「思考の断片化」も怖しいが、気がつかないうちに陥ってしまう、もう少し「ヤバイ」危険性は、既存の考え方の枠の中に自分を押し字で思いを伝えるではないか。名言と言われる文句はたいてい短いがそれでもA寸鉄人を刺すような警句もあるぞ、と言われれば確かに可能ではある。しかし、それらは短い言葉になるまえに、言葉を見つけるまでの圧倒的な長さの時間を経てきたものなのだ。さらっと出たものではない。

特に肉筆で手紙を書いていた頃、書くという行為のなかで、自分の考えが徐々に整理されていくのを実感できた。出来あいの誰もが使う言葉を避け、自分の実感にもっともフィットする言葉を探しながら書くという行為は、自分の考えを整理するとともに、思ってもいなかった考えの飛躍をもたらすことがある。

言葉にする前は、何か深遠なことを考えているようでも、実はほとんど何も考えていないに等しかったということはよくあることだ。その不徹底さは、実際に手紙を書きはじめると、実は何を書きたかったのかさえわからなくなるような混乱として終ることも珍しくない。つまり、私たちはそれほどにも、日常ものを突きつめて考えると言うことが少ないのだ。

土屋文明さんという歌人がいた。「アララギ」という明治以来の結社誌を率いた最後の大物歌人と言ってもいいかもしれない。歌を始めたばかりの人たちが一様に口にするのは、「私は思っていることが、どうもうまく言葉にできません」ということである。文明さんはこれを聞いて、「それはうまく歌にできないのではなくて、自分が何も考えていないから歌にならないんだ」と喝破《かっぱ》した。なんとも爽快な、いかにも文明さんらしいひと言である。

私たちはほんらい自分のなかで考えたり、感じたり、思ったりしたことの何分の一も表現できていない、詠《うた》いとめられていないと感じやすいものだ。ほんとうはもっと深い思いがあるはずなのだけれど、技術が未熟なせいでそれが歌として、言葉としてまとまらないと考えがちである。しかし、それは錯覚であることが多い。我々は漠然と深遠なことを考えているように勘違いしているが、実はほとんど何も考えていないことのほうが多いのである。

それは、自分の思考を言葉に移し替え、可視化しようとしたときに端的にあらわれる。どの言葉が実際に自分の考えていることにもっとも近いかなどと考えながら、言葉を選択していく。同じような意味を表わす言葉であっても、そのニュアンスまで考え始めると、自分のもっている言葉のレパートリーの範囲内で納まらないことも多く、他に適当な言葉がないかなどと辞書を繰ったりもしなければならなくなる。

そんな言葉探しの過程で、自分が考えていたと思っていたことが、どんどん形を変え、希薄になり、ぼやけていってしまうということをしばしば経験することにもなるだろう。自分が漠然と「考えていた」と思っていたものが、いかにあいまいなものであったか、いかに底の浅いものであったか、それは思いを言葉に置き換えるプロセスでのみ、明らかになってくるものだ。(2)土屋文明さんの言うとおりである。

現代においては「待つ」という時間に対して、誰もが不寛容になっていると思われてならない。そう言う私自身がそうなのである。待つというストレスから解放され、便利になったのだから文句を言う筋合いはないのだが、(3)ちょっと待てよと思わなくもない。それは情報を得るスピードに関してである。

近年、私たちのまわりで、もっとも大きく変わったのがインターネットの普及であることはまちがいないだろう。インターネット環境が激変し、コンピューターからだけでなく、スマホからも簡単にアクセスでき、私たちは、どこにいてもインターネットにつながっている。

インターネットの普及によって、必要な情報が、とにかくすぐ手にはいるようになった。ある一つの言葉を調べるために、分厚い辞書を本棚から持ちだしてきて、そのページをめくるというような面倒な手続きを経ることなく、目的とする単語にネットはすぐさま接をいかに悔いており、その後の人生を息子に捧げようとしたかの決意が書かれていたので、少しは過去のことに納得がいった。

問⑦ ――(5)と尋ねた香織の泉への思いの説明としてふさわしいものを、次のア～エから一つ選びなさい。

ア 子どもができたことを素直に喜べずとまどっている夫に、かえって自分の違和感と通じるものを感じて、これからの人生をともにするのを心強く感じている。

イ 妊娠という突然の出来事に自分が不安になっているので、妊娠出産はしょせん他人事である夫が、子どもができたことを実際はどう思っているのか探ろうとしている。

ウ 妊娠を知った驚きを経て、自分と一緒に親になろうとしている様子を好ましく思うが、結局何も失わない男には自分の気持ちはわからないと疎外感を抱えている。

エ 妊娠したと聞いて呆然とする夫を見て、心の内がそのまま見えてしまうような率直さに安心し、今後は夫の顔色を窺わなくていいのだと気が楽になっている。

問⑧ ――(6)のときの香織の説明としてふさわしいものを、次のア～エから一つ選びなさい。

ア 妊娠によって自分の人生を失うことへの不安を友人に打ち消してもらいたかったのに、実際その通りだと言われてしまったので、沈みがちになる気持ちを大きな声を出して拭い去ろうとしている。

イ それまで妊娠は悪いことばかりだと思っていたが、出産した友人の充実した顔つきを見て自分が親であるという自覚がもてるようになり、目の前で泣く女の子を助けようと意気込んでいる。

ウ 友人との会話を通して考えが変わったことを夫に伝えたくて夢中で話していたため、泣いている女の子に気づかず放置してしまい、その女の子への申し訳なさから懸命に母親を探している。

エ 自分の不安を裏打ちする友人の言葉に落胆したが、失うことは悪いことばかりではないと気づき、これから親になっていくという決心を確かめるように力強い声で女の子の親を呼んでいる。

問⑨ ――(7)のときの泉の思いとしてふさわしいものを、次のア～オから**二つ**選びなさい。

ア 泉の元に帰ってきて以降の、自分の時間と心のすべてを息子に捧げる母の生き方が、香織の言う「失うことは大人になるということ」にあたるのかもしれない。

イ 失うことが大人になることだという香織の言葉は頭では理解できるが、自分はまだ親になる決意が固まらず、どうしていいかわからない。

ウ 泉を捨てて生きようとした一年間で息子の信頼を一度失ったことで母は成長し、息子と二人で生きていくという母本来の生き方に戻れたのかもしれない。

エ 子育てを通して自分のもてるものを失っていくという考えに納得する一方、何も失わない男である自分には何もできないのかもしれず、香織に申し訳ない。

オ 認知症になった母が物や言葉や記憶を失っていくことを寂しく感じていたが、このような母の変化も必ずしも嘆くべきことではないのかもしれない。

二

次の文章を読んで、後の問いに答えなさい。

メール、特にケータイメールの短いやり取りは、〈用を足す〉という目的のためには最適であろう。「あと5分で着くからね」と、昔は(私などは今でも)電話で伝えていたところをメールで送る。これで用は足りる。

しかし、(1)これであるまとまった思いを、そして自分が何を考えているのかを相手に伝えようとするのは、まず無理である。１４０字で思いが伝えられると思えるだろうか。短歌ではわずか三十一文とを避けたかったから。

イ　母のいなかった一年間を自分も母もなかったことにしたが、その日を境に二人が味噌汁を食べられなくなった過去のいきさつを、妻には知られたくなかったから。

ウ　過去の経験から許せないと思っている母と自分とが同じように味噌汁が嫌いで、そのような血のつながりの強さを妻には感じてほしくなかったから。

エ　朝食で味噌汁を食べた日に母が出ていったことがショックで、その後味噌汁が食べられなくなったような自分の弱さを、妻には気づかれたくなかったから。

問④　――(2)の説明としてふさわしいものを、次のア〜エから一つ選びなさい。

ア　泉は、子どもの養育を祖母におしつけた母を恥ずかしいと思うとともに、いやいや孫の世話をしているように見える祖母のことも大人げないと感じている。

イ　母がいなくなったせいで祖母に迷惑をかけることを泉が申し訳なく思うように、娘の身勝手な行動のせいで辛い思いをする泉に祖母も申し訳なく感じている。

ウ　母が出ていって取り残されてしまった泉も、やりたいわけでもないのに娘の子どもの世話をさせられてしまう祖母も、世間からは同じようにみじめに見える。

エ　一人でがんばってきた子育てを放り出す母を泉が情けないと思うのと同様に、祖母も、子どもを残して出ていった無責任な娘にあきれて言葉を失っている。

問⑤　――(3)の説明としてふさわしいものを、次のア〜エから一つ選びなさい。

ア　泉はとにかく母が帰ってきてくれたことが嬉しくて安心したので、下手に母親に尋ねることで波風を立てたくなく、百合子としてもそのような息子に同調して、お互いその話は避けた。

イ　泉は一年経って帰ってきた母が普通に台所に立っている状況にどう対処していいかわからず、以前と変わらぬ生活を送ることにし、何もなかったことにしたい百合子とともにその話に触れることはなかった。

ウ　泉は何もなかったかのようにふるまおうとする母を傷つけないように、何も聞かずに元の暮らしに戻ることを選び、百合子も息子に気をつかわせていることを申し訳なく思いながらも自分からは何も話さずにいる。

エ　泉は一年も家を空けた挙句何もなかったように帰ってきた母に怒りを覚えたが、また一人にされる不安からそれを封じ込めて何も聞かなかったし、百合子も謝っても謝りきれないとの思いから黙っていた。

問⑥　――(4)に至るまでの泉の説明としてふさわしいものを、次のア〜エから一つ選びなさい。

ア　日記を見つけて以来、あの一年について母に聞こう聞こうと思っていたが、その矢先に母が認知症になってしまった。空白の一年について知りたくて日記を読むと、母が自分を捨てて生きていた間も実は自分への思いを断ち切れずにいたことが推察できた。

イ　認知症になった母からあの一年のことは聞き出せないと悟った時、母の日記を見つけ、何度も読んだ。そこには一生の罪を背負うことを覚悟して、母が自分の元を去ったことが書かれており、現在の弱々しい様子からは想像できない母の激しさを見てとった。

ウ　母が認知症になってやっと、母からあの一年の話を聞きたくてももう聞けないのだと気づき、しまっていた日記を読んだ。そこからあの一年の母を鮮やかに思い描くことで、あの後母がなぜあれほどまでに息子のために生きようとしたのかがわかった気がした。

エ　母が認知症になってはじめて母を受け入れられるようになり、これまで読めなかった日記を読んだ。そこには母があの一年間いったの。実際に子どもが生まれたら、あまりに愛おしくて辛いことがぜんぶ吹き飛んじゃう、みたいな話を聞きたかったわけ。そしたら彼女も、失うものだらけだって言ったの。時間もお金も、体力も知恵も全部子どもに取られちゃうって」

母を呼ぶ声が、湿り気を帯びていく。ピンクのサンダルを履いた女の子は両目から涙を流れるままにして、ママーママーと繰り返す。母親はどこにいったのか、泉はあたりを見回すがそれらしき女性は見当たらない。泣き声が耳に入らないかのように、隣で香織は話し続ける。

「やっぱりそうかって、すごくがっかりしちゃって」

「そうなんだ……」

「でも赤ちゃんにミルクをあげている時ね、とてもいい顔をしていた。真希、なんだか大人になったなって思った。そのとき気づいたんだよね。失っていくということが、大人になるということなのかもしれない」

そこまで言うと、香織は持っていた紙おむつを床に置き、泣いている女の子のもとに駆け寄った。頭をおそるおそる撫《な》でるが、女の子は泣き止まない。どうしたらいいのだろう、と困惑した顔でしばらく女の子を見つめたあと、息を大きく吸い込み叫んだ。

「お母さん！　どこですか⁉　迷子ですよ！」

けれども、母親は姿をあらわさない。香織が、手招きして泉を呼びつけた。

「泉、肩車！」

「え？　やったことない」

「いいから早く！」

泉にとって生まれて初めての肩車だと、B知る由もなく、不意をつかれた女の子は肩の上ですっかり泣き止んでいる。(6)どこですか！　お母さん！　香織の声が店内に響き渡る。それは今まで聞いたことのないような香織の叫びだった。別人にでもなってしまったかのような声だった。

背後から足音がした。ベビーカーにレジ袋を載せた女性が駆け寄って、泉の肩から女の子を抱きとった。娘の額に頬を強く押し当てながら、泉と香織に何度も頭を下げる。女の子のピンクのサンダルは、まだぶらぶらと揺れていた。

物や言葉、記憶もすべて手放して、母はこれからどこに向かうのだろうか。

失っていくということが、大人になるということなのかもしれない。

(7)香織の声が、いつまでも耳の中で響いていた。

（川村元気『百花』より）

（注1）　日記…母がホームに入所した後、母の家を片付けていた時に見つけた日記。1994年4月からほぼ毎日書かれているが、1995年は1月の数日以降白紙になっている。

（注2）　真希…香織の友人。

問①～②　══A、Bの意味としてふさわしいものを、後のア～エからそれぞれ一つ選びなさい。

①　A「虚を衝かれ」

ア　浮ついた気持ちを非難され

イ　むなしい心情を言い当てられ

ウ　備えのないところを指摘され

エ　話を聞いていなかったことを責められ

②　B「知る由もなく」

ア　知る手だてもなく

イ　知らせる気づかいもなく

ウ　知る余裕もなく

エ　知っているそぶりもなく

問③　――(1)の泉の行動の理由としてふさわしいものを、次のア～エから一つ選びなさい。

ア　味噌汁の一件によって、過去の出来事に関する自分と母との感情のもつれを再び妻に思い出させて、余計な心配をかけるこ

(3)ふたりがそのことについて話すことはなかった。なにも変わらない、母との暮らしが戻ってきた。ただひとつだけ。その日の味噌汁に泉は口をつけることができず、百合子も椀を手にすることはなかった。それ以来ふたりとも、味噌汁を食べなくなった。

母の家で(注1)日記を見つけてから、しばらく職場のデスクの引き出しに入れっぱなしにしていた。継ぎ目の中にあるものに目を向けたくなかった。仕事の合間に時折取り出しては二冊の黒い表紙を眺めた。

１９９４と１９９５。いつか母が、あの一年間について話してくれる時を望んでいたことに気づいた。認知症になった母からそれを聞くことが、もはや難しいということにも。

誰もいなくなった深夜のオフィスで一気に日記を読んだ。一回だけでは腹に落ちず、何度も読み返した。母の住んでいた町、小さな部屋、食べていたオムライスや飼っていた金魚、Yという友人に浅葉という男。百合子が泉を捨てて生きようとした一年間の情景を、はっきりと脳裏に浮かべた。

泉の元に帰ってきた母は、それから自分の時間と心のすべてを息子のために捧げていた。恋をしている様子はなく、泉とふたりで生きていくことを疑わなかったように思う。(4)百合子の熾烈《しれつ》な決意の源流を、泉はこの日記に見た。母は一生かけて、あの一年分の贖罪《しょくざい》をしていくことに決めたのかもしれない。

産婦人科の診察の帰りに、乳幼児グッズの専門店に香織と立ち寄った。

臨月に入った香織は常に体が重そうだった。必要なものを買って帰ると伝えたが、少し歩きたいと香織は言った。

紙おむつ、厚手のおしりふき、プラスチック製のよだれかけ、離乳食用のスプーン。細かく買い揃えてきたつもりでも、棚を見ていると買い忘れていたものが多いことに気づく。香織と話し合いながら細かくチェックして、出産にむけての帳尻合わせをしていく。店を一周してカゴの中を見てみると、母のために介護用品を買っていたのを思い出した。

土曜日だからか、レジには長蛇の列ができていた。よく考えてみると、特殊な人間たちが集まる場所だった。まもなく子どもが生まれてくるか、幼い子どもがいる人しかいない空間。多くは夫婦で来ていて、どこか浮ついた雰囲気を漂わせている。

「私……妊娠した時、正直嬉しくなかったんだよね」

それが、紙おむつのパックを両手で持ちながら横にいる香織の声だと認識するまでに、少し時間がかかった。

「このまま働けるのかなとか、お酒飲めないじゃんとか、海外旅行しばらく行けないなとか、そんなことばかり考えちゃって」

ママー、とか細い声が聞こえた。一歳か、二歳か。まだよちよち歩きの女の子が、泉と香織の左手にあるおもちゃコーナーをさまよっていた。ピンクのサンダルが、ぺたぺたと音を立てる。

「仕事を休むのが悔しい。いないあいだに誰かに取られちゃうんじゃないかとか不安になった。男はなにも失わないし、ずるいよねえってあなたを恨んだりもした。でも(5)泉もきっと、子どもができたって聞いた時、嬉しくなかったでしょ?」

A虚を衝かれ、返す言葉を失った。香織から妊娠したと告げられた時、ただ呆然《ぼうぜん》としたことを思い出した。喜びや希望もなく、ただひたすらに実感が湧かず、よかったね、と口に出すのが精一杯だった。なにそれ、他人事みたい。香織は口の端だけを上げて笑った。

「私は、泉のそういう感じに安心したの。ああ、これからふたりで一緒に親になっていくんだなって思った。あなたはうまく隠しているつもりだろうけど、考えていることがいつもバレバレで、疑ったりしなくていい。私はずっと両親が何を考えているのかわからなくて顔色ばかりを窺《うかが》っていたから、そういう安心が欲しかった」

香織は列の先を見つめている。彼女の視線の先にあるレジが、ピッピッと規則正しい電子音を響かせている。

「このあいだ、赤ちゃんを産んだばかりの(注2)真希に話を聞きに

二〇二〇年度　淑徳与野高等学校（第一回）

【国語】（五〇分）〈満点：一〇〇点〉

一　泉とその妻香織は、泉の母百合子が入所する施設「なぎさホーム」を訪ねた。以下は泉と香織がホームから帰宅後、自宅で会話している場面である。次の文章を読んで、後の問いに答えなさい。

「きっと俺の母さんなんかは、出産直前まで働いていたんだろうな。シングルマザーだったし、両親とも疎遠だったみたいだから。ひとりで産婦人科に入院して、俺のことを産んだらしい」

あの日記に書いてあった、出産の日のこと。百合子から直接聞いたことはなかった。

「お義母さん、心細かっただろうね」

「今考えると大変だったと思う。産んだ後も、ひとりで働きながら家事もしていたからね」

うんうんと香織は頷《うなず》きながら、ふとなにかを思い出したかのように、パソコン画面から目を上げた。ペリエがグラスの中で音を立てている。

「そういえば、お義母さんもお味噌汁残してたね」

さきほど夕食を一緒に食べた時、泉と百合子だけが味噌汁に口をつけていなかった。(1)目立たないようにすぐ片付けたつもりだったが、香織の目には止まっていたようだ。

母の味噌汁を最後に食べた日は、朝から春の雪が降っていた。母は泉が朝食を食べ終え、学校に行くのを見送ると、そのまま家を出て戻らなかった。

五日間、泉はひとりで母を待ち続けた。時折ピアノの生徒が訪ねてきたが、何と言ったらよいかわからず居留守を使った。冷蔵庫にも冷凍庫にも食べるものがなくなり、残されたわずかな現金も底をついた朝に、テーブルの上に置かれていた母の手帳を開き、祖母の番号に電話をかけた。

子どもを置いて娘が出奔したことを知った祖母は絶句し、夕方までには行くから家で待つようにとだけ泉に伝えて電話を切った。祖母が来るまでの数時間の間に、泉は百合子との写真をすべてゴミ箱に投げ入れた。

祖母は週に二度ほど家に来てくれたが、やっかいごとに巻き込まれたというようにため息を繰り返した。

祖母は義務として泉の世話をしているように見えた。泉はそのことを申し訳ないと思った。ひとりで息子を育てると決めたのにもかかわらず、それを放棄して逃げた母のことをみっともないとも感じていた。祖母もおそらく娘に対して同じような気持ちでいたのだろう。(2)泉と祖母はみっともなさで繋がっていた。

一年後、百合子はなにごともなかったように帰ってきて、台所に立った。

あの日、味噌汁の香りで泉は目を覚ました。母が台所で、湯気の立つ鍋をかき回していた。祖母は脱力したようにソファに座り、テレビに流れる朝のニュースをぼんやりと眺めていた。怒っているというよりも、安堵《あんど》しているように見えた。

母が帰ってきた嬉しさも、いなくなったことに対する憤りも泉は感じなかった。ただあっけにとられて、おはよう、とだけ言った。おかえり、が正しかったのかもしれない。けれどもその時泉が選んだ言葉はそれだった。

映画の編集のように一年間をカットして繋げば、継ぎ目なく同じシーンとして見ることができる。泉と百合子は、その編集を受け入れた。あの一年間をなかったものとして生きていくことを暗黙のうちに決めた。

英語解答

1 問① イ　問② エ　問③ ウ
問④ イ　問⑤ エ

2 問⑥ ウ　問⑦ エ　問⑧ オ
問⑨ カ　問⑩ ア　問⑪ ウ
問⑫ キ　問⑬ ア　問⑭ ウ
問⑮ エ　問⑯ エ　問⑰ ウ，オ

3 問⑱ ア　問⑲ イ　問⑳ オ
問㉑ ウ　問㉒ ウ　問㉓ カ
問㉔ ア　問㉕ ウ　問㉖ エ
問㉗ ア

4 問㉘ イ　問㉙ ウ　問㉚ エ
問㉛ ア

5 1　㉜…カ　㉝…オ
2　㉞…ウ　㉟…オ
3　㊱…ア　㊲…エ

1〔放送問題〕解説省略

2〔長文読解総合—物語〕

《全訳》❶ロベルタ，ピーター，フィリスは両親とともに都会の大きな家で暮らしていた。心配事は何もなかった。父親は料理人やメイドの料金を支払うことができたので，母親はあまり家事をする必要がなかった。❷ピーターは10歳の誕生日に，プレゼントとして鉄道機関車の模型をもらった。本物の蒸気を出し，その蒸気で機関車は動いた。しかしどこかがおかしかった。それは壊れて，もはや動かなくなった。子どもたちの父親が帰宅すると，彼は機関車を見た。❸「これは私が修理できるよ」と彼は言った。「でも今は時間がないんだ。別の日に修理するよ」❹ある日，一家がテーブルを囲んで楽しく食事をしていたら，ドアをたたく音がした。メイドが応対しに行った。彼女はすぐに戻ってきて，子どもたちの父親に「ご主人様にお会いするために男性が２人いらっしゃっています。居間にお通ししました」と言った。❺子どもたちの父親はメイドに礼を言って，２人の男性に会いに行った。彼は長時間出ていったきりだった。子どもたちは父親の声を聞いた。彼は叫んでいるようだった。❻食堂に戻ってくると，彼は「私は出かけなければならない。政府との間で問題がある」と言った。❼彼が２人の男性と家を出ていくときに，子どもたちは母親に何が起きているのかを尋ねた。「心配しないで」と彼女は言った。「きっと全てうまくいくわ」❽翌週は毎日，子どもたちの母親は朝早く家を出て，夜遅くまで戻ってこなかった。彼女は具合が悪そうで，常に心配していた。❾「何かおかしい」と子どもたちは思った。彼らは料理人やメイドに何か知っているのか尋ねたが，２人とも子どもたちには何も言おうとしなかった。❿それから，彼らの父親が出ていって約１週間後に，子どもたちの母親が「みんなごめんね，私たちはこの家を離れなければならないの。田舎にあるもっと小さな家で暮らすのよ」と言った。⓫最初は，子どもたちはわくわくした。これはいい考えだと思った。しかし，田舎の家に到着すると彼らはうれしくなかった。小さくて汚くて，ロベルタはドブネズミを見たと思った。⓬子どもたちの母親は彼らに，それはドブネズミではないと言った。単なる大きなハツカネズミだと。彼らは本当は彼女の言うことを信じていなかったが，信じているふりをした。⓭小屋の中には，昔住んでいた家の家具のほんの一部しかなかった。その他全ての物は箱の中に入っていた。⓮「おなかがすいたよ」とピーターは到着するなり言った。「夕食は食べられる？」⓯「残念だけど，ここの掃除をして食べ物を買うようにお金を払った女性はあまりきちんと仕事をやっていないわね」と子どもたちの母親は言った。「小屋はまだとても汚いし，新鮮な食べ物もないわ」16「私たちこれからどうするの？」とロベルタは尋ねた。17「貯蔵室の箱の中に缶詰がいくつかあるわよ」と母親は答えた。「箱の中に何があるか見に行きましょう」18彼らは階段を下りて貯蔵室へ行った。家の地下にあったのでとても暗かった。19「どこかにろうそくがあるわ」と子どもたちの母親が言った。「みんなでそれらを探しましょう」20彼らはすぐにろうそくを見つけた。それから，箱を開ける道具を探して辺りを見回した。ピーターがくわを見つけた。彼は箱のふたの下にくわを押し込み，引っ張り上げてゆっくりと箱を開けた。中には，イワシの缶詰とビスケットの箱が1つあった。21「⑯食事には不十分ね」と子どもたちの母親は言った。「でも村にあるお店に行って，朝必要なものが買えるわ」

問⑥～⑩＜適語選択＞⑥「～として」という意味のある for が適切。　⑦ there is something wrong with ～で「～はどこかおかしい」という定型表現。　⑧食堂の中に戻ってきたのだから，「～の中に」を表す into が適切。come back into ～で「～(の中)に戻る」。　⑨「夜遅くまで」となる until「～まで(ずっと)」が適切。　⑩ at first で「最初は」という意味。

問⑪・⑫＜指示語＞⑪下線部を含む文はメイドのセリフ。よって下線部の I「私」はメイドである。⑫ them なので前に出ている複数名詞を探す。前にある複数名詞でここに当てはめて意味が通るのは，直前の文にある candles「ろうそく」。

問⑬＜適語句選択＞空所を含む文は‘ask＋人＋if＋主語＋動詞…’「〈人〉に～かどうか尋ねる」の形。子どもたちは「何かおかしい」と思ったので，料理人やメイドに「何か知っているのか」尋ねたと考えられる。

問⑭＜語句解釈＞この did は代動詞と呼ばれ，前に出ている動詞の繰り返しを避けるために用いられる。ここでは，前にある believed の代わりをしている。「彼らは～を信じていなかったが，信じているふりをした」ということ。

問⑮＜英文解釈＞下線部の文の骨組みは the lady hasn't done her work very well「女性はあまりきちんと仕事をやっていない」。間にある I paid to clean here and buy some food は the lady を修飾する部分(lady と I の間に目的格の関係代名詞が省略されている)。‘pay＋人＋to ～’で「〈人〉にお金を払って～させる」という意味。この‘人’の部分が先行詞となって前に出ている形。

問⑯＜適文選択＞母親はこの後，「でも村にある店へ行って，朝必要なものが買える」と言っている。‘逆接’を表す but に着目すると，この文は空所で述べた内容に対して反対の内容になっていると考えられる。反対の内容になるのはエ。　not much of a ～「大した～ではない」

問⑰＜内容真偽＞ア．「料理人やメイドがいたので，母親は家事を全くしなかった」…×　第1段落第3文参照。全くしなかったわけではない。　not ～ at all「全く～ない」　イ．「蒸気機関車の模型は父親によってすぐに修理された」…×　第3段落参照。父親は，今は時間がないから別の日に修理すると言った。　ウ．「子どもたちは何か悪いことが父親に起きていることに気づいた」…○　第9段落第1文の内容に一致する。　エ．「しばらくの間田舎で幸せに暮らした後，彼らは失望した」…×　第11段落第3文参照。田舎の家に到着するなり，彼らはがっかりした。　オ．「子どもたちと母親は貯蔵室で食料を見つけた」…○　第18段落および第20段落最終文の内容に一致する。

3〔長文読解総合―説明文〕

≪全訳≫❶最近，町や都市にやってくる大型動物に関する新聞やテレビの報道がたくさんある。バンクーバーの公園にはクマが，ムンバイの路上にはヒョウが，ベルリンの庭には野生のブタがいた。大型動物が街にやってくると何が起きるのだろうか。私たちや動物にとって良いことなのか，それとも危険なのだろうか。❷野生動物はたいてい食料を探しに街にやってくる。南アフリカのケープタウンでは，ヒヒがときどき郊外にやってくる。庭の果物を食べて，人々の台所へ入り，食器棚や冷蔵庫から食べ物を取るのだ。ヒヒは力の強い動物で，子どもを怖がらせたり，飼い犬とけんかをしたりすることもある。多くの人々がヒヒを好きではないが，街はヒヒにとって危険でもある。ときどき，ヒヒは自動車事故でけがをするし，人間の食べ物の中に入っている砂糖は歯に悪影響を及ぼすことがある。ケープタウンの市議会にはヒヒ監視チームがある。彼らの仕事は街でヒヒを見つけて，田舎に連れ戻すことだ。これにより，人々にとって街はより安全になり，ヒヒにとってはより健康的である。問題は，多くのヒヒが再び食料を見つけに街へ戻ってくることだ。❸ドイツのベルリンでは，野生のブタの集団がときどき食料を探しに街にやってくる。ブタは何百年もの間街に来ていたが，現在は冬が以前より暖かいので，今までよりも多くのブタがいる。ブタは花や植物を食べる。街の庭や公園を掘る。また，通りを歩き，交通事故を起こす。ブタが好きで食べ物を与える街の住民もいる。だが，市議会は交通事故を心配している。市議会は人々にブタに食べ物を与えるのをやめるように言い，柵を建ててブタが街に入ってこないようにしてきた。❹ロシアのモスクワには，３万5000頭の野犬がいる。野犬は公園や空き家，市場，鉄道の駅で暮らしている。中には，人々が望まないペットだったので，ペットの飼い主が路上に置いていったものもいる。路上で生まれて常にそこで暮らしてきた野犬もいる。１匹で暮らす犬もいれば，群れをなして暮らす犬もいる(群れとは犬の集団の呼称である)。2010年に科学者が犬を研究した。彼らは大変興味深い事実を発見した。／・群れにはリーダーがいる。リーダーは一番知能の高い犬で，一番大きかったり強かったりする犬ではない。／・犬は人間と一緒に通りを横断する方が安全だとわかっていて，中には信号機を理解する犬もいる。／・犬は，人間は大型犬より小柄でかわいい犬に多くの食べ物を与えることを知っていた。群れの中で一番かわいい犬は，人間が食べ物を与えてくれるのを路上で待っている。食べ物をもらったら，彼らは群れの他の犬とそれを分け合う。／・モスクワの地下鉄で旅をし始めた犬もいる。❺モスクワの人々は犬をどう思っているのだろうか。多くの人々は犬が好きで，路上で見かけるのに慣れている。彼らは犬に食べ物や飲み水を与える。モスクワの冬は雪がたくさん降り，気温はマイナス10度で大変寒い。犬が生き抜くには厳しいが，冬の間犬が暮らす小さな小屋を建てた街の住民もいる。❻ネズミやリス，鳥は街で暮らし，生き抜くことが多い。モスクワの犬のような大型動物も，人間の友達に若干助けてもらえば街で生き抜くことができる。多くの大型動物にとって，街は危険な場所であり，田舎へ帰るためには私たちの援助が必要なのだ。

問⑱＜指示語＞them なので前に出た複数名詞を探す。前にある複数名詞の中で，ここに当てはめて意味が通るのは，直前の文にある Baboons「ヒヒ」。

問⑲＜適語句選択＞直後に，ヒヒが交通事故に遭う，または人間の食べ物に含まれる砂糖がヒヒの歯に良くないという，ヒヒにとって街が危険であることを示す内容が続いていることから判断できる。

問⑳＜整序結合＞語群に people，told，to があることから‘tell＋人＋to不定詞’「〈人〉に～するように言う」の形を想定すると，told people to stop とまとまる。この後は‘stop＋動名詞(～ing)’「～するのをやめる」と‘give＋人など＋物’「〈人など〉に〈物〉を与える」の形を用いて giving the pigs food「ブタに食べ物を与える」と続ける。 They have told people to stop giving the pigs food ...

問㉑＜指示語＞ロシアの野犬についての部分。ペットとして飼われていた犬が野犬になるのは，飼い主が路上に犬を捨てるからである。leaveには「～置いていく，置き去りにする」という意味がある。 leave－left－left

問㉒＜適語選択＞前後の「犬は，人間は大型犬より小柄でかわいい犬に多くの食べ物を与えることを知っていた」，「食べ物をもらったら，彼らは群れの他の犬とそれを分け合う」という内容から，最もかわいい犬は，待っていれば食べ物をもらえることがわかっており，それを他の犬に分け与えていると考えられる。

問㉓・㉔＜適語選択＞㉓'share ～ with …'「…と～を分け合う」 ㉔ on ～ train(s)「～電車で」

問㉕・㉖＜英問英答―内容真偽＞㉕質問文は「ドイツのベルリンに関して正しいものはどれか」。ア.「冬が以前より暖かいので，最近野生のブタが街にやってきている」…× 第３段落第２文参照。ブタは昔から来ている。 イ.「そこに住んでいる人々は皆，ブタを歓迎し，世話をしている」…× 第３段落第６文参照。ブタが好きで食べ物を与えているのは住民の一部である。 ウ.「ブタが引き起こす交通事故を問題だと見なす人もいる」…○ 第３段落後半の内容に一致する。 エ.「住民の中には，ブタが街に入れないように柵を建てた人もいる」…× 第３段落終わりの２文参照。柵を建てたのは市議会。 ㉖質問文は「正しいものはどれか」。 ア.「野生の動物が町や都市にやってくるのは珍しいことだ」…× 第１段落第１文参照。 イ.「ヒヒ監視チームのおかげで，ヒヒは二度と街へ来なくなるだろう」…× 第２段落最終文参照。 ウ. 多くの野犬が田舎からモスクワに食べ物を探しに来ている」…× 第４段落参照。 エ.「モスクワには野犬が寒い冬を生き抜く手助けをする人々もいる」…○ 第５段落終わりの２文の内容に一致する。

問㉗＜内容真偽＞ア…○ 第６段落最終文の内容に一致する。 イ，ウ，エは，いずれも本文中にそのような記述はない。

4〔正誤問題〕

問㉘ア…○ 「彼はニューヨークで撮られた写真を私に見せてくれた」 イ…× Your father read ～とあるので，このreadは過去時制である。よって，付加疑問はdidn't heとなる。 「あなたのお父さんは日本に関する本を数冊読みましたよね」 ウ…○ 「朝食前に川沿いを散歩しましょう」 エ…○ 「金曜日の夜に，患者さんのための大きなパーティーが開催された」

問㉙ア…○ 「東京ディズニーシーに何回行ったことがありますか」 イ…○ 「駅の近くに建つビルは私たちの学校です」 ウ…× 'become＋形容詞'で「～(の状態)になる」。happilyは副詞なのでここでは不可。形容詞のhappyとする。 「その昔話を読んであげると，私の妹は喜んだ」 エ…○ 「この鳥は英語で何と呼ばれていますか」

問㉚ア…○ 「高校時代に彼がどの部に所属していたか知りたいです」 イ…○ 「どっちの方向に行けばいいか教えてくれますか」 ウ…○ 「昨晩見た野球の試合はおもしろかった」 エ…× 最上級の文で「～の中で」を表すとき，'～'が主語の属する複数名詞または数詞ならofを，'場所'や'範囲'を表す単数名詞ならinを用いる。 「彼女は私の学校の生徒の中で一番上手なバスケットボール選手だ」

問㉛ア…×　主節の動詞 said が過去形なので，時制の一致により that節の動詞も過去形にする。「彼は今自分の部屋にいると彼の母親は言った」　イ…○　「暗くなったら，道路を横断するときは気をつけた方がいい」　ウ…○　「彼女は日本に来てからずっと，埼玉のこの場所に住んでいる」　エ…○　「彼女はピアノを弾くのだけではなく，ダンスも上手だ」　‘not only ～ but (also) …’「～だけでなく…も」

5〔対話文完成―整序結合〕

1．A：明日までに終えなければならない宿題について，いくつか質問があるの。／B：クリスと連絡をとった方がいいよ。きっと彼は君の宿題を手伝ってくれるよ。∥Bの返答から，Aは宿題について質問があるのだと考えられるので，some questions の後に about the homework を続ける。あとは残りの語句から I must finish と by tomorrow がまとまり，これを I must finish by tomorrow「明日までに終えなければならない」とつなげて homework を後ろから修飾する(目的格の関係代名詞が省略された‘名詞＋主語＋動詞...’の形)。 I have some questions about the homework I must finish by tomorrow.

2．A：昨日お台場海浜公園でオープンウォータースイミング大会が開催されたよ。／B：お台場海浜は海外の水泳選手が泳げるほど十分にきれいなの？∥語群に enough, for, to があるので，‘形容詞〔副詞〕＋enough for＋人＋to ～’「〈人〉が～できるほど〔～するほど〕十分…」の形にすればよい。 Is Odaiba Beach clean enough for international swimmers to swim in?

3．A：何か食べたいわ。そのレストランの営業時間を知ってる？／B：ごめん，知らないんだ。∥Do you know とした後，‘疑問詞＋主語＋動詞...’の語順の間接疑問をつくればよい。 Do you know when the restaurant opens?

2020年度／淑徳与野高等学校（第１回）

数学解答

1　(1)　ア…6　イ…2
(2)　ウ…4　エ…3
(3)　オ…3　カ…0
(4)　キ…4　ク…9
(5)　(i)　ケ…7　コ…2　サ…5
(ii)　3

2　(1)　ア…1　イ…6　ウ…1　エ…8
(2)　オ…4　カ…8
(3)　キ…1　ク…5

3　(1)　ア…1　イ…9
(2)　ウ…1　エ…6　オ…3
(3)　カ…2　キ…4　ク…8　ケ…3
コ…6　サ…4　シ…9

4　(1)　ア…7　イ…2　ウ…1　エ…5
オ…2
(2)　カ…1　キ…6　ク…9

5　(1)　ア…2　イ…8　ウ…2　(2)　2
(3)　オ…7　カ…2　キ…4
(4)　ク…7　ケ…2　コ…8

6　(1)　ア…1　イ…8
(2)　ウ…1　エ…8　オ…5　(3)　4

1〔独立小問集合題〕

(1)＜平方根の計算＞与式$=\sqrt{\frac{81}{16}}\times2\sqrt{2}\div3\sqrt{3}=\frac{9}{4}\times2\sqrt{2}\times\frac{1}{3\sqrt{3}}=\frac{9\times2\sqrt{2}\times1}{4\times3\sqrt{3}}=\frac{3\sqrt{2}}{2\sqrt{3}}=\frac{3\sqrt{2}\times\sqrt{3}}{2\sqrt{3}\times\sqrt{3}}=\frac{3\sqrt{6}}{6}=\frac{\sqrt{6}}{2}$

(2)＜式の値＞与式$=\frac{3(6x+y)-2(2x-y)}{12}=\frac{18x+3y-4x+2y}{12}=\frac{14x+5y}{12}=\frac{1}{12}(14x+5y)$として，$x=-\frac{1}{7}$，$y=\frac{18}{5}$を代入すると，与式$=\frac{1}{12}\times\left\{14\times\left(-\frac{1}{7}\right)+5\times\frac{18}{5}\right\}=\frac{1}{12}\times(-2+18)=\frac{1}{12}\times16=\frac{4}{3}$となる。

(3)＜数の性質＞$\sqrt{120n}$が自然数となるのは，$120n$が自然数の２乗のときである。$120n=2^3\times3\times5\times n$となり，$n$は整数だから，$120n$が自然数の２乗となる最も小さい整数$n$は，$120n=2^4\times3^2\times5^2$となる$n$である。よって，$n=2\times3\times5$より，$n=30$である。

(4)＜確率―さいころ＞大小２つのさいころの目の出方は，全部で$6\times6=36$(通り)ある。このうち，出た目の数の積が12の約数となるのは，積が1，2，3，4，6，12のときである。積が１になるのは，(大，小)＝(1，1)の１通りある。積が２になるのは，(1，2)，(2，1)の２通りある。積が３になるのは，(1，3)，(3，1)の２通りある。積が４になるのは，(1，4)，(2，2)，(4，1)の３通りある。積が６になるのは，(1，6)，(2，3)，(3，2)，(6，1)の４通りある。積が12になるのは，(2，6)，(3，4)，(4，3)，(6，2)の４通りある。よって，積が12の約数になる目の出方は，$1+2+2+3+4+4=16$(通り)だから，求める確率は$\frac{16}{36}=\frac{4}{9}$となる。

(5)＜資料の活用―メジアン＞(i)８人の平均点が72.5点より，合計は，$72.5\times8=580$(点)だから，$x=580-(75+80+95+55+70+85+50)=580-510=70$(点)となる。８人の点数を小さい順に並べると，50，55，70，70，75，80，85，95となり，メジアン(中央値)は，４番目と５番目の値の平均となるから，４番目が70点，５番目が75点より，$(70+75)\div2=72.5$(点)である。　(ii)x以外の点数を小さい順に並べると，50，55，70，75，80，85，95となる。点数は５の倍数なので，$x\leqq70$のとき，４番目は70点，５番目は75点より，メジアンは$(70+75)\div2=72.5$(点)となり，$x=75$のとき，４番目と５番目はともに75点より，メジアンは75点となり，$x\geqq80$のとき，４番目は75点，５番目は80点より，メジアンは$(75+80)\div2=77.5$(点)となる。よって，メジアンとしてとりうる値は，72.5，75，77.5の３通りある。

2〔独立小問集合題〕

(1)＜二次方程式の応用＞二次方程式 $x^2-ax-36=0$ の解の1つが $x=-2$ だから，解を方程式に代入して，$(-2)^2-a\times(-2)-36=0$，$4+2a-36=0$，$2a=32$，$a=16$ となる。これより，二次方程式は $x^2-16x-36=0$ となり，$(x+2)(x-18)=0$ より，$x=-2$，18となるから，もう1つの解は $x=18$ である。

(2)＜連立方程式の応用＞P の十の位の数を x，一の位の数を y とすると，$P=10x+y$ と表せ，Q は十の位の数が y，一の位の数が x だから，$Q=10y+x$ と表せる。Q が P の2倍より12小さいことから，$10y+x=2(10x+y)-12$ が成り立ち，$10y+x=20x+2y-12$，$19x-8y=12$……①となる。また，P と Q の和が132であることから，$(10x+y)+(10y+x)=132$ が成り立ち，$11x+11y=132$，$x+y=12$……②となる。①＋②×8より，$19x+8x=12+96$，$27x=108$　$\therefore x=4$　これを②に代入して，$4+y=12$　$\therefore y=8$　よって，$P=48$ である。

(3)＜一次方程式の応用＞商品Xの個数を x 個とする。ストアAで会員登録をしないとき，ストアA，Bとも7個目までは1個1000円だから，支払い総額は変わらない。8個目からはストアBが3割引になるので，$x\geqq8$ のときにストアBの方が支払い総額は少なくなる。また，ストアAで会員登録をするとき，入会金が1400円で，全商品が25％割引になるので，商品X1個の値段が $1000\times\left(1-\frac{25}{100}\right)=750$(円)となり，支払い総額は $1400+750x$ 円と表せる。一方，ストアBは，$x\geqq8$ のとき，$1000\times7+1000\times\left(1-\frac{3}{10}\right)\times(x-7)=700x+2100$(円)と表せる。$x\geqq8$ において，会員登録をした場合のストアAの支払い総額と，ストアBの支払い総額が等しくなるときを考えると，$1400+750x=700x+2100$ より，$50x=700$，$x=14$(個)となる。よって，ストアBで買った方が支払い総額が少なくなるのは，15個以上買うときである。

3〔関数―関数 $y=ax^2$ と直線〕

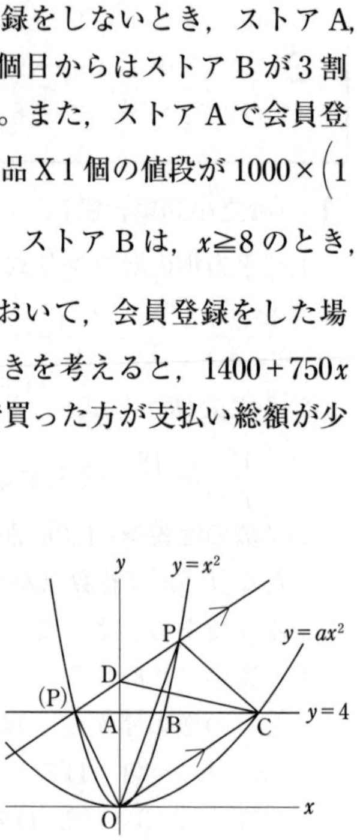

(1)＜比例定数＞右図で，点Bは放物線 $y=x^2$ と直線 $y=4$ の交点だから，$4=x^2$，$x=\pm2$ となる。点Bの x 座標は正だから，$x=2$ であり，B(2，4)である。これより，AB＝2であり，AB：BC＝1：2より，BC＝2AB＝2×2＝4，AC＝AB＋BC＝2＋4＝6となるから，点Cの x 座標は6である。y 座標は4だから，C(6，4)である。点Cは放物線 $y=ax^2$ 上の点だから，$4=a\times6^2$ より，$a=\frac{1}{9}$ となる。

(2)＜座標＞右上図で，(1)より点Cの x 座標が6だから，△OCDの底辺をODと見ると，高さは6となる。△OCDの面積が16なので，$\frac{1}{2}\times\mathrm{OD}\times6=16$ が成り立つ。これを解くと，$\mathrm{OD}=\frac{16}{3}$ となるから，$\mathrm{D}\left(0,\ \frac{16}{3}\right)$ である。

(3)＜座標―等積変形＞右上図で，△OCP＝16より，△OCD＝△OCPとなるので，△OCD，△OCPの底辺をOCと見ると，高さは等しくなる。よって，DP∥OCとなる。C(6，4)より，直線OCの傾きは $\frac{4}{6}=\frac{2}{3}$ なので，直線DPの傾きも $\frac{2}{3}$ となる。点Dの y 座標が $\frac{16}{3}$ より，切片は $\frac{16}{3}$ だから，直線DPの式は $y=\frac{2}{3}x+\frac{16}{3}$ である。点Pは，放物線 $y=x^2$ と直線 $y=\frac{2}{3}x+\frac{16}{3}$ の交点となるから，$x^2=\frac{2}{3}x+\frac{16}{3}$，$3x^2-2x-16=0$ より，$x=\frac{-(-2)\pm\sqrt{(-2)^2-4\times3\times(-16)}}{2\times3}=\frac{2\pm\sqrt{196}}{6}=\frac{2\pm14}{6}=\frac{1\pm7}{3}$ となり，$x=\frac{1-7}{3}=-2$，$x=\frac{1+7}{3}=\frac{8}{3}$ となる。よって，点Pの x 座標は -2 または $\frac{8}{3}$ だから，$y=(-2)^2=4$，$y=\left(\frac{8}{3}\right)^2=\frac{64}{9}$ より，点Pの座標は，$(-2,\ 4)$ または $\left(\frac{8}{3},\ \frac{64}{9}\right)$ である。

4 〔独立小問集合題〕

(1)＜図形―角度，長さの比―相似＞右図1で，五角形の内角の和は，$180°\times(5-2)=540°$ なので，正五角形ABCDEの内角は $\angle BAE=540°\div5=108°$ である。△ABEはAB＝AEの二等辺三角形だから，$\angle ABE=\angle AEF=(180°-108°)\div2=36°$ となる。同様にして，$\angle BAC=36°$ となるから，$\angle FAE=\angle BAE-\angle BAC=108°-36°=72°$ となる。よって，△AFEにおいて，$\angle AFE=180°-\angle FAE-\angle AEF=180°-72°-36°=72°$ となる。次に，AB＝EA＝x，AF＝a とおく。△AFEは，$\angle AFE=\angle FAE=72°$ より，二等辺三角形だから，FE＝AE＝x となる。また，$\angle BAF=\angle ABF=36°$ より，△ABFも二等辺三角形だから，BF＝AF＝a となる。△ABF∽△BEAより，AB：BE＝BF：EAだから，$x:(a+x)=a:x$ が成り立つ。これより，$x^2=a(a+x)$，$x^2-ax-a^2=0$ となり，$x=\frac{-(-a)\pm\sqrt{(-a)^2-4\times1\times(-a^2)}}{2\times1}=\frac{a\pm\sqrt{5a^2}}{2}=\frac{a\pm\sqrt{5}a}{2}=\frac{1\pm\sqrt{5}}{2}a$ となる。$x>0$ なので，$x=\frac{1+\sqrt{5}}{2}a$ であり，ABの長さはAFの長さの $\frac{1+\sqrt{5}}{2}$ 倍である。

図1

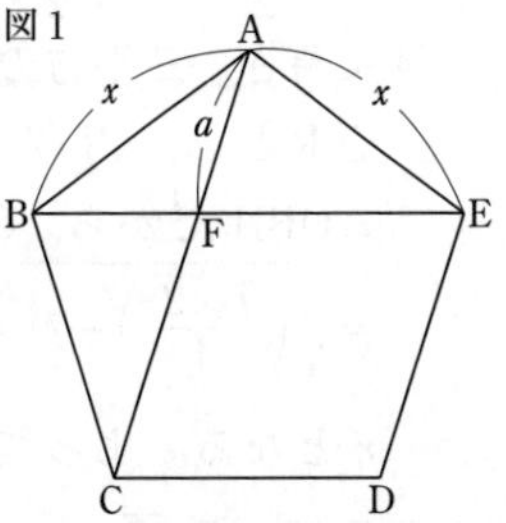

(2)＜図形―面積＞右図2のように，点O〜Xを定める。複数の正方形からつくられているから，PS＝ST＝2＋2＝4，UV＝PV＝PS＋SV＝4＋2＝6，WX＝UW＝UV＋ST＝6＋4＝10，QR＝QX＝PV＋WX＝6＋10＝16，OR＝UW＋QR＝10＋16＝26となる。よって，斜線部分は半径26，中心角90°のおうぎ形だから，その面積は $\pi\times26^2\times\frac{90°}{360°}=169\pi$ である。

図2

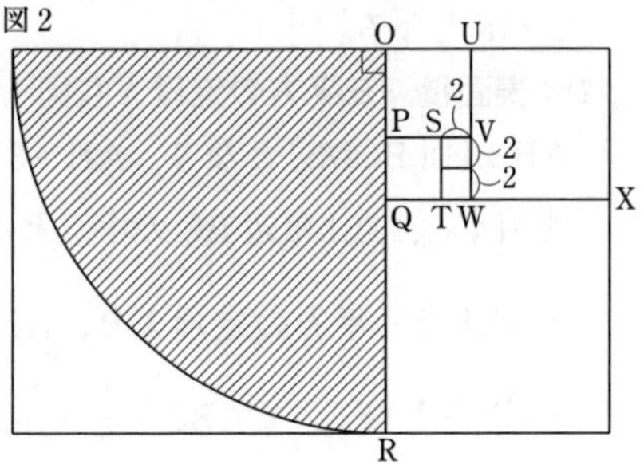

5 〔平面図形―円と二等辺三角形〕

(1)＜面積―三平方の定理＞右図で，△ABCはAB＝ACの二等辺三角形なので，点Aから辺BCに垂線AHを引くと，点Hは辺BCの中点となり，$BH=\frac{1}{2}BC=\frac{1}{2}\times14=7$ となる。よって，△ABHで三平方の定理より，$AH=\sqrt{AB^2-BH^2}=\sqrt{9^2-7^2}=\sqrt{32}=4\sqrt{2}$ となるから，$\triangle ABC=\frac{1}{2}\times BC\times AH=\frac{1}{2}\times14\times4\sqrt{2}=28\sqrt{2}$ である。

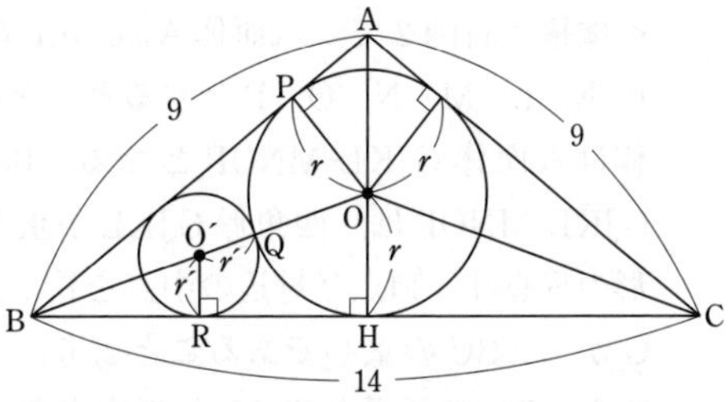

(2)＜長さ＞右上図で，図形の対称性から，点Hは円Oと辺BCの接点でもある。$\angle OPB=\angle OHB=90°$，OP＝OH，OB＝OBより，直角三角形の斜辺と他の1辺がそれぞれ等しいから，△OBP≡△OBHである。よって，BP＝BH＝7だから，AP＝AB−BP＝9−7＝2となる。

(3)＜長さ―相似＞右上図で，$\angle OAP=\angle BAH$，$\angle APO=\angle AHB=90°$ より，△AOP∽△ABHである。よって，OP：BH＝AP：AHとなるから，$OP:7=2:4\sqrt{2}$ が成り立つ。これより，$OP\times4\sqrt{2}=7\times2$，$OP=\frac{7\sqrt{2}}{4}$ となるから，円Oの半径は $\frac{7\sqrt{2}}{4}$ である。

≪別解≫右上図で，円Oの半径を r とすると，△OAB，△OBC，△OACの底辺をそれぞれAB，BC，ACと見たときの高さは全て r となる。よって，$\triangle OAB=\frac{1}{2}\times9\times r=\frac{9}{2}r$，$\triangle OBC=\frac{1}{2}\times14\times r=7r$，$\triangle OAC=\frac{1}{2}\times9\times r=\frac{9}{2}r$ と表せる。$\triangle ABC=28\sqrt{2}$ だから，△OAB＋△OBC＋△OCA＝△ABCよ

り，$\frac{9}{2}r+7r+\frac{9}{2}r=28\sqrt{2}$ が成り立つ。これを解くと，$16r=28\sqrt{2}$ より，$r=\frac{7\sqrt{2}}{4}$ となる。

(4)＜長さ―三平方の定理，相似＞前ページの図で，円 O と円 O′ の接点を Q，円 O′ と辺 BC の接点を R とし，円 O′ の半径を r' とする。$\angle O'RB=\angle OHB=90^\circ$，$\angle O'BR=\angle OBH$ より，$\triangle O'BR \backsim \triangle OBH$ だから，$O'R:OH=O'B:OB$ となる。△OBH で三平方の定理より，$OB=\sqrt{OH^2+BH^2}=\sqrt{\left(\frac{7\sqrt{2}}{4}\right)^2+7^2}=\sqrt{\frac{882}{16}}=\frac{21\sqrt{2}}{4}$ であり，$O'B=OB-OQ-O'Q=\frac{21\sqrt{2}}{4}-\frac{7\sqrt{2}}{4}-r'=\frac{7\sqrt{2}}{2}-r'$ となる。よって，$r':\frac{7\sqrt{2}}{4}=\left(\frac{7\sqrt{2}}{2}-r'\right):\frac{21\sqrt{2}}{4}$ が成り立ち，これを解くと，$r'\times\frac{21\sqrt{2}}{4}=\frac{7\sqrt{2}}{4}\left(\frac{7\sqrt{2}}{2}-r'\right)$，$3r'=\frac{7\sqrt{2}}{2}-r'$，$4r'=\frac{7\sqrt{2}}{2}$ より，$r'=\frac{7\sqrt{2}}{8}$ となる。

6〔空間図形―八面体〕

(1)＜体積＞右図 1 のように，点 A～F を定める。正四角錐 A-BCDE，F-BCDE はどちらも，底面が 1 辺 3 の正方形で，高さが 3 だから，体積は，$\frac{1}{3}\times3\times3\times3=9$ である。よって，八面体 ABCDEF の体積は，$9\times2=18$ となる。

図 1

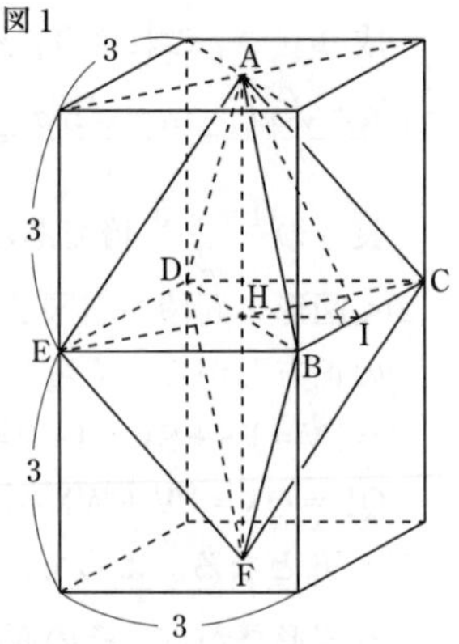

(2)＜表面積―三平方の定理＞右図 1 で，BD と CE の交点を H とすると，AH⊥〔面 BCDE〕となり，AH＝3 である。点 A から辺 BC に垂線 AI を引くと，点 I は辺 BC の中点となる。よって，$HI=3\times\frac{1}{2}=\frac{3}{2}$ だから，△AHI で三平方の定理より，$AI=\sqrt{AH^2+HI^2}=\sqrt{3^2+\left(\frac{3}{2}\right)^2}=\sqrt{\frac{45}{4}}=\frac{3\sqrt{5}}{2}$ となる。$\triangle ABC=\frac{1}{2}\times BC\times AI=\frac{1}{2}\times3\times\frac{3\sqrt{5}}{2}=\frac{9\sqrt{5}}{4}$ だから，八面体 ABCDEF の表面積は，$8\triangle ABC=8\times\frac{9\sqrt{5}}{4}=18\sqrt{5}$ である。

(3)＜体積＞右図 2 で，八面体 ABCDEF の各面の重心をそれぞれ G，J，K，L，M，N，O，P とすると，重心どうしを結んでできる立体は六面体 GJKL-MNOP となる。図形の対称性から，六面体 GJKL-MNOP は，四角形 GJKL が正方形の直方体である。三角形の重心は，頂点と対辺の中点を結ぶ線分の交点であるから，点 G が △ABC の重心であることより，点 G は線分 AI 上にある。また，BG の延長と辺 AC との交点を Q とすると，点 Q は辺 AC の中点となる。点 Q と点 I を結ぶと，△ABC で中点連結定理より，AB：QI＝2：1，AB∥QI となり，$\triangle ABG \backsim \triangle IQG$ となるから，AG：GI＝AB：QI＝2：1 となる。同様に FM：MI＝2：1 となる。よって，$\triangle AFI \backsim \triangle GMI$ より，AF：GM＝AI：GI＝(2＋1)：1＝3：1 となる。AF＝3＋3＝6 だから，$GM=\frac{1}{3}AF=\frac{1}{3}\times6=2$ である。次に，辺 EB の中点を R とすると，同様に考えて，AL：LR＝2：1 となる。また，$RB=BI=\frac{1}{2}\times3=\frac{3}{2}$，$\angle RBI=90^\circ$ より，△RBI は直角二等辺三角形だから，$RI=\sqrt{2}RB=\sqrt{2}\times\frac{3}{2}=\frac{3\sqrt{2}}{2}$ となる。さらに，$\triangle ALG \backsim \triangle ARI$ となるから，LG：RI＝AL：AR＝2：(2＋1)＝2：3 となり，$LG=\frac{2}{3}RI=\frac{2}{3}\times\frac{3\sqrt{2}}{2}=\sqrt{2}$ となる。$GJ=LG=\sqrt{2}$ だから，求める立体の体積は，$LG\times GJ\times GM=\sqrt{2}\times\sqrt{2}\times2=4$ である。

図 2

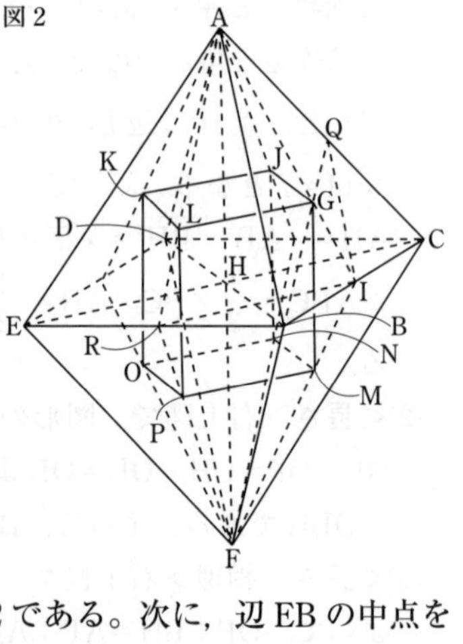

国語解答

一	問①	ウ	問②	ア	問③	イ	四	問㉒	ウ				
	問④	エ	問⑤	イ	問⑥	ウ	五	問㉓	イ	問㉔	ア	問㉕	ウ
	問⑦	ア	問⑧	エ	問⑨	ア，オ		問㉖	イ	問㉗	エ	問㉘	イ
二	問⑩	イ	問⑪	ア	問⑫	エ		問㉙	ウ	問㉚	エ	問㉛	ウ
	問⑬	ウ	問⑭	エ	問⑮	イ		問㉜	ア	問㉝	イ	問㉞	ア
	問⑯	ア	問⑰	エ	問⑱	ウ		問㉟	イ	問㊱	エ	問㊲	ウ
三	問⑲	ウ	問⑳	イ	問㉑	エ							

一〔小説の読解〕出典；川村元気『百花』。

問①・②＜語句＞①「虚を衝《つ》く」は，相手の弱点や無防備につけ込んで攻撃する，という意味。②「知る由《よし》もない」は，知るための手段がない，という意味。

問③＜文章内容＞家を出ていった母は一年後に戻ってきたが，戻ってきた日以降，泉も母も，みそ汁を食べなくなった。泉は，二人がみそ汁を食べない理由を，香織に知られたくなかったので，香織に気づかれないようにみそ汁を片づけたのである。

問④＜文章内容＞「ひとりで息子を育てると決めたのにもかかわらず，それを放棄して逃げた母」のことを，泉も祖母も「みっともない」と感じていたのである。

問⑤＜文章内容＞家を出ていった母は，一年後，「なにごともなかったように帰ってきて」台所でみそ汁をつくっていた。泉はあっけに取られて「おはよう」とだけ言い，二人は，「あの一年間をなかったものとして生きていく」ことを選んだ。泉は，母に不在の理由をきくことはなく，母も説明しなかったのである。

問⑥＜文章内容＞泉は，母に不在の一年間について尋ねることはなかったが，心の底では，母が話してくれることを望んでいた。しかし，母が認知症になり，直接話を聞く機会が失われたと思った泉は，母の日記を読むことで，母が家を出ていた一年間の内実を知った。そして，母がその一年間の罪を償おうとして，自分の時間と心の全てを泉のためにささげていたと，泉は感じるようになった。

問⑦＜心情＞香織は，子どもができたことを不安に思って，素直に喜ぶことができなかった。けれども，泉もまた，素直に喜べずにいるのを見て，香織は自分と同じなのだとわかり，「ふたりで一緒に親になっていくんだ」と，安心したのである。

問⑧＜文章内容＞親になることに対する香織の不安は，親になった友人の言葉を聞いても，解消しなかったが，香織は，友人が大人になったと感じて，「失っていくということが，大人になるということなのかもしれない」と考えるようになった。そして，目の前の泣きやまない迷子の女の子をしばらく見つめ，香織は，親になる決意を確かめるかのように，息を大きく吸い込んで叫んだ。

問⑨＜心情＞「失っていくということが，大人になるということなのかもしれない」という香織の言葉を聞いて，泉は，母は家を出ていた一年間で何かを失ったことで，自分の時間と心の全てを泉にささげることができたのかもしれないと思った（ア…○）。また，泉は，認知症のため，母は物も言葉も記憶も失っていくが，それは嘆くことではなく，母が全てを手放して，どこかへ向かうのかもしれないと感じている（オ…○）。

二〔論説文の読解―芸術・文学・言語学的分野―文章〕出典；永田和宏『知の体力』。

≪本文の概要≫書くという行為は，自分の考えを整理し，考えの飛躍をもたらすものである。私たちは，技術が未熟なせいで自分の考えや思いを表現できないと考えがちであるが，それは錯覚で，実は何も考えていないから表現できないのである。私たちは，ものを突き詰めて考えるということが少ないのである。また，インターネットの普及によって，必要な情報や知識がすぐに手に入るようになり，私たちは，「待つ」という時間に耐えられなくなった。「知」が手軽に直接的に手に入ることによって，「知への尊敬」の念が薄れ，「知」との偶然の出会いが起こりえないものとなった。さらに，メールにすぐ対応するという習慣は，一つのことをじっくり考えるという習慣を奪い，自己へ向かうという大切な時間を奪ってしまう。また，メールの絵文字を選ぶという作業は，自分の感情を用意されたパターンに当てはめて整理してしまうということである。そのように既存の考え方の枠の中に自分を押し込めてしまうのではなく，自分だけが感じたことを，誰もが使う言葉を避けて，言葉を探しながら書くことが大切なのであり，自分に対する責任ある対応なのである。

問⑩～⑫．⑩<ことわざ>「寸鉄人を刺す」は，小さい刃物で人を刺す，という意味から転じて，短く鋭い言葉で要点や人の急所を突く，という意味。　⑪<語句>「独断」は，自分一人の考え，決断，思い込みのこと。「誹り」は，悪く言うこと。根拠のない思い込みによる意見にすぎないことへの非難，という意味。　⑫<慣用句>「打てば響く」は，反応が速いことのたとえ。

問⑬<文章内容>肉筆の手紙では，「書くという行為のなかで，自分の考えが徐々に整理され」たものだが，メールでは，短い文章をじっくり考えずに書くので，自分の考えを整理できず，相手に思いをしっかりと伝えられないのである。

問⑭<文章内容>土屋文明は，思っていることをうまく言葉にできないのではなくて，「自分が何も考えていないから歌にならない」のだと言った。その指摘のとおり，私たちは，技術が未熟であるために深い思いを表現できないのではなく，何も考えていないから，思いを言葉に置き換えられないのであり，そのことは言葉に置き換える過程で気づく。

問⑮<文章内容>インターネットの普及によって，必要な情報がすぐに手に入るようになり，情報や知識を得るために必要な時間と手間は少なくなった。その結果，「知への尊敬」が希薄になり，また偶然の出会いという形での「知」への遭遇の機会は失われた。それは残念なことであり，「私」は，便利になったと単純に称賛できないのである。

問⑯<文章内容>本屋でも図書館でも，「探しているのとは違うものだが，背表紙を見ていてとても興味を」引かれるという偶然の「出会い」にこそ，楽しみがある。

問⑰<文章内容>絵文字や顔文字は，「多くの人たちの，ある感情の最大公約数」であり(イ…○)，「形容詞のもっとも一般化されたもの」である(エ…×)。絵文字を選ぶというのは，自分の感情をすでに用意されているパターンに「当てはめるという作業」になっている(ウ…○)。しかし，自分の感情は，「あらかじめ用意されたどれとも違う」はずなのである(ア…○)。

問⑱<要旨>メールにすぐに対応するという習慣は，私たちから一つのことをじっくり考えるという習慣を奪う危険性がある(ウ…○)。

三〔古文の読解―物語〕出典；『太平記』巻三十五。

≪現代語訳≫またあるとき，この青砥左衛門が夜になって出仕したところ，いつもひうち袋に入れて持っている銭十文を取り出し損ねて，滑川へ落としてしまったのを，少額のことであるので，「まあ，しかたのないことよ」と通り過ぎるのが普通であるが，予想外に慌てて，その辺りの商人の家へ人を走らせ，銭五十文でたいまつを十束買ってこさせて，これを燃やしてしまいに十文の銭を捜し出して手に入れた。後日にこのことを聞いて(人々が)，「十文の銭を捜そうとして，五十文でたいまつを買って燃やしたのでは，利益が小さく損が大きいことだ」と笑ったので，青砥左衛門は眉をひそめて，「だからこそあなたたちは愚かで，世の中の損失も考えずに，民の利益を考える心がない人なのだ。銭十文はすぐさま捜さなければ，滑川の底に沈んで長い間失われるに違いない。私がたいまつを買わせた五十文の銭は，商人の家にとどまって長く失われないに違いない。私の損は商人の利益である。商人と自分とに何の差別があるだろうか。なんのかのと六十文の銭を一つも失わず，どうして世の中の利益でないことがあろうか」と，爪を弾きながら(不満そうに)言ったので，(青砥左衛門を)非難して笑っていたそばにいた人々は，驚いて感心したことだ。

問⑲＜古文の内容理解＞人々は，落とした十文を捜そうとしなければ十文の損で済んだところを，五十文のたいまつを買ったことで，かえって損が大きくなった，と言って青砥左衛門のことを笑ったのである。

問⑳＜古文の内容理解＞人々は，十文のために五十文のたいまつを買ったことを損として，青砥左衛門のことを笑った。しかし，青砥左衛門は，たいまつ代の五十文は商人の利益になったのであり，損ではないと述べ，青砥左衛門の立場からしか損得を考えない周囲の人々を非難したのである。

問㉑＜古文の内容理解＞十文の銭を捜すために五十文のたいまつを買った青砥左衛門を，人々は笑った。しかし，青砥左衛門は，十文はすぐに捜さなければ失われたこと，五十文は商人の利益になり，結果的に世の中として六十文の銭を一銭も失わなかったことを述べたので，周囲の人々は，青砥左衛門の考え方に感心したのである。

四〔論説文の読解―哲学的分野―哲学〕出典；竹内啓『偶然とは何か―その積極的意味』。

問㉒＜要旨＞現代でも，でたらめと思われる現象の中には，人間の理解を超えた「神意」が存在しているという感覚が，人々の意識の中に残されている(ア…×)。仏教の教えでは，「解脱」することによって「因縁」から解放されるのに対して，古代ギリシャでは，人間は「運命」からは逃れることができないと考えられていた(イ…×)。古代ギリシャでは，人に降りかかる災いは，「偶然」ではなく必然的な「運命」であると考えた(エ…×)。純粋な「偶然」を受け入れることは，人間にとって難しいが，「偶然的なメカニズムによって」決定される「おみくじ」や「筮竹」による占いが人々に受け入れられているのは，そこには人間が理解できない「必然性」の表れである神意が存在しているという感覚が，残されているからである(ウ…○)。

五〔国語の知識〕

問㉓～㉗＜漢字＞㉓「粒子」は「りゅうし」と読む。「計量」は「けいりょう」，「隆起」は「りゅうき」，「確率」は「かくりつ」，「号泣」は「ごうきゅう」。　㉔「去就」は「きょしゅう」と読む。「執念」は「しゅうねん」，「著述」は「ちょじゅつ」，「恐縮」は「きょうしゅく」，「殊勝」は「しゅしょう」。　㉕「企図」は「きと」と読む。「出納」は「すいとう」，「頭脳」は「ずのう」，「塗装」は「とそう」，「絵画」は「かいが」。　㉖「安普請」は「やすぶしん」と読む。「晴天」は「せいてん」，「答申」は「とうしん」，「謙譲」は「けんじょう」，「招待」は「しょうたい」。　㉗「排斥」は「はいせき」と読む。「屈折」は「くっせつ」，「勝訴」は「しょうそ」，「徐行」は「じょこう」，「蓄積」は「ちくせき」。

問㉘～㉜＜漢字＞㉘「危ぶむ」は，事の成り行きを不安に思う，という意味。　㉙「工夫を凝らす」は，いろいろと工夫する，という意味。　㉚「常軌を逸する」は，常識はずれの言動をとる，という意味。　㉛「措置」は，物事をうまく取り計らうこと。　㉜「徴収」は，会費や手数料などのお金を取り立てること。

問㉝～㊲＜四字熟語＞㉝「意味深長」は，言葉や動作に，表面上の意味のほかに，別の意味が隠されていること。　㉞「一衣帯水」は，一本の帯のように細長い川や海。またそのような川や海に隔てられていること。　㉟「一日千秋」は，一日がとても長く感じられるほど待ち遠しいこと。　㊱「捲《けん》土《ど》重来《ちょうらい》」は，一度失敗した者が，再び勢いを盛り返してくること。　㊲「言語道断」は，言葉で言い表せないほどひどいこと。とんでもないこと。

Memo

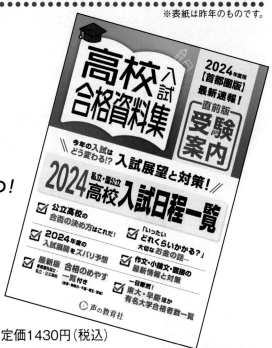

2025年度用
高校スーパー過去問

■編集人 声の教育社・編集部
■発行所 株式会社 声の教育社
〒162-0814 東京都新宿区新小川町8-15
☎03-5261-5061㈹ FAX03-5261-5062
https://www.koenokyoikusha.co.jp

淑徳与野高等学校

別冊解答用紙

丁寧に抜きとって、別冊としてご使用ください。

解けると春が来るんだね。

注意

○ 解答用紙は、収録の都合により縮小したものや、小社独自に作成したものもあります。
○ 学校配点は学校発表のもの、推定配点は小社で作成したものです。
○ 無断転載を禁じます。
○ 解答用紙を拡大コピーする場合、表示した拡大率に対応する用紙サイズは以下のとおりです。
101%～102%＝B5　103%～118%＝A4　119%～144%＝B4　145%～167%＝A3
(タイトルと配点表は含みません)

2024年度　　淑徳与野高等学校・第１回

英語解答用紙

評点	／100

受験番号					チェック
／					
マーク欄	0 1 2 3 4 5 6 7 8 9	0 1 2 3 4 5 6 7 8 9	0 1 2 3 4 5 6 7 8 9	0 1 2 3 4 5 6 7 8 9	0 1 2 3 4 5 6 7 8 9

志望類型					
T類(理)	T類(文)	SS	SA	R	MS

氏名

中学校名
中学校

※余白には何も記入しないで下さい

マークの仕方　（良い例）●　（悪い例）細い　短い　うすい　はみだし

	問	マーク欄
1	①	ア イ ウ エ
	②	ア イ ウ エ
	③	ア イ ウ エ
	④	ア イ ウ エ
	⑤	ア イ ウ エ
	⑥	ア イ ウ エ

	問	マーク欄
2	⑦	ア イ ウ エ オ
	⑧	ア イ ウ エ オ
	⑨	ア イ ウ エ オ
	⑩	ア イ ウ エ オ
	⑪	ア イ ウ エ
	⑫	ア イ ウ エ
	⑬	ア イ ウ エ
	⑭	ア イ ウ エ
	⑮	ア イ ウ エ
	⑯	ア イ ウ エ
	⑰	ア イ ウ エ
	⑱	ア イ ウ エ
	⑲	ア イ ウ エ
	⑳	ア イ ウ エ

	問	マーク欄
3	㉑	ア イ ウ エ
	㉒	ア イ ウ エ
	㉓	ア イ ウ エ
	㉔	ア イ ウ エ

	問	マーク欄
3	㉕	ア イ ウ エ
	㉖	ア イ ウ エ
	㉗	ア イ ウ エ
	㉘	ア イ ウ エ

	問	マーク欄
4	㉙	ア イ ウ エ
	㉚	ア イ ウ エ
	㉛	ア イ ウ エ

	問	マーク欄
5	㉜	ア イ ウ エ オ カ
	㉝	ア イ ウ エ オ カ
	㉞	ア イ ウ エ オ カ
	㉟	ア イ ウ エ オ カ
	㊱	ア イ ウ エ オ カ
	㊲	ア イ ウ エ オ カ
	㊳	ア イ ウ エ オ カ
	㊴	ア イ ウ エ オ カ

（注）この解答用紙は実物大です。

学校配点		計
	1　問①～問③　各２点×３　問④～問⑥　各３点×３ 2　問⑦～問⑩　各２点×４　問⑪，問⑫　各３点×２ 問⑬～問⑯　各２点×４　問⑰～問⑳　各３点×４ 3　問㉑，問㉒　各３点×２　問㉓～問㉘　各４点×６ 4，5　各３点×７	100点

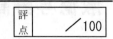

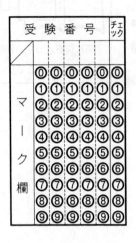

2024年度　淑徳与野高等学校・第1回

数学解答用紙　No.1

評点	／100

受験番号					チェック
⓪	⓪	⓪	⓪	⓪	⓪
①	①	①	①	①	①
②	②	②	②	②	②
③	③	③	③	③	③
④	④	④	④	④	④
⑤	⑤	⑤	⑤	⑤	⑤
⑥	⑥	⑥	⑥	⑥	⑥
⑦	⑦	⑦	⑦	⑦	⑦
⑧	⑧	⑧	⑧	⑧	⑧
⑨	⑨	⑨	⑨	⑨	⑨

マーク欄

志望類型				
T類(理)	T類(文)	SS	SA	R

氏名

中学校名
中学校

※余白には何も記入しないで下さい

マークの仕方　(良い例) ●　(悪い例) 細い　短い　うすい　はみだし

1

記号	マーク欄
ア	⓪①②③④⑤⑥⑦⑧⑨
イ	⓪①②③④⑤⑥⑦⑧⑨
ウ	⓪①②③④⑤⑥⑦⑧⑨
エ	⓪①②③④⑤⑥⑦⑧⑨
オ	⓪①②③④⑤⑥⑦⑧⑨
カ	⓪①②③④⑤⑥⑦⑧⑨
キ	⓪①②③④⑤⑥⑦⑧⑨
ク	⓪①②③④⑤⑥⑦⑧⑨
ケ	⓪①②③④⑤⑥⑦⑧⑨
コ	⓪①②③④⑤⑥⑦⑧⑨
サ	⓪①②③④⑤⑥⑦⑧⑨
シ	⓪①②③④⑤⑥⑦⑧⑨
ス	⓪①②③④⑤⑥⑦⑧⑨
セ	⓪①②③④⑤⑥⑦⑧⑨
ソ	⓪①②③④⑤⑥⑦⑧⑨
タ	⓪①②③④⑤⑥⑦⑧⑨
チ	⓪①②③④⑤⑥⑦⑧⑨

2

記号	マーク欄
ア	⓪①②③④⑤⑥⑦⑧⑨
イ	⓪①②③④⑤⑥⑦⑧⑨
ウ	⓪①②③④⑤⑥⑦⑧⑨
エ	⓪①②③④⑤⑥⑦⑧⑨
オ	⓪①②③④⑤⑥⑦⑧⑨
カ	⓪①②③④⑤⑥⑦⑧⑨
キ	⓪①②③④⑤⑥⑦⑧⑨

3

記号	マーク欄
ア	⓪①②③④⑤⑥⑦⑧⑨
イ	⓪①②③④⑤⑥⑦⑧⑨
ウ	⓪①②③④⑤⑥⑦⑧⑨
エ	⓪①②③④⑤⑥⑦⑧⑨
オ	⓪①②③④⑤⑥⑦⑧⑨
カ	⓪①②③④⑤⑥⑦⑧⑨
キ	⓪①②③④⑤⑥⑦⑧⑨
ク	⓪①②③④⑤⑥⑦⑧⑨
ケ	⓪①②③④⑤⑥⑦⑧⑨

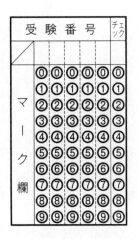

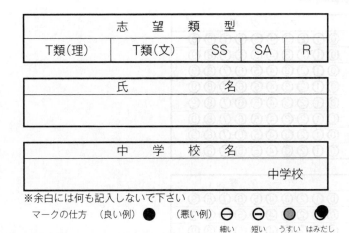

2024年度　　淑徳与野高等学校・第1回

数学解答用紙　No. 2

	記号	マーク欄
4	ア	⓪①②③④⑤⑥⑦⑧⑨
	イ	⓪①②③④⑤⑥⑦⑧⑨
	ウ	⓪①②③④⑤⑥⑦⑧⑨
	エ	⓪①②③④⑤⑥⑦⑧⑨
	オ	⓪①②③④⑤⑥⑦⑧⑨
	カ	⓪①②③④⑤⑥⑦⑧⑨
	キ	⓪①②③④⑤⑥⑦⑧⑨
	ク	⓪①②③④⑤⑥⑦⑧⑨

	記号	マーク欄
5	ア	⓪①②③④⑤⑥⑦⑧⑨
	イ	⓪①②③④⑤⑥⑦⑧⑨
	ウ	⓪①②③④⑤⑥⑦⑧⑨
	エ	⓪①②③④⑤⑥⑦⑧⑨
	オ	⓪①②③④⑤⑥⑦⑧⑨
	カ	⓪①②③④⑤⑥⑦⑧⑨
	キ	⓪①②③④⑤⑥⑦⑧⑨
	ク	⓪①②③④⑤⑥⑦⑧⑨
	ケ	⓪①②③④⑤⑥⑦⑧⑨
	コ	⓪①②③④⑤⑥⑦⑧⑨
	サ	⓪①②③④⑤⑥⑦⑧⑨
	シ	⓪①②③④⑤⑥⑦⑧⑨

	記号	マーク欄
6	ア	⓪①②③④⑤⑥⑦⑧⑨
	イ	⓪①②③④⑤⑥⑦⑧⑨
	ウ	⓪①②③④⑤⑥⑦⑧⑨
	エ	⓪①②③④⑤⑥⑦⑧⑨
	オ	⓪①②③④⑤⑥⑦⑧⑨
	カ	⓪①②③④⑤⑥⑦⑧⑨
	キ	⓪①②③④⑤⑥⑦⑧⑨
	ク	⓪①②③④⑤⑥⑦⑧⑨
	ケ	⓪①②③④⑤⑥⑦⑧⑨
	コ	⓪①②③④⑤⑥⑦⑧⑨
	サ	⓪①②③④⑤⑥⑦⑧⑨
	シ	⓪①②③④⑤⑥⑦⑧⑨

（注）この解答用紙は実物大です。

学校配点		計
	1 (1)〜(4)　各4点×4　(5)　各3点×2　　2　各4点×3 3 (1), (2)　各4点×3　(3)　5点　　4　各5点×3 5 (1), (2)　各4点×3　(3)　5点　　6 (1)〜(3)　各4点×3　(4)　5点	100点

二〇二四年度　淑徳与野高等学校・第一回

国語解答用紙

評点	／100

受験番号					チェック
／					
⓪	⓪	⓪	⓪	⓪	⓪
①	①	①	①	①	①
②	②	②	②	②	②
③	③	③	③	③	③
④	④	④	④	④	④
⑤	⑤	⑤	⑤	⑤	⑤
⑥	⑥	⑥	⑥	⑥	⑥
⑦	⑦	⑦	⑦	⑦	⑦
⑧	⑧	⑧	⑧	⑧	⑧
⑨	⑨	⑨	⑨	⑨	⑨

マーク欄

志望類型				
T類(理)	T類(文)	SS	SA	R

氏名

中学校名
中学校

※余白には何も記入しないで下さい

マークの仕方　（良い例）●　（悪い例）細い　短い　うすい　はみだし

	問	マーク欄
一	①	㋐㋑㋒㋓
	②	㋐㋑㋒㋓
	③	㋐㋑㋒㋓
	④	㋐㋑㋒㋓
	⑤	㋐㋑㋒㋓
	⑥	㋐㋑㋒㋓
	⑦	㋐㋑㋒㋓
	⑧	㋐㋑㋒㋓
	⑨	㋐㋑㋒㋓

	問	マーク欄
二	⑩	㋐㋑㋒㋓
	⑪	㋐㋑㋒㋓
	⑫	㋐㋑㋒㋓
	⑬	㋐㋑㋒㋓
	⑭	㋐㋑㋒㋓
	⑮	㋐㋑㋒㋓
	⑯	㋐㋑㋒㋓
	⑰	㋐㋑㋒㋓
	⑱	㋐㋑㋒㋓

	問	マーク欄
三	⑲	㋐㋑㋒㋓
	⑳	㋐㋑㋒㋓㋔
	㉑	㋐㋑㋒㋓

	問	マーク欄
四	㉒	㋐㋑㋒㋓

	問	マーク欄
五	㉓	㋐㋑㋒㋓
	㉔	㋐㋑㋒㋓
	㉕	㋐㋑㋒㋓
	㉖	㋐㋑㋒㋓
	㉗	㋐㋑㋒㋓
	㉘	㋐㋑㋒㋓
	㉙	㋐㋑㋒㋓
	㉚	㋐㋑㋒㋓
	㉛	㋐㋑㋒㋓
	㉜	㋐㋑㋒㋓
	㉝	㋐㋑㋒㋓
	㉞	㋐㋑㋒㋓
	㉟	㋐㋑㋒㋓
	㊱	㋐㋑㋒㋓
	㊲	㋐㋑㋒㋓

（注）この解答用紙は実物大です。

学校配点		計
	一　問①，問②　各２点×２　問③～問⑥　各４点×４　問⑦　５点 問⑧　４点　問⑨　３点 二　問⑩，問⑪　各２点×２　問⑫～問⑭　各４点×３　問⑮　５点 問⑯，問⑰　各４点×２　問⑱　５点 三　問⑲　４点　問⑳　各２点×２　問㉑　４点　四　７点　五　各１点×15	100点

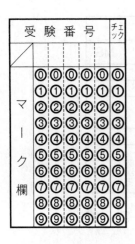

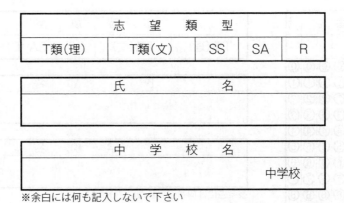

２０２３年度　淑徳与野高等学校・第１回

英語解答用紙

評点	／100

受験番号						チェック
マーク欄	⓪①②③④⑤⑥⑦⑧⑨	⓪①②③④⑤⑥⑦⑧⑨	⓪①②③④⑤⑥⑦⑧⑨	⓪①②③④⑤⑥⑦⑧⑨	⓪①②③④⑤⑥⑦⑧⑨	⓪①②③④⑤⑥⑦⑧⑨

志望類型					
T類(理)	T類(文)	SS	SA	R	MS

氏名

中学校名
中学校

※余白には何も記入しないで下さい

マークの仕方　（良い例）●　（悪い例）細い　短い　うすい　はみだし

	問	マーク欄
1	①	㋐㋑㋒㋓
	②	㋐㋑㋒㋓
	③	㋐㋑㋒㋓
	④	㋐㋑㋒㋓
	⑤	㋐㋑㋒㋓
	⑥	㋐㋑㋒㋓

	問	マーク欄
2	⑦	㋐㋑㋒㋓㋔㋕㋖
	⑧	㋐㋑㋒㋓㋔㋕㋖
	⑨	㋐㋑㋒㋓㋔㋕㋖
	⑩	㋐㋑㋒㋓㋔㋕㋖
	⑪	㋐㋑㋒㋓
	⑫	㋐㋑㋒㋓
	⑬	㋐㋑㋒㋓
	⑭	㋐㋑㋒㋓
	⑮	㋐㋑㋒㋓
	⑯	㋐㋑㋒㋓
	⑰	㋐㋑
	⑱	㋐㋑
	⑲	㋐㋑

	問	マーク欄
3	⑳	㋐㋑㋒㋓
	㉑	㋐㋑㋒㋓
	㉒	㋐㋑㋒㋓
	㉓	㋐㋑㋒㋓
	㉔	㋐㋑㋒㋓

	問	マーク欄
3	㉕	㋐㋑㋒㋓
	㉖	㋐㋑㋒㋓
	㉗	㋐㋑㋒㋓
	㉘	㋐㋑㋒㋓
	㉙	㋐㋑㋒㋓

	問	マーク欄
4	㉚	㋐㋑㋒㋓
	㉛	㋐㋑㋒㋓
	㉜	㋐㋑㋒㋓

	問	マーク欄
5	㉝	㋐㋑㋒㋓㋔㋕
	㉞	㋐㋑㋒㋓㋔㋕
	㉟	㋐㋑㋒㋓㋔㋕
	㊱	㋐㋑㋒㋓㋔㋕
	㊲	㋐㋑㋒㋓㋔㋕
	㊳	㋐㋑㋒㋓㋔㋕
	㊴	㋐㋑㋒㋓㋔㋕
	㊵	㋐㋑㋒㋓㋔㋕

（注）この解答用紙は実物大です。

学校配点		計
	1 問①～問③　各２点×３　問④～問⑥　各３点×３ 2 問⑦～問⑪　各２点×５　問⑫～問⑲　各３点×８ 3～5　各３点×17	100点

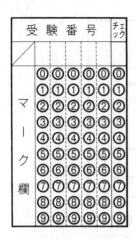

2023年度　淑徳与野高等学校・第1回

数学解答用紙　No.1

評点	／100

受験番号					チェック
⓪	⓪	⓪	⓪	⓪	⓪
①	①	①	①	①	①
②	②	②	②	②	②
③	③	③	③	③	③
④	④	④	④	④	④
⑤	⑤	⑤	⑤	⑤	⑤
⑥	⑥	⑥	⑥	⑥	⑥
⑦	⑦	⑦	⑦	⑦	⑦
⑧	⑧	⑧	⑧	⑧	⑧
⑨	⑨	⑨	⑨	⑨	⑨

マーク欄

志望類型				
T類(理)	T類(文)	SS	SA	R

氏名

中学校名
中学校

※余白には何も記入しないで下さい

マークの仕方　（良い例）●　（悪い例）細い　短い　うすい　はみだし

	記号	マーク欄
1	ア	⓪①②③④⑤⑥⑦⑧⑨
	イ	⓪①②③④⑤⑥⑦⑧⑨
	ウ	⓪①②③④⑤⑥⑦⑧⑨
	エ	⓪①②③④⑤⑥⑦⑧⑨
	オ	⓪①②③④⑤⑥⑦⑧⑨
	カ	⓪①②③④⑤⑥⑦⑧⑨
	キ	⓪①②③④⑤⑥⑦⑧⑨
	ク	⓪①②③④⑤⑥⑦⑧⑨
	ケ	⓪①②③④⑤⑥⑦⑧⑨
	コ	⓪①②③④⑤⑥⑦⑧⑨
	サ	⓪①②③④⑤⑥⑦⑧⑨
	シ	⓪①②③④⑤⑥⑦⑧⑨
	ス	⓪①②③④⑤⑥⑦⑧⑨
	セ	⓪①②③④⑤⑥⑦⑧⑨
	ソ	⓪①②③④⑤⑥⑦⑧⑨
	タ	⓪①②③④⑤⑥⑦⑧⑨
	チ	⓪①②③④⑤⑥⑦⑧⑨

	記号	マーク欄
2	ア	⓪①②③④⑤⑥⑦⑧⑨
	イ	⓪①②③④⑤⑥⑦⑧⑨
	ウ	⓪①②③④⑤⑥⑦⑧⑨
	エ	⓪①②③④⑤⑥⑦⑧⑨
	オ	⓪①②③④⑤⑥⑦⑧⑨
	カ	⓪①②③④⑤⑥⑦⑧⑨
	キ	⓪①②③④⑤⑥⑦⑧⑨
	ク	⓪①②③④⑤⑥⑦⑧⑨

	記号	マーク欄
3	ア	⓪①②③④⑤⑥⑦⑧⑨
	イ	⓪①②③④⑤⑥⑦⑧⑨
	ウ	⓪①②③④⑤⑥⑦⑧⑨
	エ	⓪①②③④⑤⑥⑦⑧⑨
	オ	⓪①②③④⑤⑥⑦⑧⑨
	カ	⓪①②③④⑤⑥⑦⑧⑨
	キ	⓪①②③④⑤⑥⑦⑧⑨

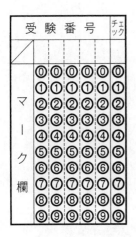

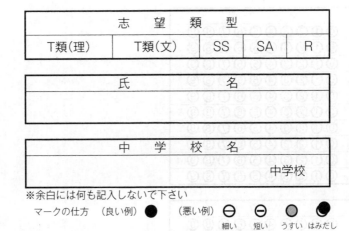

数学解答用紙　No. 2

	記号	マーク欄
4	ア	⓪①②③④⑤⑥⑦⑧⑨
	イ	⓪①②③④⑤⑥⑦⑧⑨
	ウ	⓪①②③④⑤⑥⑦⑧⑨
	エ	⓪①②③④⑤⑥⑦⑧⑨
	オ	⓪①②③④⑤⑥⑦⑧⑨
	カ	⓪①②③④⑤⑥⑦⑧⑨
	キ	⓪①②③④⑤⑥⑦⑧⑨
	ク	⓪①②③④⑤⑥⑦⑧⑨
	ケ	⓪①②③④⑤⑥⑦⑧⑨
	コ	⓪①②③④⑤⑥⑦⑧⑨

	記号	マーク欄
5	ア	⓪①②③④⑤⑥⑦⑧⑨
	イ	⓪①②③④⑤⑥⑦⑧⑨
	ウ	⓪①②③④⑤⑥⑦⑧⑨
	エ	⓪①②③④⑤⑥⑦⑧⑨
	オ	⓪①②③④⑤⑥⑦⑧⑨
	カ	⓪①②③④⑤⑥⑦⑧⑨
	キ	⓪①②③④⑤⑥⑦⑧⑨

	記号	マーク欄
6	ア	⓪①②③④⑤⑥⑦⑧⑨
	イ	⓪①②③④⑤⑥⑦⑧⑨
	ウ	⓪①②③④⑤⑥⑦⑧⑨
	エ	⓪①②③④⑤⑥⑦⑧⑨
	オ	⓪①②③④⑤⑥⑦⑧⑨
	カ	⓪①②③④⑤⑥⑦⑧⑨
	キ	⓪①②③④⑤⑥⑦⑧⑨

（注）この解答用紙は実物大です。

学校配点		計
	1, 2　各４点×８　3　(1)　アイ　４点　ウ～オ　５点　(2)　５点 4　各５点×４　5　(1)　各３点×２　(2), (3)　各５点×２ 6　アイ　３点　ウ～キ　各５点×３	100点

二〇二三年度　淑徳与野高等学校・第一回

国語解答用紙

評点	／100

受験番号						チェック
マーク欄	⓪①②③④⑤⑥⑦⑧⑨	⓪①②③④⑤⑥⑦⑧⑨	⓪①②③④⑤⑥⑦⑧⑨	⓪①②③④⑤⑥⑦⑧⑨	⓪①②③④⑤⑥⑦⑧⑨	⓪①②③④⑤⑥⑦⑧⑨

志望類型				
T類(理)	T類(文)	SS	SA	R

氏名

中学校名
中学校

※余白には何も記入しないで下さい

マークの仕方　（良い例）●　（悪い例）細い　短い　うすい　はみだし

	問	マーク欄
一	①	㋐㋑㋒㋓
	②	㋐㋑㋒㋓
	③	㋐㋑㋒㋓
	④	㋐㋑㋒㋓
	⑤	㋐㋑㋒㋓
	⑥	㋐㋑㋒㋓
	⑦	㋐㋑㋒㋓
	⑧	㋐㋑㋒㋓
	⑨	㋐㋑㋒㋓

	問	マーク欄
二	⑩	㋐㋑㋒㋓
	⑪	㋐㋑㋒㋓
	⑫	㋐㋑㋒㋓
	⑬	㋐㋑㋒㋓
	⑭	㋐㋑㋒㋓
	⑮	㋐㋑㋒㋓
	⑯	㋐㋑㋒㋓
	⑰	㋐㋑㋒㋓
	⑱	㋐㋑㋒㋓

	問	マーク欄
三	⑲	㋐㋑㋒㋓
	⑳	㋐㋑㋒㋓
	㉑	㋐㋑㋒㋓

	問	マーク欄
四	㉒	㋐㋑㋒㋓

	問	マーク欄
五	㉓	㋐㋑㋒㋓
	㉔	㋐㋑㋒㋓
	㉕	㋐㋑㋒㋓
	㉖	㋐㋑㋒㋓
	㉗	㋐㋑㋒㋓
	㉘	㋐㋑㋒㋓
	㉙	㋐㋑㋒㋓
	㉚	㋐㋑㋒㋓
	㉛	㋐㋑㋒㋓
	㉜	㋐㋑㋒㋓
	㉝	㋐㋑㋒㋓
	㉞	㋐㋑㋒㋓
	㉟	㋐㋑㋒㋓
	㊱	㋐㋑㋒㋓
	㊲	㋐㋑㋒㋓

（注）この解答用紙は実物大です。

推定配点		計
	一　問①，問②　各２点×２　問③～問⑧　各４点×６　問⑨　５点 二　問⑩，問⑪　各２点×２　問⑫～問⑰　各４点×６　問⑱　５点 三　問⑲，問⑳　各４点×２　問㉑　５点 四　６点　五　各１点×15	100点

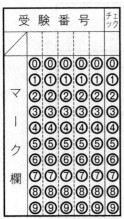

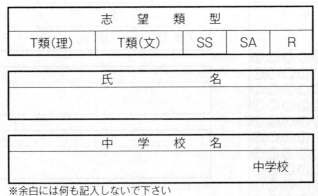

2022年度　淑徳与野高等学校・第1回

英語解答用紙

評点	／100

受験番号					チェック
⓪	⓪	⓪	⓪	⓪	⓪
①	①	①	①	①	①
②	②	②	②	②	②
③	③	③	③	③	③
④	④	④	④	④	④
⑤	⑤	⑤	⑤	⑤	⑤
⑥	⑥	⑥	⑥	⑥	⑥
⑦	⑦	⑦	⑦	⑦	⑦
⑧	⑧	⑧	⑧	⑧	⑧
⑨	⑨	⑨	⑨	⑨	⑨

マーク欄

志望類型					
T類(理)	T類(文)	SS	SA	R	MS

氏名

中学校名
中学校

※余白には何も記入しないで下さい

マークの仕方　（良い例）●　（悪い例）細い　短い　うすい　はみだし

	問	マーク欄
1	①	㋐㋑㋒㋓
	②	㋐㋑㋒㋓
	③	㋐㋑㋒㋓
	④	㋐㋑㋒㋓
	⑤	㋐㋑㋒㋓
	⑥	㋐㋑㋒㋓

	問	マーク欄
2	⑦	㋐㋑㋒㋓
	⑧	㋐㋑㋒㋓
	⑨	㋐㋑㋒㋓
	⑩	㋐㋑㋒㋓
	⑪	㋐㋑㋒㋓
	⑫	㋐㋑㋒㋓
	⑬	㋐㋑㋒㋓
	⑭	㋐㋑㋒㋓
	⑮	㋐㋑㋒㋓
	⑯	㋐㋑㋒㋓
	⑰	㋐㋑㋒㋓㋔㋕

	問	マーク欄
3	⑱	㋐㋑㋒㋓㋔
	⑲	㋐㋑㋒㋓㋔
	⑳	㋐㋑㋒㋓㋔
	㉑	㋐㋑㋒㋓㋔
	㉒	㋐㋑㋒㋓㋔
	㉓	㋐㋑㋒㋓㋔㋕
	㉔	㋐㋑㋒㋓㋔㋕

	問	マーク欄
3	㉕	㋐㋑㋒㋓
	㉖	㋐㋑㋒㋓
	㉗	㋐㋑㋒㋓㋔㋕
	㉘	㋐㋑㋒㋓
	㉙	㋐㋑㋒㋓
	㉚	㋐㋑㋒㋓

	問	マーク欄
4	㉛	㋐㋑㋒㋓㋔㋕㋖㋗㋘㋙

	問	マーク欄
5	㉜	㋐㋑㋒㋓㋔㋕㋖
	㉝	㋐㋑㋒㋓㋔㋕㋖
	㉞	㋐㋑㋒㋓㋔㋕㋖
	㉟	㋐㋑㋒㋓㋔㋕㋖
	㊱	㋐㋑㋒㋓㋔㋕㋖
	㊲	㋐㋑㋒㋓㋔㋕㋖
	㊳	㋐㋑㋒㋓㋔㋕
	㊴	㋐㋑㋒㋓㋔㋕

（注）この解答用紙は実物大です。

学校配点		計
	1　問①～問③　各２点×３　問④～問⑥　各３点×３ 2　問⑦～問⑩　各２点×４　問⑪～問⑰　各３点×８ 3　問⑱～問㉔　各２点×７　問㉕～問㉚　各３点×６ 4, 5　各３点×７〔4は各３点×３〕	100点

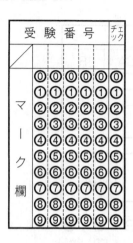

２０２２年度　　淑徳与野高等学校・第１回

数学解答用紙　No.1

評点	／100

受験番号					チェック
⓪	⓪	⓪	⓪	⓪	⓪
①	①	①	①	①	①
②	②	②	②	②	②
③	③	③	③	③	③
④	④	④	④	④	④
⑤	⑤	⑤	⑤	⑤	⑤
⑥	⑥	⑥	⑥	⑥	⑥
⑦	⑦	⑦	⑦	⑦	⑦
⑧	⑧	⑧	⑧	⑧	⑧
⑨	⑨	⑨	⑨	⑨	⑨

マーク欄

志望類型					
T類(理)	T類(文)	SS	SA	R	MS

氏名

中学校名
中学校

※余白には何も記入しないで下さい

マークの仕方　(良い例) ●　(悪い例) 細い　短い　うすい　はみだし

1

記号	マーク欄
ア	⓪①②③④⑤⑥⑦⑧⑨
イ	⓪①②③④⑤⑥⑦⑧⑨
ウ	⓪①②③④⑤⑥⑦⑧⑨
エ	⓪①②③④⑤⑥⑦⑧⑨
オ	⓪①②③④⑤⑥⑦⑧⑨
カ	⓪①②③④⑤⑥⑦⑧⑨
キ	⓪①②③④⑤⑥⑦⑧⑨
ク	⓪①②③④⑤⑥⑦⑧⑨
ケ	⓪①②③④⑤⑥⑦⑧⑨
コ	⓪①②③④⑤⑥⑦⑧⑨
サ	⓪①②③④⑤⑥⑦⑧⑨
シ	⓪①②③④⑤⑥⑦⑧⑨

2

記号	マーク欄
ア	⓪①②③④⑤⑥⑦⑧⑨
イ	⓪①②③④⑤⑥⑦⑧⑨
ウ	⓪①②③④⑤⑥⑦⑧⑨
エ	⓪①②③④⑤⑥⑦⑧⑨

3

記号	マーク欄
ア	⓪①②③④⑤⑥⑦⑧⑨
イ	⓪①②③④⑤⑥⑦⑧⑨
ウ	⓪①②③④⑤⑥⑦⑧⑨
エ	⓪①②③④⑤⑥⑦⑧⑨
オ	⓪①②③④⑤⑥⑦⑧⑨
カ	⓪①②③④⑤⑥⑦⑧⑨
キ	⓪①②③④⑤⑥⑦⑧⑨
ク	⓪①②③④⑤⑥⑦⑧⑨
ケ	⓪①②③④⑤⑥⑦⑧⑨
コ	⓪①②③④⑤⑥⑦⑧⑨

4

記号	マーク欄
ア	⓪①②③④⑤⑥⑦⑧⑨
イ	⓪①②③④⑤⑥⑦⑧⑨
ウ	⓪①②③④⑤⑥⑦⑧⑨
エ	⓪①②③④⑤⑥⑦⑧⑨
オ	⓪①②③④⑤⑥⑦⑧⑨
カ	⓪①②③④⑤⑥⑦⑧⑨
キ	⓪①②③④⑤⑥⑦⑧⑨
ク	⓪①②③④⑤⑥⑦⑧⑨
ケ	⓪①②③④⑤⑥⑦⑧⑨
コ	⓪①②③④⑤⑥⑦⑧⑨

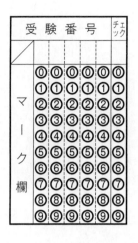

２０２２年度　　淑徳与野高等学校・第１回

数学解答用紙　No. 2

	記号	マーク欄
5	ア	⓪①②③④⑤⑥⑦⑧⑨
	イ	⓪①②③④⑤⑥⑦⑧⑨
	ウ	⓪①②③④⑤⑥⑦⑧⑨
	エ	⓪①②③④⑤⑥⑦⑧⑨
	オ	⓪①②③④⑤⑥⑦⑧⑨

	記号	マーク欄
6	ア	⓪①②③④⑤⑥⑦⑧⑨
	イ	⓪①②③④⑤⑥⑦⑧⑨
	ウ	⓪①②③④⑤⑥⑦⑧⑨
	エ	⓪①②③④⑤⑥⑦⑧⑨
	オ	⓪①②③④⑤⑥⑦⑧⑨
	カ	⓪①②③④⑤⑥⑦⑧⑨
	キ	⓪①②③④⑤⑥⑦⑧⑨

（注）この解答用紙は実物大です。

推定配点		計
	1～3　各４点×14　　4　各５点×４ 5　⑴　４点　⑵　各５点×２　　6　各５点×２	100点

二〇二二年度　　淑徳与野高等学校・第一回

国語解答用紙

評点	／100

受験番号						チェック
／						
マーク欄	⓪	⓪	⓪	⓪	⓪	⓪
	①	①	①	①	①	①
	②	②	②	②	②	②
	③	③	③	③	③	③
	④	④	④	④	④	④
	⑤	⑤	⑤	⑤	⑤	⑤
	⑥	⑥	⑥	⑥	⑥	⑥
	⑦	⑦	⑦	⑦	⑦	⑦
	⑧	⑧	⑧	⑧	⑧	⑧
	⑨	⑨	⑨	⑨	⑨	⑨

志望類型					
T類（理）	T類（文）	SS	SA	R	MS

氏名

中学校名
中学校

※余白には何も記入しないで下さい

マークの仕方　（良い例）●　（悪い例）細い　短い　うすい　はみだし

	問	マーク欄
一	①	㋐㋑㋒㋓
	②	㋐㋑㋒㋓
	③	㋐㋑㋒㋓
	④	㋐㋑㋒㋓
	⑤	㋐㋑㋒㋓
	⑥	㋐㋑㋒㋓
	⑦	㋐㋑㋒㋓
	⑧	㋐㋑㋒㋓
	⑨	㋐㋑㋒㋓
	⑩	㋐㋑㋒㋓

	問	マーク欄
二	⑪	㋐㋑㋒㋓
	⑫	㋐㋑㋒㋓
	⑬	㋐㋑㋒㋓
	⑭	㋐㋑㋒㋓
	⑮	㋐㋑㋒㋓
	⑯	㋐㋑㋒㋓
	⑰	㋐㋑㋒㋓
	⑱	㋐㋑㋒㋓
	⑲	㋐㋑㋒㋓

	問	マーク欄
三	⑳	㋐㋑㋒㋓
	㉑	㋐㋑㋒㋓
	㉒	㋐㋑㋒㋓

	問	マーク欄
四	㉓	㋐㋑㋒㋓

	問	マーク欄
五	㉔	㋐㋑㋒㋓
	㉕	㋐㋑㋒㋓
	㉖	㋐㋑㋒㋓
	㉗	㋐㋑㋒㋓
	㉘	㋐㋑㋒㋓
	㉙	㋐㋑㋒㋓
	㉚	㋐㋑㋒㋓
	㉛	㋐㋑㋒㋓
	㉜	㋐㋑㋒㋓
	㉝	㋐㋑㋒㋓
	㉞	㋐㋑㋒㋓
	㉟	㋐㋑㋒㋓
	㊱	㋐㋑㋒㋓
	㊲	㋐㋑㋒㋓
	㊳	㋐㋑㋒㋓

（注）この解答用紙は実物大です。

推定配点		計
	一　問①，問②　各２点×２　問③～問⑥　各３点×４　問⑦～問⑨　各４点×３　問⑩　５点 二　問⑪～問⑬　各２点×３　問⑭～問⑯　各４点×３　問⑰～問⑲　各５点×３ 三　問⑳，問㉑　各４点×２　問㉒　５点 四　６点　五　各１点×15	100点

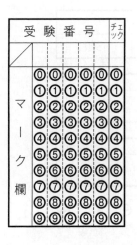

2021年度　　淑徳与野高等学校・第1回

英語解答用紙

評点	／100

受験番号						チェック
マーク欄	⓪①②③④⑤⑥⑦⑧⑨	⓪①②③④⑤⑥⑦⑧⑨	⓪①②③④⑤⑥⑦⑧⑨	⓪①②③④⑤⑥⑦⑧⑨	⓪①②③④⑤⑥⑦⑧⑨	⓪①②③④⑤⑥⑦⑧⑨

志望類型			
選抜A	選抜B	選抜C	S類

氏名

中学校名
中学校

※余白には何も記入しないで下さい

マークの仕方　（良い例）●　（悪い例）細い　短い　うすい　はみだし

	問	マーク欄
1	①	㋐㋑㋒㋓
	②	㋐㋑㋒㋓
	③	㋐㋑㋒㋓
	④	㋐㋑㋒㋓
	⑤	㋐㋑㋒㋓
	⑥	㋐㋑㋒㋓

	問	マーク欄
2	⑦	㋐㋑㋒㋓
	⑧	㋐㋑㋒㋓
	⑨	㋐㋑㋒㋓
	⑩	㋐㋑㋒㋓
	⑪	㋐㋑㋒㋓
	⑫	㋐㋑㋒㋓
	⑬	㋐㋑㋒㋓
	⑭	㋐㋑㋒㋓
	⑮	㋐㋑
	⑯	㋐㋑
	⑰	㋐㋑
	⑱	㋐㋑

	問	マーク欄
3	⑲	㋐㋑㋒㋓
	⑳	㋐㋑㋒㋓
	㉑	㋐㋑㋒㋓
	㉒	㋐㋑㋒㋓
	㉓	㋐㋑㋒㋓
	㉔	㋐㋑㋒㋓

	問	マーク欄
3	㉕	㋐㋑
	㉖	㋐㋑
	㉗	㋐㋑
	㉘	㋐㋑
	㉙	㋐㋑
	㉚	㋐㋑

	問	マーク欄
4	㉛	㋐㋑㋒㋓
	㉜	㋐㋑㋒㋓
	㉝	㋐㋑㋒㋓
	㉞	㋐㋑㋒㋓

	問	マーク欄
5	㉟	㋐㋑㋒㋓㋔㋕㋖
	㊱	㋐㋑㋒㋓㋔㋕㋖
	㊲	㋐㋑㋒㋓㋔㋕㋖
	㊳	㋐㋑㋒㋓㋔㋕㋖
	㊴	㋐㋑㋒㋓㋔㋕㋖
	㊵	㋐㋑㋒㋓㋔㋕㋖
	㊶	㋐㋑㋒㋓㋔㋕㋖
	㊷	㋐㋑㋒㋓㋔㋕㋖

（注）この解答用紙は実物大です。

学校配点		計
	1　問①～問③　各２点×３　問④～問⑥　各３点×３ 2　問⑦，問⑧　各３点×２　問⑨　２点　問⑩　３点 問⑪　２点　問⑫～問⑱　各３点×７ 3　問⑲～問㉓　各２点×５　問㉔～問㉚　各３点×７ 4　各２点×４　5　各３点×４	100点

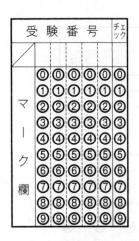

２０２１年度　　淑徳与野高等学校・第１回

数学解答用紙　No.1

評点	／100

受験番号					チェック
⓪	⓪	⓪	⓪	⓪	⓪
①	①	①	①	①	①
②	②	②	②	②	②
③	③	③	③	③	③
④	④	④	④	④	④
⑤	⑤	⑤	⑤	⑤	⑤
⑥	⑥	⑥	⑥	⑥	⑥
⑦	⑦	⑦	⑦	⑦	⑦
⑧	⑧	⑧	⑧	⑧	⑧
⑨	⑨	⑨	⑨	⑨	⑨

マーク欄

志望類型			
選抜A	選抜B	選抜C	S類

氏名

中学校名
中学校

※余白には何も記入しないで下さい

マークの仕方　（良い例）●　（悪い例）細い　短い　うすい　はみだし

1

記号	マーク欄
ア	⓪①②③④⑤⑥⑦⑧⑨
イ	⓪①②③④⑤⑥⑦⑧⑨
ウ	⓪①②③④⑤⑥⑦⑧⑨
エ	⓪①②③④⑤⑥⑦⑧⑨
オ	⓪①②③④⑤⑥⑦⑧⑨
カ	⓪①②③④⑤⑥⑦⑧⑨
キ	⓪①②③④⑤⑥⑦⑧⑨
ク	⓪①②③④⑤⑥⑦⑧⑨
ケ	⓪①②③④⑤⑥⑦⑧⑨
コ	⓪①②③④⑤⑥⑦⑧⑨
サ	⓪①②③④⑤⑥⑦⑧⑨
シ	⓪①②③④⑤⑥⑦⑧⑨
ス	⓪①②③④⑤⑥⑦⑧⑨
セ	⓪①②③④⑤⑥⑦⑧⑨
ソ	⓪①②③④⑤⑥⑦⑧⑨
タ	⓪①②③④⑤⑥⑦⑧⑨
チ	⓪①②③④⑤⑥⑦⑧⑨
ツ	⓪①②③④⑤⑥⑦⑧⑨
テ	⓪①②③④⑤⑥⑦⑧⑨
ト	⓪①②③④⑤⑥⑦⑧⑨
ナ	⓪①②③④⑤⑥⑦⑧⑨
ニ	⓪①②③④⑤⑥⑦⑧⑨

2

記号	マーク欄
ア	⓪①②③④⑤⑥⑦⑧⑨
イ	⓪①②③④⑤⑥⑦⑧⑨
ウ	⓪①②③④⑤⑥⑦⑧⑨
エ	⓪①②③④⑤⑥⑦⑧⑨
オ	⓪①②③④⑤⑥⑦⑧⑨
カ	⓪①②③④⑤⑥⑦⑧⑨
キ	⓪①②③④⑤⑥⑦⑧⑨
ク	⓪①②③④⑤⑥⑦⑧⑨
ケ	⓪①②③④⑤⑥⑦⑧⑨

3

記号	マーク欄
ア	⓪①②③④⑤⑥⑦⑧⑨
イ	⓪①②③④⑤⑥⑦⑧⑨
ウ	⓪①②③④⑤⑥⑦⑧⑨
エ	⓪①②③④⑤⑥⑦⑧⑨
オ	⓪①②③④⑤⑥⑦⑧⑨
カ	⓪①②③④⑤⑥⑦⑧⑨
キ	⓪①②③④⑤⑥⑦⑧⑨
ク	⓪①②③④⑤⑥⑦⑧⑨

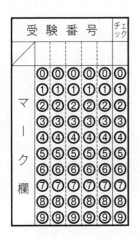

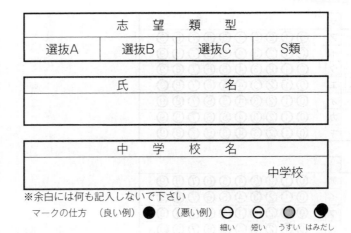

数学解答用紙　No. 2

	記号	マーク欄
4	ア	⓪①②③④⑤⑥⑦⑧⑨
	イ	⓪①②③④⑤⑥⑦⑧⑨
	ウ	⓪①②③④⑤⑥⑦⑧⑨
	エ	⓪①②③④⑤⑥⑦⑧⑨
	オ	⓪①②③④⑤⑥⑦⑧⑨
	カ	⓪①②③④⑤⑥⑦⑧⑨
	キ	⓪①②③④⑤⑥⑦⑧⑨

	記号	マーク欄
5	ア	⓪①②③④⑤⑥⑦⑧⑨
	イ	⓪①②③④⑤⑥⑦⑧⑨
	ウ	⓪①②③④⑤⑥⑦⑧⑨
	エ	⓪①②③④⑤⑥⑦⑧⑨
	オ	⓪①②③④⑤⑥⑦⑧⑨
	カ	⓪①②③④⑤⑥⑦⑧⑨
	キ	⓪①②③④⑤⑥⑦⑧⑨
	ク	⓪①②③④⑤⑥⑦⑧⑨
	ケ	⓪①②③④⑤⑥⑦⑧⑨
	コ	⓪①②③④⑤⑥⑦⑧⑨
	サ	⓪①②③④⑤⑥⑦⑧⑨
	シ	⓪①②③④⑤⑥⑦⑧⑨
	ス	⓪①②③④⑤⑥⑦⑧⑨
	セ	⓪①②③④⑤⑥⑦⑧⑨
	ソ	⓪①②③④⑤⑥⑦⑧⑨
	タ	⓪①②③④⑤⑥⑦⑧⑨
	チ	⓪①②③④⑤⑥⑦⑧⑨
	ツ	⓪①②③④⑤⑥⑦⑧⑨
	テ	⓪①②③④⑤⑥⑦⑧⑨
	ト	⓪①②③④⑤⑥⑦⑧⑨
	ナ	⓪①②③④⑤⑥⑦⑧⑨

	記号	マーク欄
6	ア	⓪①②③④⑤⑥⑦⑧⑨
	イ	⓪①②③④⑤⑥⑦⑧⑨
	ウ	⓪①②③④⑤⑥⑦⑧⑨
	エ	⓪①②③④⑤⑥⑦⑧⑨
	オ	⓪①②③④⑤⑥⑦⑧⑨

（注）この解答用紙は実物大です。

推定配点	1　⑴～⑷　各４点×４　⑸　各３点×４ 2　各５点×３〔⑶は完答〕 3　ア　３点　⑴，⑵　各４点×３ 4，5　各４点×８〔5⑴は各４点×２，⑵は各４点×３〕 6　各５点×２	計 100点

二〇二一年度　淑徳与野高等学校・第一回

国語解答用紙

評点	／100

受験番号					チェック
⓪	⓪	⓪	⓪	⓪	⓪
①	①	①	①	①	①
②	②	②	②	②	②
③	③	③	③	③	③
④	④	④	④	④	④
⑤	⑤	⑤	⑤	⑤	⑤
⑥	⑥	⑥	⑥	⑥	⑥
⑦	⑦	⑦	⑦	⑦	⑦
⑧	⑧	⑧	⑧	⑧	⑧
⑨	⑨	⑨	⑨	⑨	⑨

マーク欄

志望類型			
選抜A	選抜B	選抜C	S類

氏名

中学校名
中学校

※余白には何も記入しないで下さい

マークの仕方　（良い例）●　（悪い例）細い　短い　うすい　はみだし

一

問	マーク欄
①	㋐㋑㋒㋓
②	㋐㋑㋒㋓
③	㋐㋑㋒㋓
④	㋐㋑㋒㋓
⑤	㋐㋑㋒㋓
⑥	㋐㋑㋒㋓
⑦	㋐㋑㋒㋓
⑧	㋐㋑㋒㋓
⑨	㋐㋑㋒㋓
⑩	㋐㋑㋒㋓

二

問	マーク欄
⑪	㋐㋑㋒㋓
⑫	㋐㋑㋒㋓
⑬	㋐㋑㋒㋓
⑭	㋐㋑㋒㋓
⑮	㋐㋑㋒㋓
⑯	㋐㋑㋒㋓
⑰	㋐㋑㋒㋓
⑱	㋐㋑㋒㋓
⑲	㋐㋑㋒㋓

三

問	マーク欄
⑳	㋐㋑㋒㋓
㉑	㋐㋑㋒㋓
㉒	㋐㋑㋒㋓

四

問	マーク欄
㉓	㋐㋑㋒㋓

五

問	マーク欄
㉔	㋐㋑㋒㋓
㉕	㋐㋑㋒㋓
㉖	㋐㋑㋒㋓
㉗	㋐㋑㋒㋓
㉘	㋐㋑㋒㋓
㉙	㋐㋑㋒㋓
㉚	㋐㋑㋒㋓
㉛	㋐㋑㋒㋓
㉜	㋐㋑㋒㋓
㉝	㋐㋑㋒㋓
㉞	㋐㋑㋒㋓
㉟	㋐㋑㋒㋓
㊱	㋐㋑㋒㋓
㊲	㋐㋑㋒㋓
㊳	㋐㋑㋒㋓

（注）この解答用紙は実物大です。

推定配点		計
	一　問①～問③　各２点×３　問④～問⑦　各３点×４　問⑧，問⑨　各４点×２　問⑩　５点 二　問⑪，問⑫　各２点×２　問⑬～問⑯　各４点×４　問⑰～問⑲　各５点×３ 三　問⑳　３点　問㉑　４点　問㉒　５点 四　問㉓　７点　　五　各１点×15	100点

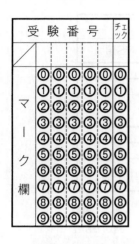

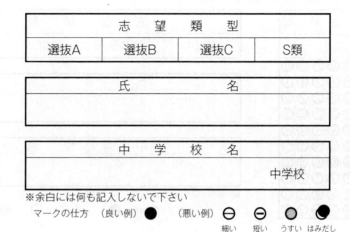

2020年度　淑徳与野高等学校・第1回

英語解答用紙

評点	／100

受験番号						チェック
／						
マーク欄	⓪	⓪	⓪	⓪	⓪	⓪
	①	①	①	①	①	①
	②	②	②	②	②	②
	③	③	③	③	③	③
	④	④	④	④	④	④
	⑤	⑤	⑤	⑤	⑤	⑤
	⑥	⑥	⑥	⑥	⑥	⑥
	⑦	⑦	⑦	⑦	⑦	⑦
	⑧	⑧	⑧	⑧	⑧	⑧
	⑨	⑨	⑨	⑨	⑨	⑨

志望類型			
選抜A	選抜B	選抜C	S類

氏名

中学校名
中学校

※余白には何も記入しないで下さい

マークの仕方　（良い例）●　（悪い例）細い　短い　うすい　はみだし

	問	マーク欄
1	①	㋐㋑㋒㋓
	②	㋐㋑㋒㋓
	③	㋐㋑㋒㋓
	④	㋐㋑㋒㋓
	⑤	㋐㋑㋒㋓

	問	マーク欄
2	⑥	㋐㋑㋒㋓㋔㋕㋖
	⑦	㋐㋑㋒㋓㋔㋕㋖
	⑧	㋐㋑㋒㋓㋔㋕㋖
	⑨	㋐㋑㋒㋓㋔㋕㋖
	⑩	㋐㋑㋒㋓㋔㋕㋖
	⑪	㋐㋑㋒㋓㋔㋕㋖㋗㋘
	⑫	㋐㋑㋒㋓㋔㋕㋖㋗㋘
	⑬	㋐㋑㋒㋓
	⑭	㋐㋑㋒㋓
	⑮	㋐㋑㋒㋓
	⑯	㋐㋑㋒㋓
	⑰	㋐㋑㋒㋓㋔

	問	マーク欄
3	⑱	㋐㋑㋒㋓
	⑲	㋐㋑㋒㋓
	⑳	㋐㋑㋒㋓㋔㋕
	㉑	㋐㋑㋒㋓
	㉒	㋐㋑㋒㋓
	㉓	㋐㋑㋒㋓㋔㋕
	㉔	㋐㋑㋒㋓㋔㋕

	問	マーク欄
3	㉕	㋐㋑㋒㋓
	㉖	㋐㋑㋒㋓
	㉗	㋐㋑㋒㋓

	問	マーク欄
4	㉘	㋐㋑㋒㋓
	㉙	㋐㋑㋒㋓
	㉚	㋐㋑㋒㋓
	㉛	㋐㋑㋒㋓

	問	マーク欄
5	㉜	㋐㋑㋒㋓㋔㋕㋖
	㉝	㋐㋑㋒㋓㋔㋕㋖
	㉞	㋐㋑㋒㋓㋔㋕㋖
	㉟	㋐㋑㋒㋓㋔㋕㋖
	㊱	㋐㋑㋒㋓㋔
	㊲	㋐㋑㋒㋓㋔

（注）この解答用紙は実物大です。

学校配点		計
	1　各3点×5 2　問⑥～問⑫　各2点×7　問⑬～問⑰　各3点×6 3　問⑱～問㉒　各3点×5　問㉓，問㉔　各2点×2 問㉕，問㉖　各4点×2　問㉗　5点 4，5　各3点×7〔5は各3点×3〕	100点

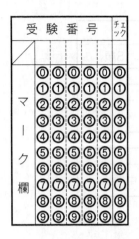

２０２０年度　　淑徳与野高等学校・第１回

数学解答用紙　No. 1

評点	／100

受験番号					チェック
⓪	⓪	⓪	⓪	⓪	⓪
①	①	①	①	①	①
②	②	②	②	②	②
③	③	③	③	③	③
④	④	④	④	④	④
⑤	⑤	⑤	⑤	⑤	⑤
⑥	⑥	⑥	⑥	⑥	⑥
⑦	⑦	⑦	⑦	⑦	⑦
⑧	⑧	⑧	⑧	⑧	⑧
⑨	⑨	⑨	⑨	⑨	⑨

(マーク欄)

志望類型			
選抜A	選抜B	選抜C	S類

氏名

中学校名
中学校

※余白には何も記入しないで下さい

マークの仕方　（良い例）●　（悪い例）細い　短い　うすい　はみだし

1

記号	マーク欄
ア	⓪①②③④⑤⑥⑦⑧⑨
イ	⓪①②③④⑤⑥⑦⑧⑨
ウ	⓪①②③④⑤⑥⑦⑧⑨
エ	⓪①②③④⑤⑥⑦⑧⑨
オ	⓪①②③④⑤⑥⑦⑧⑨
カ	⓪①②③④⑤⑥⑦⑧⑨
キ	⓪①②③④⑤⑥⑦⑧⑨
ク	⓪①②③④⑤⑥⑦⑧⑨
ケ	⓪①②③④⑤⑥⑦⑧⑨
コ	⓪①②③④⑤⑥⑦⑧⑨
サ	⓪①②③④⑤⑥⑦⑧⑨
シ	⓪①②③④⑤⑥⑦⑧⑨

3

記号	マーク欄
ア	⓪①②③④⑤⑥⑦⑧⑨
イ	⓪①②③④⑤⑥⑦⑧⑨
ウ	⓪①②③④⑤⑥⑦⑧⑨
エ	⓪①②③④⑤⑥⑦⑧⑨
オ	⓪①②③④⑤⑥⑦⑧⑨
カ	⓪①②③④⑤⑥⑦⑧⑨
キ	⓪①②③④⑤⑥⑦⑧⑨
ク	⓪①②③④⑤⑥⑦⑧⑨
ケ	⓪①②③④⑤⑥⑦⑧⑨
コ	⓪①②③④⑤⑥⑦⑧⑨
サ	⓪①②③④⑤⑥⑦⑧⑨
シ	⓪①②③④⑤⑥⑦⑧⑨

2

記号	マーク欄
ア	⓪①②③④⑤⑥⑦⑧⑨
イ	⓪①②③④⑤⑥⑦⑧⑨
ウ	⓪①②③④⑤⑥⑦⑧⑨
エ	⓪①②③④⑤⑥⑦⑧⑨
オ	⓪①②③④⑤⑥⑦⑧⑨
カ	⓪①②③④⑤⑥⑦⑧⑨
キ	⓪①②③④⑤⑥⑦⑧⑨
ク	⓪①②③④⑤⑥⑦⑧⑨

4

記号	マーク欄
ア	⓪①②③④⑤⑥⑦⑧⑨
イ	⓪①②③④⑤⑥⑦⑧⑨
ウ	⓪①②③④⑤⑥⑦⑧⑨
エ	⓪①②③④⑤⑥⑦⑧⑨
オ	⓪①②③④⑤⑥⑦⑧⑨
カ	⓪①②③④⑤⑥⑦⑧⑨
キ	⓪①②③④⑤⑥⑦⑧⑨
ク	⓪①②③④⑤⑥⑦⑧⑨

２０２０年度　　淑徳与野高等学校・第１回

数学解答用紙　No. 2

5

記号	マーク欄
ア	⓪①②③④⑤⑥⑦⑧⑨
イ	⓪①②③④⑤⑥⑦⑧⑨
ウ	⓪①②③④⑤⑥⑦⑧⑨
エ	⓪①②③④⑤⑥⑦⑧⑨
オ	⓪①②③④⑤⑥⑦⑧⑨
カ	⓪①②③④⑤⑥⑦⑧⑨
キ	⓪①②③④⑤⑥⑦⑧⑨
ク	⓪①②③④⑤⑥⑦⑧⑨
ケ	⓪①②③④⑤⑥⑦⑧⑨
コ	⓪①②③④⑤⑥⑦⑧⑨

6

記号	マーク欄
ア	⓪①②③④⑤⑥⑦⑧⑨
イ	⓪①②③④⑤⑥⑦⑧⑨
ウ	⓪①②③④⑤⑥⑦⑧⑨
エ	⓪①②③④⑤⑥⑦⑧⑨
オ	⓪①②③④⑤⑥⑦⑧⑨
カ	⓪①②③④⑤⑥⑦⑧⑨

推定配点		計
	1 (1)〜(4)　各５点×４　(5)　各２点×２ 2 (1)　各２点×２　(2), (3)　各５点×２ 3 (1), (2)　各５点×２　(3)　各３点×２ 4 (1)　各３点×２　(2)　５点 5, 6　各５点×７	100点

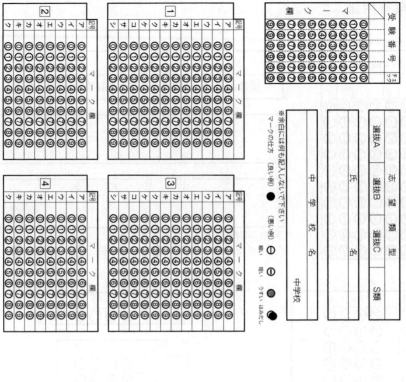

二〇二〇年度　　淑徳与野高等学校・第一回

国語解答用紙

評点	／100

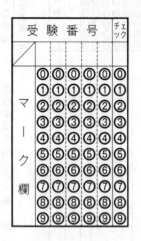

受験番号					チェック
⓪	⓪	⓪	⓪	⓪	⓪
①	①	①	①	①	①
②	②	②	②	②	②
③	③	③	③	③	③
④	④	④	④	④	④
⑤	⑤	⑤	⑤	⑤	⑤
⑥	⑥	⑥	⑥	⑥	⑥
⑦	⑦	⑦	⑦	⑦	⑦
⑧	⑧	⑧	⑧	⑧	⑧
⑨	⑨	⑨	⑨	⑨	⑨

マーク欄

志望類型			
選抜A	選抜B	選抜C	S類

氏名

中学校名
中学校

※余白には何も記入しないで下さい

マークの仕方　（良い例）●　（悪い例）細い　短い　うすい　はみだし

一

問	マーク欄
①	㋐㋑㋒㋓
②	㋐㋑㋒㋓
③	㋐㋑㋒㋓
④	㋐㋑㋒㋓
⑤	㋐㋑㋒㋓
⑥	㋐㋑㋒㋓
⑦	㋐㋑㋒㋓
⑧	㋐㋑㋒㋓
⑨	㋐㋑㋒㋓㋔

二

問	マーク欄
⑩	㋐㋑㋒㋓
⑪	㋐㋑㋒㋓
⑫	㋐㋑㋒㋓
⑬	㋐㋑㋒㋓
⑭	㋐㋑㋒㋓
⑮	㋐㋑㋒㋓
⑯	㋐㋑㋒㋓
⑰	㋐㋑㋒㋓
⑱	㋐㋑㋒㋓

三

問	マーク欄
⑲	㋐㋑㋒㋓
⑳	㋐㋑㋒㋓
㉑	㋐㋑㋒㋓

四

問	マーク欄
㉒	㋐㋑㋒㋓

五

問	マーク欄
㉓	㋐㋑㋒㋓
㉔	㋐㋑㋒㋓
㉕	㋐㋑㋒㋓
㉖	㋐㋑㋒㋓
㉗	㋐㋑㋒㋓
㉘	㋐㋑㋒㋓
㉙	㋐㋑㋒㋓
㉚	㋐㋑㋒㋓
㉛	㋐㋑㋒㋓
㉜	㋐㋑㋒㋓
㉝	㋐㋑㋒㋓
㉞	㋐㋑㋒㋓
㉟	㋐㋑㋒㋓
㊱	㋐㋑㋒㋓
㊲	㋐㋑㋒㋓

（注）この解答用紙は実物大です。

学校配点		計
	一 問①，問②　各２点×２　問③，問④　各３点×２　問⑤　４点 問⑥　５点　問⑦，問⑧　各４点×２　問⑨　６点 二 問⑩～問⑫　各２点×３　問⑬，問⑭　各４点×２　問⑮　５点 問⑯，問⑰　各４点×２　問⑱　５点 三 問⑲　３点　問⑳　４点　問㉑　５点　四　８点　五　各１点×15	100点